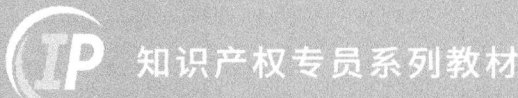
知识产权专员系列教材

知识产权
法律法规概论

肖尤丹　许可　朱喆琳 ◎ 著

—北京—

图书在版编目（CIP）数据

知识产权法律法规概论 / 肖尤丹，许可，朱喆琳著 .—北京：知识产权出版社，2024.6. —（知识产权专员系列教材）. — ISBN 978-7-5130-9390-3

Ⅰ . D923.404

中国国家版本馆 CIP 数据核字第 2024VC8896 号

内容提要

本书详细阐述了我国现行知识产权法律制度的主要内容，并按照知识产权类型逐一介绍了专利制度、著作权制度、商标权制度及其他知识产权制度的关键概念和制度原理。同时，也对国际知识产权制度的基本框架、制度现状和发展趋势进行了分析。

本书将为科研机构、高等学校的科技人员和知识产权管理人员系统、全面地展示知识产权法律体系的基本框架、历史沿革和关键制度，帮助他们全面、系统学习并运用知识产权法律规则和法治原理，为充分发挥知识产权法治保障作用、推动科研机构的相关工作依法开展、提升相关人员知识产权法治能力提供支持与帮助。

责任编辑：尹　娟　　　　　　　　　　　　　　　责任印制：孙婷婷

知识产权专员系列教材

知识产权法律法规概论

ZHISHI CHANQUAN FALÜ FAGUI GAILUN

肖尤丹　许　可　朱喆琳　著

出版发行	知识产权出版社 有限责任公司	网　　址	http://www.ipph.cn
电　　话	010-82004826		http://www.laichushu.com
社　　址	北京市海淀区气象路 50 号院	邮　　编	100081
责编电话	010-82000860 转 8702	责编邮箱	yinjuan@cnipr.com
发行电话	010-82000860 转 8101	发行传真	010-82000893
印　　刷	北京中献拓方科技发展有限公司	经　　销	新华书店、各大网上书店及相关专业书店
开　　本	720mm×1000mm　1/16	印　　张	19.5
版　　次	2024 年 6 月第 1 版	印　　次	2024 年 6 月第 1 次印刷
字　　数	318 千字	定　　价	88.00 元

ISBN 978-7-5130-9390-3

出版权专有　　侵权必究

如有印装质量问题，本社负责调换。

目 录

第一章 知识产权法概述 ··· 001

  第一节 知识产权的概念性质 ··· 001

    一、知识产权的概念 ··· 001

    二、知识产权的特征 ··· 002

  第二节 知识产权制度体系 ··· 006

    一、知识产权法的概念和体系 ··· 006

    二、我国知识产权法律体系 ··· 008

  第三节 知识产权制度的功能 ··· 010

    一、知识财产私有的界定功能 ··· 010

    二、知识创造活动的激励功能 ··· 011

    三、知识资源利用的配置功能 ··· 011

    四、知识财富分享的平衡功能 ··· 011

    五、知识利益保护的规范功能 ··· 012

    六、科技发展趋势的调适功能 ··· 013

第二章 专利权制度（一） ··· 015

  第一节 专利法基本原理 ··· 015

    一、专利概述 ··· 015

    二、专利权及其特征 ··· 016

三、专利法及其调整对象 …………………………………………… 017
　第二节　专利权的客体 …………………………………………………… 018
　　一、发明 ……………………………………………………………… 019
　　二、实用新型 ………………………………………………………… 021
　　三、外观设计 ………………………………………………………… 023
　第三节　不授予专利权的对象 …………………………………………… 025
　　一、违反善良风尚的发明创造 ……………………………………… 027
　　二、不可获专利的主题 ……………………………………………… 029
　第四节　授予专利的实质条件 …………………………………………… 032
　　一、新颖性 …………………………………………………………… 033
　　二、创造性 …………………………………………………………… 037
　　三、实用性 …………………………………………………………… 039
　　四、外观设计获得专利权的实质条件 ……………………………… 041

第三章　专利权制度（二） ……………………………………………… 043
　第一节　专利申请权及专利申请人 ……………………………………… 043
　　一、专利申请权 ……………………………………………………… 043
　　二、专利申请人 ……………………………………………………… 047
　第二节　专利权的内容 …………………………………………………… 050
　　一、专利权人的权利 ………………………………………………… 050
　　二、专利权人的义务 ………………………………………………… 055
　第三节　专利权的限制 …………………………………………………… 056
　　一、强制许可 ………………………………………………………… 056
　　二、不视为侵犯专利权的行为 ……………………………………… 059
　第四节　专利权的期限、终止与无效 …………………………………… 062
　　一、专利权的期限 …………………………………………………… 062
　　二、专利权的终止 …………………………………………………… 063
　　三、专利权的无效宣告 ……………………………………………… 065
　第五节　专利权的保护 …………………………………………………… 070
　　一、专利权的保护范围 ……………………………………………… 070
　　二、专利侵权行为 …………………………………………………… 071

三、专利侵权的救济 ………………………………………… 078
　　四、专利侵权的法律责任 ……………………………………… 084
第六节　专利开放许可 …………………………………………… 087
　　一、概念 ……………………………………………………… 087
　　二、专利开放许可的立法过程 ………………………………… 089
　　三、专利开放许可制度特殊性 ………………………………… 090

第四章　著作权制度 …………………………………………… 095
第一节　著作权法基本原理 …………………………………… 095
　　一、著作权的概念与特征 ……………………………………… 095
　　二、著作权法的概念 …………………………………………… 096
　　三、我国著作权法的原则 ……………………………………… 097
第二节　著作权的主体 ………………………………………… 098
　　一、著作权主体的范围 ………………………………………… 098
　　二、著作权人的确定 …………………………………………… 099
第三节　著作权的客体 ………………………………………… 106
　　一、作品的含义 ………………………………………………… 106
　　二、作品的种类 ………………………………………………… 107
　　三、不适用著作权法保护的对象 ……………………………… 111
第四节　著作权的内容 ………………………………………… 114
　　一、著作人身权 ………………………………………………… 114
　　二、著作财产权 ………………………………………………… 118
　　三、著作权的保护期 …………………………………………… 121
　　四、著作权的限制 ……………………………………………… 123
　　五、著作权的许可和转让 ……………………………………… 126
第五节　与著作权有关的权利 ………………………………… 130
　　一、与著作权有关的权利的概念 ……………………………… 130
　　二、与著作权有关的权利的内容 ……………………………… 130
第六节　著作权的保护 ………………………………………… 136
　　一、著作权侵权的概念与特征 ………………………………… 136
　　二、著作权侵权行为的形式 …………………………………… 137

三、著作权侵权的救济……………………………………………… 143
四、著作权侵权的法律责任………………………………………… 150

第七节　计算机软件著作权的特殊规定………………………………… 154
一、软件著作权的客体……………………………………………… 154
二、软件著作权人的确定…………………………………………… 155
三、软件著作权的内容……………………………………………… 157
四、侵犯软件著作权行为…………………………………………… 160

第五章　商标权制度……………………………………………………… 162

第一节　商标法基本原理………………………………………………… 162
一、商标的概念与特征……………………………………………… 162
二、商标的作用……………………………………………………… 163
三、商标法的概念…………………………………………………… 164

第二节　商标权的取得…………………………………………………… 165
一、商标注册的申请………………………………………………… 165
二、商标注册的审查和核准………………………………………… 167

第三节　商标权的内容…………………………………………………… 170
一、注册商标专用权的内容………………………………………… 170
二、注册商标的有效期和期限起算………………………………… 172
三、注册商标的续展、转让和使用许可…………………………… 173

第四节　商标权的消灭…………………………………………………… 176
一、注册商标的注销………………………………………………… 176
二、注册商标的撤销………………………………………………… 177
三、注册商标的无效宣告…………………………………………… 179

第五节　商标使用的管理………………………………………………… 182
一、注册商标的使用………………………………………………… 182
二、未注册商标的使用……………………………………………… 184

第六节　商标权的保护…………………………………………………… 185
一、侵犯注册商标专用权的行为…………………………………… 185
二、商标侵权的救济………………………………………………… 190
三、商标权侵权的法律责任………………………………………… 195

第七节　驰名商标 ·· 200
一、驰名商标的含义及认定 ······································ 200
二、对驰名商标的特殊保护 ······································ 202

第六章　其他知识产权制度 ·· 206
第一节　反不正当竞争与商业秘密 ································ 206
一、反不正当竞争法基本原理 ···································· 206
二、商业秘密 ·· 213

第二节　集成电路布图设计权 ···································· 219
一、集成电路布图设计专有权的主体 ······························ 220
二、集成电路布图设计专有权的客体 ······························ 222
三、集成电路布图设计专有权的取得 ······························ 227
四、集成电路布图设计专有权的内容 ······························ 233
五、集成电路布图设计专有权的保护 ······························ 240

第三节　植物新品种保护 ·· 241
一、品种权的主体 ·· 241
二、品种权的保护客体 ·· 243
三、品种权的取得 ·· 246
四、品种权的内容及限制 ·· 250
五、品种权的无效 ·· 253
六、品种权的保护 ·· 255

第七章　国际知识产权制度 ·· 260
第一节　知识产权国际保护基本知识 ······························ 260
第二节　保护工业产权巴黎公约 ·································· 261
一、《巴黎公约》基本知识 ······································ 261
二、《巴黎公约》确立的核心原则和内容 ·························· 262
三、《巴黎公约》的其他内容 ···································· 265

第三节　与贸易有关的知识产权协议 ······························ 268
一、协议的基本知识 ·· 268
二、知识产权保护的基本要求 ···································· 276
三、对协议许可中限制竞争行为的控制 ···························· 290

四、知识产权执法…………………………………………………291
　　五、争端的防止和解决……………………………………………296
第四节　知识产权国际保护制度的未来趋势……………………………297
　　一、国际知识产权制度面临困惑…………………………………297
　　二、国际知识产权制度改革在行动………………………………299

第一章 知识产权法概述

第一节 知识产权的概念性质

一、知识产权的概念

知识产权是人类对智力活动创造的成果和经营管理活动中的标记、信誉依法享有的权利。在知识产权的相关语境中，英文"Intellectual Property"、法文"Propriete Intellectuale"、德文"Gestiges Eigentum"，其原意均为"知识（财产）所有权"或"智慧（财产）所有权"。将一切来自知识活动领域的权利概括为"知识产权"，最早见于17世纪中叶的法国学者卡普佐夫的观点，后为比利时著名法学家皮卡第所发展。皮卡第认为，知识产权是一种特殊的权利范畴，它根本不同于对物的所有权。知识产权学说后来在国际上广泛传播，得到世界上多数国家和众多国际组织的承认。在我国，法学界曾长期采用"智力成果权"的说法，1986年《中华人民共和国民法通则》（以下简称《民法通则》）颁布后，开始正式通行"知识产权"的称谓。我国台湾地区则把知识产权称为"智慧财产权"。

知识产权有广义和狭义之分。广义的知识产权包括著作权、邻接权、商标权、商号权、商业秘密权、地理标记权、专利权、植物新品种权、集成电路布图设计权等各种权利。例如，1986年通过的《民法通则》第五章"民事权利"，分列"所有权""债权""知识产权""人身权"四节，其中第三节"知识产权"第94～第97条明文规定了著作权、专利权、商标权、发现权、发明权以及其他科技成果权。狭义的知识产权，即传统意义上的知识产权，应包括著作权（含邻接权）、专利权、商标权三个主要组成部分。一般来说，狭义的知识产权可以分为两个类别：一类是文学产权（Literature Property），包括著作权及与著作权有关的邻接权；另一类是工业产权（Industrial Property），主要是专利权和商标权。

2017年我国颁布的《中华人民共和国民法总则》（以下简称《民法总则》），在第123条中首次明确了知识产权的法律定义，即"知识产权是权利人依法就下列客体享有的专有的权利：（一）作品；（二）发明、实用新型、外观设计；（三）商标；（四）地理标志；（五）商业秘密；（六）集成电路布图设计；（七）植物新品种；（八）法律规定的其他客体"。2020年颁布的《中华人民共和国民法典》（以下简称《民法典》）延续了这一规定。

二、知识产权的特征

知识产权是一种新型的民事权利，是一种有别于财产所有权的无形财产权。权利本体的私权性是知识产权归类于民事权利范畴的基本依据。私权是与公权相对应的一个概念，指的是私人（包括自然人和法人）享有的各种民事权利。离开了民事权利体系，知识产权制度就会面目全非、无法存在，私的主体就会失去获取知识财产的民事途径。正因如此，《与贸易有关的知识产权协定》在其序言中强调有效保护知识产权的必要性时，要求各缔约方确认知识产权是一项"私权"（Recognizing that intellectual property rights are private rights）。

关于知识产权的基本特征，学界通常将其概括为专有性、地域性和时效性。

1. 知识产权的专有性

知识产权是一种专有性的民事权利，它同所有权一样，具有排他性和绝对性的特点。由于知识产品是精神领域的成果，知识产权的专有性有着其独特的法律表现：第一，知识产权为权利人所独占，权利人垄断这种专有权利并受到严格保护，没有法律规定或未经权利人许可，任何人不得使用权利人的知识产品；第二，对同一项知识产品，不允许有两个或两个以上同一属性的知识产权并存。例如，两个相同的发明物，根据法律程序只能将专利权授予其中的一个，而以后的发明与已有的技术相比，如无突出的实质性特点和显著的进步，就不能取得相应的权利。

案例 1

"黑棍小人"案

原告朱某自 1989 年起就开始以"火柴棍小人"作为主题人物形象创作了《小小特警》等一系列网络动漫（flash），并对这些动漫进行了作品登记。2003 年，美国耐克公司及其在中国的子公司为了推广新产品，通过网络、电视和地铁发布了其拍摄的宣传广告片，其中含有与"火柴棍小人"相似的"黑棍小人"形象。朱某认为耐克公司侵犯了自己对"火柴棍小人"平面形象的著作权。一审法院判决朱某胜诉。

二审法院审理后指出：根据现有证据，在两个形象出现之前，即已出现以圆球表示头部、以线条表示躯干和四肢的创作人物形象的方法和人物形象，但是从"火柴棍小人"的创作过程及表达形式看，该形象确实包含朱某的选择、判断，具有他本人的个性，朱某力图通过该形象表达他的思想，因此，"火柴棍小人"形象具有独创性，符合作品的构成条件，应受著作权法保护。由于用"圆形表示人的头部，以直线表示其他部位"方法创作的小人形象已经进入公有领域，任何人均可以此为基础创作小人形象。另外，"火柴棍小人"形象的独创性程度并不高。因此，对"火柴棍小人"形象不能给予过高的保护，同时应将公有领域的部分排除出保护范围。将"火柴棍小人"形象和"黑棍小人"形象进行对比，二者有相同之处，但相同部分主要存在于已进入公有领域、不应得到著作权法保护的部分，其差异部分恰恰体现了各自创作者的独立创作，因此，不能认定"黑棍小人"形象使用了"火柴棍小人"形象的独创性部分，"黑棍小人"形象未侵犯朱某"火柴棍小人"形象的著作权。

案例资料来源：姜颖.作品独创性判定标准的比较研究[J].知识产权，2004，3：27-29

> **案例 2**
>
> ### 《儿童插画库》临摹案
>
> 原告临摹了已处于公有领域的一些儿童插画并出版，被告又从原告的书中复制了这些插画，出版了《儿童插画库》。争议的焦点在于原告对其临摹的插画是否享有版权。原告首先提出，其临摹的插画在颜色深浅上与原画有些差异。美国纽约南区联邦地区法院认为这些微不足道的差异不是原告刻意为之的，也不能反映原告自己的艺术观点，其临摹的插画只不过是原作的复制件而已。原告又提出，其临摹过程异常复杂，需要耗费艺术家大量时间和精力。对此法院指出，"原告的贡献仅仅是对原作的复制。"虽然原告无疑需要大量的努力和许多时间对插画进行复制，但"这种努力和时间本身并不足以认定独创性"。最后，原告提出对其临摹之作进行保护符合公共利益的需要：因为原作已极为罕见，很难在图书馆中找到，是原告的临摹才使得这些画作为公众所获得。对此，法院认为：虽然公众确实能够从原告的工作中受益，但也不足以使原告的临摹获得版权保护。
>
> 案例资料来源：郑成思. 版权法：第 2 版 [M]. 北京：中国人民大学出版社，1997：173

2. 知识产权的地域性

知识产权作为一种专有权在空间上的效力并不是无限的，而要受到地域的限制，即具有严格的领土性，其效力只限于本国境内。知识产权的这一特点有别于其他财产权。一般来说，对所有权的保护原则上没有地域性的限制。而知识产权则不同，按照一国法律获得承认和保护的知识产权，只能在该国发生法律效力。除签有国际公约或双边互惠协定的以外，知识产权没有域外效力，其他国家对这种权利没有保护的义务，任何人均可在自己的国家内自由使用该知识产品,既无须取得权利人的同意,也不必向权利人支付报酬。

从19世纪末起,随着科学技术的发展以及国际贸易的扩大,知识产权交易的国际市场也开始形成和发展起来。这样,知识产品的国际性需求与知识产权的地域性限制之间出现了巨大的矛盾,为了解决这一矛盾,各国先后签订了一些保护知识产权的国际公约,成立了一些全球性或区域性的国际组织,在世界范围内形成了一套国际知识产权保护制度。在国际知识产权保护中,国民待遇原则的规定是对知识产权地域性特点的重要补充。国民待遇原则使得一国承认或授予的知识产权,根据国际公约在缔约国发生域外效力成为可能。20世纪下半叶,由于地区经济一体化与现代科学技术的发展,知识产权立法呈现出现代化、一体化的趋势,使得知识产权的严格地域性特征受到挑战。为了实现经济一体化的目标,某些国家和地区正努力建立一个共同的知识产权制度(如欧盟),这就使得知识产权跨出一国地域的限制,在多个国家同时发生效力。

3. 知识产权的时效性

知识产权不是没有时间限制的永恒权利,其时间性的特点表明:知识产权仅在法律规定的期限内受到保护,一旦超过法律规定的有效期限,这一权利就自行消灭,相关知识产品即成为整个社会的共同财富,为全人类所共同使用。这一特点是知识产权与有形财产权的主要区别之一。知识产权在时间上的有限性,是世界各国为了促进科学文化发展、鼓励智力成果公开所普遍采用的原则。建立知识产权的目的在于采取特别的法律手段调整因知识产品创造或使用而产生的社会关系,这一制度既要促进科技、文化知识的广泛传播,又要注重保护知识产品创造者的合法利益,协调知识产权专有性与知识产品社会性之间的矛盾。知识产权时间限制的规定,反映了建立知识产权法律制度的社会需要。根据各类知识产权的性质、特征及本国实际情况,各国法律对著作权、专利权、商标权都规定了长短不一的保护期。例如,专利权的保护期限,各国专利法都作了长短不一的具体规定,其规定依据主要有二:一是社会利益与权利人利益的协调;二是发明技术价值的寿命。

第二节 知识产权制度体系

一、知识产权法的概念和体系

知识产权法是调整因知识产品而产生的各种社会关系的法律规范的总和，它是国际上通行的确认、保护和利用著作权、工业产权以及其他智力成果专有权利的一种专门法律制度。知识产权法是近代商品经济和科学技术发展的产物。自17、18世纪以来，资产阶级在生产领域中开始广泛利用科学技术成果，从而在资本主义市场中产生了一个保障知识产品私有的法律问题，资产阶级要求法律确认对知识产品的私人占有权，使知识产品同一般客体物一样成为自由交换的标的。他们寻求不同于以往财产法的新的法律制度，以作为获取财产权利的新方式：在文学艺术作品以商品形式进入市场的过程中出现了著作权；在与商品生产直接有关的科学技术发明领域出现了专利权；在商品交换活动中起着重要作用的商品标记范畴出现了商标权。这些法律范畴最后又被扩大为知识产权。

知识产权法是私法领域中财产"非物质化革命"的结果，在罗马私法体系中，所设定的财产权制度概以有体物为核心展开。罗马人以"物"为客体范畴（包括有形的物质客体——有体物，也包括无形的制度产物，即除所有权以外的财产权利——无体物），并在此基础上设计出以所有权形式为核心的"物权"制度，建立了以物权、债权为主要内容的"物法"体系。可以说，传统的财产权制度是基于一种物质化的财产结构。随着近代商品经济的发展，在社会财产构成中，出现了所谓抽象化、非物质化的财产类型。以知识、技术、信息为主要内容的"知识财产"有别于以往物质形态的动产、不动产，是区别于传统意义的物的另类客体。质言之，以知识产品作为保护对象的知识产权是与有形财产所有权相区别的一种崭新的私权制度。

几百年来，根据智力劳动成果和社会关系性质的不同，各国立法者先后建立了专利法、著作权法、商标法等一系列法律制度。这些法律规范相互配合，构成了调整有关知识产品的财产关系和人身关系的法律规范体系——知识产权法。一般认为，知识产权法在立法框架上应包括以下基本制度：

（1）知识产权的主体制度。知识产权的主体，是知识形态商品生产者和交换者在法律上的资格反映。什么人可以参加知识产权法律关系，享有何种权利或承担何种义务，是由国家法律直接规定的。

（2）知识产权的客体制度。知识产权的保护对象即知识产品是一种有别于动产、不动产的精神财富或无形财产，什么样的知识产品能够成为权利客体而受到保护，通常需要有法律上直接而具体的规定。

（3）知识产权的权项制度。知识产权是知识财产法律化、权利化的表观。由于知识产品的类型不同，其权利的内容范围也有所区别。除少数知识产权类型具有人身与财产的双重权能内容外，大多数知识产权即知识财产权。

（4）知识产权的利用制度。知识形态商品关系的横向联系，即知识产品的交换和流通在法律上表现为知识产权的转让及使用许可等。法律承认文化交流、图书贸易、技术转让等各种流转形式，保护知识产品的创造者、受让者、使用者等各方的合法权益。

（5）知识产权的保护制度。知识产权的侵权与救济是知识产权保护制度的核心内容。知识产权法明文规定权利的效力范围。制裁各类直接侵权行为和间接侵权行为，并提供民事、行政及刑事的多种法律救济手段。

（6）知识产权的管理制度。知识产权的取得、转让及消灭，必须遵照法律的规定并接受主管机关的管理。法律一般规定有相关管理机关的职责，并赋予其对有关知识产权问题进行行政调解、管理和处罚的权力。

知识产权法律制度产生的时间不长，自英国于 1624 年制定世界第一部专利法（《垄断法规》）、1709 年制定世界第一部著作权法（《为鼓励知识创作而授予作者及购买者就其已印刷成册的图书在一定时期内之权利的法》，即《安娜法令》），法国于 1857 年制定第一部商标法（《关于以使用原则和不审查原则为内容的制造标记和商标的法律》）算起，知识产权法的兴起至今只有二三百年的时间，但它对于推动现代科学技术进步和国民经济发展的作用却是不可忽视的。在当今世界，一个国家知识产品的生产数量和占有容量，往往成为衡量这个国经济、文化、科技水平高低的标志。因此，凡是科学技术和文化教育事业发达的国家，都较早地建立和健全了他们的知识产权法律制度，通过法律的形式授予智力成果的创造者及所有者以专有权，确认智力成果为知识形态的无形商品，促使其进入交换和流通领域。知识产权法已经成为各国法律体系中的重要组成部分。

二、我国知识产权法律体系

我国知识产权的立法始于清朝末年，北洋政府与国民党政府也颁布过有关知识产权的法律，但这些法律在当时的社会条件下并未起到应有的作用。中华人民共和国成立后，由于种种原因，知识产权法制建设被长期搁置。改革开放以来，随着国家工作重心的转移，我国颁布了一系列知识产权法律法规，迅速建立了知识产权的法律体系，在知识产权保护方面取得了举世瞩目的成就。1982年8月23日，全国人民代表大会常务委员会审议通过了《中华人民共和国商标法》(以下简称《商标法》)(此后1993年修正，2001年修正，2013年修正，2019年修正)；1984年3月12日，全国人民代表大会常务委员会审议通过了《中华人民共和国专利法》(以下简称《专利法》)(此后1992年修正，2000年修正，2008年修正，2020年修正)；1990年9月7日，全国人民代表大会常务委员会审议通过了《中华人民共和国著作权法》(以下简称《著作权法》)(此后2001年修正，2010年修正，2020年修正)；1993年9月2日，全国人民代表大会常务委员会审议通过了《中华人民共和国反不正当竞争法》(以下简称《反不正当竞争法》)(此后2017年修订，2019年修正)；1997年3月20日，国务院发布了《中华人民共和国植物新品种保护条例》(以下简称《植物新品种保护条例》)(此后2013年修订，2014年修订)；2001年3月28日，国务院发布了《集成电路布图设计保护条例》；1986年4月12日，全国人民代表大会审议通过的《民法通则》专节规定了知识产权；2017年出台的《民法总则》在民事权利部分专门规定了知识产权的客体，对其进行了体系化梳理。2020年5月28日《民法典》正式颁布，已于2021年1月1日起施行，共计52条涉及知识产权条款。

此外，我国还加入了《成立世界知识产权组织公约》(1980年加入)、《保护工业产权巴黎公约》(以下简称《巴黎公约》)(1985年加入)、《商标国际注册马德里协定》(1989年加入)、《关于集成电路知识产权条约》(1990年加入)、《保护文学和艺术作品伯尔尼公约》(以下简称《伯尔尼公约》)(1992年加入)、《世界版权公约》(1992年加入)、《保护唱片制作者防止唱片被擅自复制日内瓦公约》(1993年加入)、《专利合作条约》(1994年加入)等。2001年12月11日，我国正式加入世界贸易组织，并成为《与贸易有关的知识产权协议》（以下简称 TRIPS 协议）的缔约方。在这之后又加入了《视听表演北京条约》（2012 年签署）和《TRIPS 协议与公共健康多哈宣言》（2016 年加入）。中国知识产权制度的建设虽然起步较晚，但是，从 20 世纪 70 年代末至今的短短四十多年间，中国做了大量卓有成效的工作，走过了一些发达国家通常需要几十年甚至上百年时间才能完成的立法路程，建立起了比较完整的知识产权法律体系。根据我国现行立法，参照国外有益经验和国际通行做法，我们认为，知识产权法律体系一般包括以下几种法律制度：

（1）著作权法律制度。以保护文学、艺术、科学作品的创作者和传播者的专有权利为宗旨，其客体范围除一般意义上的作品外，还应包括民间文学艺术和计算机软件。

（2）专利权法律制度。以工业技术领域的发明创造成果为保护对象，其专有权利包括发明专利权、实用新型专利权、外观设计专利权。

（3）工业版权法律制度。兼有著作权、专利权双重因素的新型知识产权，表现为集成电路布图设计权等。一般采取独立于著作权法和专利法之外的单行法形式。

（4）商标权法律制度。一种主要的工业产权法律制度，其保护对象包括商品商标和服务商标。

（5）商号权法律制度。对工商企业名称或字号的专用权进行保护的法律制度。其立法形式可采取单行法规形式，也可采取与商标权合并立法形式。

（6）地理标记权法律制度。以货源标记或原产地名称为保护对象，禁止使用虚假地理标记的法律制度。其立法形式一般规定在反不正当竞争法中，也可制定单行法。

（7）植物新品种权法律制度。一种新型的创造性成果权，以人工培育植物或开发野生植物的新品种为保护对象，其立法形式可采取单行法体例，亦可归于专利法。

（8）商业秘密权法律制度。以未公开的信息（包括经营秘密和技术秘密）为保护对象的法律制度，可以制定单行法，亦可列入反不正当竞争法中。

（9）反不正当竞争法律制度。制止生产经营活动中不当损害他人知识产权行为的专门法律制度，适用于各项知识产权制度无特别规定或不完备时需要给予法律制裁的侵害事实。

第三节　知识产权制度的功能

从国家层面而言,"知识产权制度是一个社会政策的工具"。知识产权政策实质上是政府以国家的名义,通过制度安排和政策设计对知识资源的创造、归属、利用以及管理等进行指导和规制的政策和措施。

在公共政策理论中,往往采取成本—效益的方法来分析知识产权政策存在的合理性。知识产权政策之所以必要,是因为选择公共政策来解决知识资源配置与知识财富增长的问题,较之于市场自发解决问题所产生的社会成本更低而带来的收益更高。按照科斯的观点,政府的公共政策只是一种在市场解决问题时社会成本过高的情况下所作出的替代选择。经济学理论认为,知识产品具有公共产品属性,在消费上无对抗性,它可能在一定时空条件下为不同主体同时使用,如同一辆公共汽车,出资者和未出资者都在乘车。知识产品的生产是有代价的,而知识产品的传递费用相对较小,一旦知识产品出售给某个消费者,其他消费者就可能成为该知识产品的"搭便车者"。这种现象就是"无偿复制他人的作品的情形"。鉴于此种情况,政府有必要对知识产品市场进行干预,即采取特殊的公共政策:一是政府自己提供知识产品,二是政府对私人提供的知识产品给予补贴。后者的重要措施就是通过知识产权制度授予知识产品创造者以独占权。这也是对知识产权政策的合理性所作出的经济分析。

知识产权政策作为市场机制的替代选择,之所以能够防止知识产品供给不足并带来知识财富增长的收益,关键在于这种政策工具具备如下基本功能。

一、知识财产私有的界定功能

知识产权是一种对知识财产的有效的产权制度安排,它以私权的名义强调了知识财产私有的法律性质。所谓私权,即私人的权利,说明知识产权是"私人"(包括自然人、法人和其他社会组织)的权利,即使国家在某种情况下作为权利主体出现,也与其他民事主体是相互平等的关系;同时知识产权也是"私有"的权利。对知识财产进行私权界定,采取的是一种市场机制的产权形式,其实质是回答知识财产应为私有还是公有的问题。市场机制的产权形式,即私人占有的产权形式。这就是法律意义上的知识产权。界定私权的对价条件是:发明创造者将自己的知识产品公布出来,使公众看到、了解到其中的知识,而社会则承认其在一定时期内有独占利用其知识产品的权利。知识产品是公开的(公共产品属性),而知识产权则是垄断的(私人产权属性)。这样就实现了知识公开与权力垄断的对价关系。

二、知识创造活动的激励功能

知识产权制度能够为科技创新提供激励机制。创新者的创新活动必然要付出诸如时间、人力、物力、财力之类的成本。在市场经济条件下,创新者所支付的成本应该能够收回甚至实现盈利。知识产权制度赋予创新者在一定时间内对其创新成果享有专有权,其他人要想利用其创新成果,必须征得其同意并支付相应的使用费,这样就为创新者收回成本提供了可能。所谓"给天才之火添加利益之油",知识产权制度为创新者提供了最经济、有效和持久的创新激励动力,有助于创新活动在新的高度上不断地向前推进,从而促进创新成果所蕴藏的先进生产力的快速增长。

三、知识资源利用的配置功能

知识产权制度是创新成果产权化、产业化和市场化的重要政策措施。它的首要目的是界定相关产权,保护创造者的合法利益,同时又要规制产权关系,促进知识、技术的广泛传播和利用。依照经济学的供给与需求理论,智力创造活动也是一种生产活动,精神生产同样是为了交换,只有交换才能获得各类物品的最佳组合,从而达成效用和利益的最大化。就科技创新活动而言,新技术的商品化与市场化是其中的一个关键环节,也是其根本目的。如果一项发明创造完成后不付诸实施,就可能被新的技术所取代,变成无经济效益的技术。知识资源的配置机制和交易制度在法律层面上表现为知识产权的利用,其主要方式就是授权使用、法定许可使用和合理使用。

四、知识财富分享的平衡功能

政策科学理论认为,实施任何政策都会面临"谁是政策的受益者,谁是政策的受损者"的问题。因此,公共政策常常需要在各种利益冲突之间保持某种平衡,以保证公共政策的顺利实施和社会的稳定发展。知识产权制度关系到知识财富的分配和相关利益的调整。作为"利益相关者",涉及知识产品的创造者、传播者、利用者之间的权利义务关系;作为"利益分享者",则要考虑创造者专有权利与社会公共利益之间的平衡。知识产权制度可以发挥知识财富分享的政策功能,它通过权利保护、权利限制、权利利用的制度设计来调整权利主体与义务主体之间、个人与社会之间的利益关系,即"对社会关系的各种客观利益现象进行有目的、有方向的调控,以促进利益的形成和发展"。

五、知识利益保护的规范功能

知识产权制度保护的是产权化的知识财富。如果创造者拥有的技术或品牌只是一种自然占有或事实占有,这仅表明其取得了某种科技优势和经营优势;只有获得技术和品牌的知识产权,才能受到法律的保护,从而形成法律意义上的独占性"占有",才能把这种科技优势、经营优势转化和提升为市场竞争优势,以对抗一切假冒、仿制和剽窃的侵权行为。侵犯知识产权的行为直接发生于知识产品的创造、传播和利用过程之中。在法律实施效益不高的情况下,该类侵权行为的产生、蔓延就会影响创造者生产、开发知识产品的积极性,从而导致整个"社会福利"水平的下降。对此,政策经济学的观点是调节有关产权交易及保护的成本收益关系,促使理性的经济人放弃侵权以及其他违法行为。知识产权政策的基本功能具有明确的目标取向。就知识产权政策而言,正义和效益应是其追求的价值目标。实现正义是创设知识产权制度的第一目标。在近代立法中,知识产权被称为一种自然法上的权利,它基于创造者的智力活动而自然产生,摆脱封建特许的束缚而独立存在,因而是符合正义的。同时,知识产权制度还担负着实现知识资源有效配置、促进知识财富不断增加的使命。在法律规范体系中,通过创造者权利、传播者权利、使用者权利的制度安排,形成了知识创造、知识公开与知识利用的有效机制。一言以蔽之,知识产权制度的宗旨在于维护知识权利的正义秩序,实现知识进步的效益目标。但在知识产权国际保护制度形成以后,国内法往往受到法律一体化潮流的影响,国家制定的知识产权政策就有可能背离或超越"国情",并不一定为立法者带来预期的收益。因此,世界各国特别是发达国家多从维护本国利益的立场出发,对知识产权保护采取实用主义的态度,不断调整和完善其知识产权政策。

六、科技发展趋势的调适功能

知识产权制度既是促进科技创新的重要政策工具,又是科技、经济和法律相结合的产物,它在实质上解决"知识"作为资源的归属问题,既激励和调节利益分配,又对科技的发展以及科技与经济、社会的关系发挥规范和调适功能。回溯西方国家创建知识产权制度的历程,确乎存在着一条连接科技、经济、法律一体化发展的清晰轨迹:社会生产的科技化→科技成果的商品化→知识商品的产权化→权利制度的体系化。从推动社会进步的角度说来,知识产权制度扮演了链接关系的纽带作用和规范发展的调节阀作用。以信息技术和生物技术为核心的科技革命性发展,已经对现行知识产权制度提出了更多新的挑战。作为信息技术革命产物的互联网,不但改变了人类的生活方式,而且对现行的知识产权制度构成了严重的挑战。"网络版权"就是其中面临的挑战之一。当代著作权制度必须解决的核心问题,就是如何让专有权利有效地"覆盖"作品在网络上的传播,具言之,就是数字化作品的权利保护、保密技术措施的法律保护以及数据库的权利保护这三大问题。同时,对于计算机软件这一特殊的作品形式,如何在现有著作权制度基础上构建计算机软件保护制度的特殊制度,在软件著作权弱保护和软件专利权强保护之间取得有效平衡也是网络版权中涉及的重要问题。另外,"网络标记"的出现是信息技术对现代知识产权制度的第二个挑战。网络域名是网络用户为了区别于他人而经批准使用的服务性标志,具有商标的属性。网络域名在全球中的选择具有唯一性,这一点比商标的地域性更加广阔。经营标记以数字化的形式出现在网络空间,既涉及传统商标制度的变革又涉及域名保护制度的创新。

与网络技术相媲美,基因技术被认为是二十一世纪最伟大的技术之一,人类可能正处在基因可以解释和决定一切的时代的开端。尽管对基因技术存在着民族习俗、社会道德以及宗教等方面的争议,但许多国家逐渐对这一新兴技术给予专利与其他知识产权的保护。基因专利主要涉及两类问题:一是界定基因专利保护范围，包括基因方法、基因产品、转基因动植物新品种、转基因微生物以及"脱离人体或通过技术方法获得"的基因本身；二是明确基因专利的排除领域，特别是克隆人的方法、对胚胎商业利用的方法以及基因序列的简单发现等。当代知识产权制度不仅要对"网络技术""基因技术"作出回应，即通过制度创新实现立法的现代化，而且要在全球范围内建立新的知识产权保护机制，即着手通过制度改革实现立法的一体化。

第二章 专利权制度（一）

第一节 专利法基本原理

一、专利概述

"专利"一词，在我国最早出现在2800多年前的《国语·周语》中，即"匹夫专利，犹谓之盗，王而行之，其归鲜矣。"此处"专利"是"独占其利"之义，与现代法律上的"专利"之义有别。1859年太平天国总理大臣洪仁玕在《资政新篇》主张："尚有能造火轮车，一日夜能行七八千里者，准自专其利，限准他人仿做。"这里所说的"自专其利"中的"专利"就具有现代含义了。作为法律术语的"专利"，源于拉丁文Patere，之后演变为英文中的Patent，再后来被我国学者翻译为"专利"。Patent一词最初包括三个方面的基本含义：将某项技术向社会公开，经国王或者政府授权，技术发明人获得一定期限的垄断权。基本程序是：公开—授权—独占。有学者认为："专利者，在产业界中，某特定人公开其创作之秘密，以换取某项物品或者制造方法之独占特权，他人不得仿效之谓。"

从我国专利理论和实践两方面看，我们可以将"专利"的基本含义归纳如下：①在某些情况下，可以将"专利"视为专利权的简称；②在另一些情况下，以"专利"表示记载发明创造内容的文献，即"专利文献"的简称；③"专利"的准确含义，是指经国务院专利行政部门依照法定程序进行审查，认定为符合专利条件（即具有专利性Patentability）的发明创造。

一般情况下，专利是指"符合专利条件的发明创造"或者是"具有专利性的发明创造"。当然，未经国务院专利行政部门依法审查批准为专利的发明创造，即使具有专利性，符合专利条件，也不属于专利。《专利法》第2条规定"本法所称的发明创造是指发明、实用新型和外观设计。发明，是指对产品、方法或者其改进所提出的新的技术方案。实用新型，是指对产品的形状、构造或者其结合所提出的适于实用的新的技术方案。外观设计，是指对产品的整体或者局部的形状、图案或者其结合以及色彩与形状、图案的结合所作出的富有美感并适于工业应用的新设计。"简而言之，专利是指经国务院专利行政部门依照《专利法》规定的程序审查，认定为符合专利条件的发明创造。它具有以下几个特征：

（1）专利是特殊的发明创造，是产生专利权的基础。

（2）专利是符合专利条件或者具有专利性的发明创造。如《专利法》第22条第1款规定："授予专利权的发明和实用新型，应当具备新颖性、创造性和实用性。"第23条又规定了"授予专利权的外观设计"应当具备的条件。

（3）发明创造是否具有专利性，必须经国务院专利行政部门依照法定程序审查确定；否则，任何发明创造都不得成为专利。

二、专利权及其特征

专利权，是公民、法人或者其他组织对其发明创造在一定期限内依法享有的垄断权或者独占权。

在某些特殊情况下，专利权可简称为"专利"。专利权的主体是依法享有专利权的公民、法人或者其他组织；客体是被审批为专利的发明创造；内容是由专利权人自己实施或者授权他人实施其专利的权利，以及禁止他人未经许可实施其专利的权利。

除了具有知识产权的基本特征即独占性、时间性和地域性之外，专利权还具有异于著作权、商标权等其他知识产权的特征。

第一，就独占性而言，在同一法域内，相同主题的发明创造只能被授予一项专利权；专利相同的发明创造，不允许再次被批准为专利。相同主题的发明创造即使因疏忽或者其他原因被授予了专利权，也会被宣告无效。但是，同样的发明创造在不同的法域内却可以分别被批准为专利。除此之外，除法律另有规定外，任何人未经专利权人许可，不得以生产经营目的实施其专利。著作权的独占性表现为：任何人未经著作权人许可，不得以营利目的擅自使用其作品，但不能否定他人具有独创性的相同作品依法取得著作权。商标权的独占性表现为：未经商标权人许可，任何人不得在同一种或者类似商品（服务）上使用或者注册与其注册商标相同或者相近似的商标，一般不能禁止他人在非类似商品（服务）上使用或注册相同或者近似的商标（驰名商标除外）。

第二，就时间性而言，专利权的保护期限较短，著作权的保护期限较长，商标权的保护期限是形式的有限、实质的无限。

第三，就法律授予性而言，只有经国务院专利行政部门依照法定程序进行审批，发明创造才可能取得专利权；而著作权则实行自动取得，即不必办理任何法律规定的手续，作品就能依法产生著作权；在许多国家，商标权可以通过在商业活动中使用而产生。例如，美国许多州商标法都规定在商业活动中使用的商标受保护。

三、专利法及其调整对象

专利法是调整因发明创造的开发、实施及其保护等发生的各种社会关系之法律规范的总和。狭义的专利法仅指国家立法机关依照法定程序制定的专利法，如我国的《专利法》等。

世界上最早的专利法是 1474 年的《威尼斯共和国专利法》。第一部现代专利法是英国 1623 年的《垄断法规》(*The Statute of Monopolies*)。我国最早保护发明创造的法律规范是 1898 年的《振兴工艺给奖章程》，第一部专利法是 1944 年国民政府时期的专利法。《专利法》（即《中华人民共和国专利法》）是 1984 年 3 月 12 日由第六届全国人民代表大会常务委员会第四次会议通过，该法于 1992 年 9 月 4 日由第七届全国人民代表大会常务委员会第二十七次会议首次修正；于 2000 年 8 月 25 日由第九届全国人民代表大会常务委员会第十七次会议第二次修正；于 2008 年 12 月 27 日由第十一届全国人民代表大会常务委员会第六次会议第三次修正；于 2020 年 10 月 17 日第十三届全国人民代表大会常务委员会第二十二次会议第四次修正。

专利法调整因发明创造的开发、实施以及保护等发生的各种社会关系。具体来讲，专利法主要调整以下四个方面的社会关系。

1. 因确认发明创造的归属而发生的社会关系

在专利制度中，确认发明创造的归属，实际上就是确认发明创造专利申请权的归属，它直接关系到发明创造专利的归属。所以，确定发明创造专利申请权的归属是一个重要的法律问题。一般情况下，只有专利权人才能就其发明创造向专利局提出专利申请，获得相应的专利权。《专利法》第6条规定："执行本单位的任务或者主要是利用本单位的物质技术条件所完成的发明创造为职务发明创造。职务发明创造申请专利的权利属于该单位"。"非职务发明创造，申请专利的权利属于发明人或者设计人"。《专利法》第8条规定："两个以上单位或者个人合作完成的发明创造、一个单位或者个人接受其他单位或者个人委托所完成的发明创造，除另有协议的以外，申请专利的权利属于完成或者共同完成的单位或个人"。

2. 因授予发明创造专利权而发生的各种社会关系

一项发明创造能否取得专利权以及如何取得专利权，涉及诸多方面的关系，如发明人或者设计人与专利申请人之间的关系、专利申请人与专利代理师之间的关系、专利申请人与国务院专利行政部门之间的关系以及专利申请人与公众之间的关系等，都得由专利法进行调整。

3. 因发明创造专利的实施、转让或者许可实施而发生的各种社会关系

一项发明创造被批准为专利并产生专利权后，专利权人总是希望通过各种途径将其专利付诸实施或者进行转让，使之转化为生产力，以收回成本，获取利润。由此产生的各种社会关系，都是专利法的调整对象。

4. 因发明创造专利权的保护而发生的各种社会关系

专利权人对其专利依法享有独占实施权，有权禁止他人未经许可而以营利为目的实施其专利的行为。一旦发生这种侵权行为，便在专利权人与侵权行为人之间、专利权人与管理专利工作的部门或者人民法院之间发生各种社会关系。这些社会关系也是专利法的调整对象。

除了上述四个方面的社会关系之外，专利法还调整许多与发明创造专利有关的社会关系，例如，因宣告专利权无效所发生的社会关系、因对专利实施强制许可而发生的社会关系、因对专利实施国家计划许可而发生的社会关系等。

第二节 专利权的客体

关于可获专利的客体（Patentable Subject Matter），TRIPS协议第27条"能

够获得专利保护的主题"规定："除下述第 2 款和第 3 款规定者外，专利应适用于所有技术领域中的发明，不论它是产品还是方法，只要它具有新颖性、创造性和工业实用性即可。"由此可知，TRIPS 协议规定的可专利主题，仅限于"技术领域中的发明"，不包括外观设计。《专利法》第 1 条规定："为了保护专利权人的合法权益，鼓励发明创造，推动发明创造的应用，提高创新能力，促进科学技术进步和经济社会发展，制定本法。"因此，"发明创造"是我国《专利法》规定的可获专利的主题。具而言之，发明创造就是指"发明、实用新型和外观设计"。《专利法》规定的可获专利的主题与 TRIPS 协议的规定略有不同，就其范围而言，我国的规定范围更广，完全符合其要求。

一、发明

（一）概念

发明是专利法的主要保护对象，也是各国专利法都给予保护的对象。但是应当注意，专利法中所说的发明与一般人所说的发明所具有的含义并不相同。人们日常所说的发明，泛指某人所创造出来的前所未有的东西，至于这个东西究竟是什么，并没有明确的指向。专利法中所指的发明具有严格的限定。例如，美国《专利法》第 101 条规定，可以获得专利的发明是指新颖而有用的制法、机器、制造品、物质的组成，或者它们新颖而有用的改进。这一规定使人们对该专利法所保护的对象有了清楚的了解。日本《专利法》第 2 条规定："本法所称发明，是指利用自然规律所进行的具有一定高度的技术性创造。"此规定包括三个方面的内容：①发明必须是关于"自然规律"的东西。此处所指的"自然规律"，是指自然界中存在的物理和化学的原理或定律，因此不包括人的纯智力活动产生的东西或人为规定的东西。根据这个规定，密码的编制方法、计算方法、财务或会计的方法、游戏方法或记忆方法等都不是发明。②发明必须是利用"自然规律"的东西。根据这个规定，科学规律是对自然规律本身的新的认识，并不是利用，因此，科学发现不是发明。发现物品或方法的新用途，虽不是"发明"，但若是积极利用所发现的用途，且有后续的创造性时，可以成为"用途发明"。实际上，科学发现与发明的区别是微妙的，其区别就在于有无原理上有目的地利用自然规律的创造性。③发明是技术方面的东西，即解决某一课题的合理的手段，必须产生技术效果，其需要具有发挥人的作用的创造性。只是对自然规律本身认识的发现或天然物，也不是发明。判断此创造性时，以发明为准，并且该创造性要体现于构思上。

《专利法》第2条第2款规定："发明，是指对产品、方法或者其改进所提出的新的技术方案。"根据此项规定可知，发明是一种技术方案。技术方案一般由若干特征组成，例如，产品技术方案的技术特征可以是零件、部件、材料、器具、设备、装置的形状、结构、成份、尺寸等；方法技术方案的技术特征可以是工艺、步骤、过程，所涉及的时间、温度、压力以及所采用的设备和工具等。各个技术特征之间的相互关系也是技术特征。

（二）种类

我国《专利法》所指的发明有两种，即产品发明和方法发明。"改进发明"本身并不是一种独立种类的发明，因为其改进所产生的结果要么是产品发明，要么是方法发明。

产品发明（包括物质发明）是人们通过研究开发出来的关于各种新产品、新材料、新物质等的技术方案，如电子计算机、超导材料和人造卫星的发明等。

方法发明是人们为制造产品或者解决某个技术课题而研究开发出来的操作方法、制造方法以及工艺流程等技术方案，如汉字输入方法、无铅汽油的提炼方法等。

专利法将发明进行分类的法律意义在于：①在专利申请过程中，不同的发明所提交的专利申请文件有所不同，其撰写内容也有所不同。②在取得专利权后，因发明种类不同，专利权人行使权利的方式不同，专利权的效力范围也不同。例如，《专利法》第11条规定："发明和实用新型专利权被授予后，除本法另有规定的以外，任何单位或者个人未经专利权人许可，都不得实施其专利，即不得为生产经营目的制造、使用、许诺销售、销售、进口其专利产品，或者使用其专利方法以及使用、许诺销售、销售、进口依照该专利方法直接获得的产品。"该规定说明：产品发明专利权仅及于其产品本身，而方法发明专利权不仅及于其方法本身，而且及于用该方法直接获得的产品。③在专利侵权诉讼中，因发明的种类不同而导致其举证责任不同。一般情况下，产品发明专利被侵权后，诉讼中的举证责任在原告（专利权人）一方；而新产品的制造方法发明专利权被侵权后，诉讼中的举证责任在被告（侵权行为人）一方。例如，《专利法》第66条第1款规定："专利侵权纠纷涉及新产品制造方法的发明专利的，制造同样产品的单位或者个人应当提供其产品制造方法不同于专利方法的证明。"

二、实用新型

我国《专利法》第2条第3款规定："实用新型是指对产品的形状、构造或者其结合所提出的适于实用的新的技术方案。"因此，实用新型具有以下几个特点：

（1）实用新型是针对产品而言的，任何方法（不论是否新颖实用）都不属于实用新型的范围。

（2）作为实用新型对象的产品只能是具有立体形状、构造的产品，不能是气态产品、液态产品，也不能是粉末状、糊状、颗粒状的固态产品。

（3）作为实用新型对象的产品必须具有实用性，能够在工业上应用。

（4）作为实用新型对象的产品必须是可自由移动的物品，而不能是不可移动的物品。当然，一件物品本来是可自由移动的，后来被人们固定在不能自由移动的物品上，这样的物品仍然可作为实用新型的对象。

所谓产品的形状，是指产品的外部立体表现形式，且具有相当的体积。所谓产品的构造，是指产品之部件或零件的有机结合或联结。产品的形状、构造的组合，也是可以获得实用新型授权的对象。

案例3

非形状和构造类技术特征不在实用新型专利的保护范围之内

谭某就"一种矩形密封圈"享有实用新型专利权，其权利要求是："一种矩形密封圈，其特征在于包括矩形橡胶密封圈，矩形橡胶密封圈的外缘包裹有经热压制成的厚度为0.20～0.50mm的聚四氟乙烯包裹层"。谭某认为某硅胶公司制造和销售的产品侵犯了其专利权。法院查明，该实用新型与其申请之前已公知的技术（即现有技术）的唯一区别在于，涉案实用新型产品是将聚四氟乙烯与橡胶通过"热压"的方法有机地结合在一起，而现有技术中不包含这一技术特征。法院认为：实用新型专利的保护对象是由形状、构造及其结合所构成的技术方案。涉案实用新型专利的权利要求中的"热压"既不属于形状范畴，也不属于构造范畴，因此不在涉案实用新型的保护范围之内。除"热压"的技术特征之外，某硅胶公司使用的技术方案与在涉案实用新型专利申请日之前的公知技术相同，适用现有技术抗辩，其行为并不构成侵权。

案例资料来源：最高人民法院民事裁定书（2017）最高法民申3712号

案例 4

柏万清诉成都难寻物品营销服务中心等侵害实用新型专利权纠纷案

原告柏万清系专利号200420091540.7、名称为"防电磁污染服"的实用新型专利（以下简称涉案专利）的专利权人。涉案专利权利要求1的技术特征为：A. 一种防电磁污染服，包括上装和下装；B. 服装的面料里设有起屏蔽作用的金属网或膜；C. 起屏蔽作用的金属网或膜由导磁率高而无剩磁的金属细丝或者金属粉末构成。该专利说明书载明，该专利的目的是提供一种成本低、保护范围宽和效果好的防电磁污染服。其特征在于所述服装在面料里设有由导磁率高而无剩磁的金属细丝或者金属粉末构成的起屏蔽保护作用的金属网或膜。所述金属细丝可用市售5到8丝的铜丝等，所述金属粉末可用如软铁粉末等。防护服是在不改变已有服装样式和面料功能的基础上，通过在面料里织进导电金属细丝或者以喷、涂、扩散、浸泡和印染等任一方式的加工方法将导电金属粉末与面料复合，构成带网眼的网状结构即可。

2010年5月28日，成都难寻物品营销服务中心销售了由上海添香实业有限公司生产的添香牌防辐射服上装,该产品售价490元,其技术特征是:a.一种防电磁污染服上装;b.服装的面料里设有起屏蔽作用的金属防护网;c.起屏蔽作用的金属防护网由不锈钢金属纤维构成。7月19日,柏万清以成都难寻物品营销服务中心销售、上海添香实业有限公司生产的添香牌防辐射服上装(以下简称被诉侵权产品)侵犯涉案专利权为由,向四川省成都市中级人民法院提起民事诉讼,请求判令成都难寻物品营销服务中心立即停止销售被控侵权产品;上海添香实业有限公司停止生产、销售被控侵权产品,并赔偿经济损失100万元。

法院生效裁判认为:本案争议焦点是上海添香实业有限公司生产成都难寻物品营销服务中心销售的被控侵权产品是否侵犯柏万清的"防电磁污染服"实用新型专利权。我国《专利法》第26条第4款规定:"权利要求书应当以说明书为依据,清楚、简要地限定要求专利保护的范围。"第59条第1款规定:"发明或者实用新型专利权的保护范围以其权利要求的内容为准,说明书及附图可以用于解释权利要求的内容。"可见,准确界定专利权的保护范围,是认定被诉侵权技术方案是否构成侵权的前提条件。如果权利要求书的撰写存在明显瑕疵,结合涉案专利说明书、附图、本领域的公知常识以及相关现有技术等,仍然不能确定权利要求中技术术语的具体含义,无法准确确定专利权的保护范围的,则无法将被诉侵权技术方案与之进行有意义的侵权对比。因此,对于保护范围明显不清楚的专利权,不能认定被诉侵权技术方案构成侵权。

案例资料来源:《最高人民法院公报》2016年第5期(总第235期),指导案例55号

三、外观设计

(一)概念

外观设计是我国《专利法》规定的第三种可专利主题,也是《巴黎公约》

和 TRIPS 协议规定的保护对象之一。我国《专利法》第 2 条第 4 款规定："外观设计，是指对产品的整体或者局部的形状、图案或者其结合以及色彩与形状、图案的结合所作出的富有美感并适于工业应用的新设计。"我国台湾地区的专利法规将它称为"新式样"，并定义为："凡对物品之形状、花纹、色彩首先创作适于美感之新式样者"，可依据其专利法规申请专利。

外观设计与发明和实用新型一样，是人类智力劳动的创造性成果，所不同的是外观设计是一种新设计。法律所保护的对象是该设计本身，而不是负载该设计的物品。对"外观设计"的理解应当注意：

（1）附载外观设计的产品必须具有相对的独立性。如果附载外观设计的产品是某产品不可独立存在的一个部分，它就不可作为一件外观设计获得专利权。

（2）外观设计必须是与独立的具体的产品合为一体的新设计。仅仅是画在纸上的新设计，充其量可以得到著作权保护，不能作为外观设计申请专利。只有将图案设计具体地运用到某物品上，它才可以申请专利获得保护。

（3）附载外观设计的产品必须能够在工业上应用。

（4）外观设计必须能够使人产生美感，即通过形状、图案、色彩或者其结合而创作出来的外观设计被用以装饰物品，能够使人的视觉触及后产生一种愉悦的感受。此处所指的"美感"应当包括三个方面的含义：①外观设计的形状、图案、色彩或者其结合能够被人们的视觉感知。对于隐性的、人们的视觉在正常情况下感觉不到的外观装饰，不能作为外观设计申请专利。②外观设计的图案不明显违反社会风俗。③外观设计能够引起人们美的感受。

（二）外观设计与发明、实用新型三者之间的关系

发明、实用新型和外观设计是三种不同的发明创造，一旦被批准为专利，就是三种不同形式的专利，但这三种不同的发明创造彼此之间又有密切的关系。《中华人民共和国专利法实施细则》（以下简称《专利法实施细则》）第 32 条第 2 款规定："申请人要求本国优先权，在先申请是发明专利申请的，可以就相同主题提出发明或者实用新型专利申请；在先申请是实用新型专利申请的，可以就相同主题提出实用新型或者发明专利申请。"此项规定表明，就某项发明创造提出发明专利申请后，可以将这一主题的专利申请转换成实用新型专利申请，或者提出实用新型专利申请后，可以将这一主题的专利申请转换成发明专利申请。

这意味着发明专利和实用新型专利之间存在着某种内在的联系。

其他一些国家的专利法、实用新型法或者外观设计法也有类似的规定。例如，韩国《实用新型法》第 10 条规定："发明专利和外观设计登记的申请人可以将申请转换成实用新型申请"；德国《实用新型法》规定，申请人可以就已申请发明专利的相同主题提出实用新型专利；墨西哥《专利法》（1991 年）允许发明专利申请与实用新型申请及外观设计申请之间相互更换。

三种发明创造之间的相互转换，不仅在法律上成立，实践上也是可行的。对于一件具体的发明创造，究竟应当申请哪一种专利，应视具体情况而定，但是任何一项发明创造只能被授予一项专利权，决不能重复授权。

第三节　不授予专利权的对象

专利法规定，只有符合专利条件或者具有专利性（Patentability）的发明创造，才可能被授予专利权。专利法规定，不可获专利的主题或者不符合专利法规定条件的对象，就不能被授予专利权。关于这个问题，TRIPS 协议第 27 条第 2 款和第 3 款分别从不同的角度作了规定；我国《专利法》也有相应的规定。

案例 5

发放虚拟货币违法　相关专利申请不予授权

2013 年 7 月 8 日，发码行公司的关联主体码链（上海）网络技术有限公司（以下简称码链公司）向国家知识产权局提交了一件名为"一种可佩戴部件"的发明专利申请，申请号为 ZL201611155616.1，发明人是发码行公司的创始人徐蔚。该发明专利申请为 ZL201310284352.X"一种采用条形码图像进行通信的方法和装置和嵌入感芯引擎的可佩戴的部件"发明的分案申请。

同时，该专利申请的说明书中介绍了一个名为"超级主权货币"的发明机制。声称通过使用统一的二维码生成与解析规则……，企业将其广告/营销/提成费用按照其销售的百分比，提交给第三方服务器的"多级返利平台"，该平台按照P4P模式，按劳取酬分配给每个消费者……当实体经济的多家企业都选择该模式时，也即多家企业提取销售额/销售预期的百分比，存入"多级返利平台"，该平台可以发行"新货币Matrix"，并按照"物物等价交换"原则来实施……

显而易见，这份发明专利申请文件的表述，是在"一本正经"地公开传授以"发行"某种虚拟货币为幌子的传销思路。

针对该专利申请，国家知识产权局作出驳回复审决定，认为该专利申请属于《专利法》第5条第1款所规定的妨害公共利益的发明创造，不能被授予专利权。

码链公司不服，向北京知识产权法院提起诉讼，请求判令国家知识产权局重新作出审查决定。码链公司表示，"本申请发放的虚拟货币，是在服务器内部使用，没有代替人民币在市场上流通，故没有违反中国人民银行法的相关规定。本申请中发给推荐者的返利是企业预先存入的市场推广费用，没有牟取非法利益，也没有扰乱经济秩序或影响社会稳定，故未违反《禁止传销条例》的相关规定。"

2022年10月28日，北京知识产权法院作出（2021）京73行初20067号裁判文书，驳回了码链公司的诉讼请求。《中国人民银行法》第16条规定：中华人民共和国的法定货币是人民币。第20条规定：任何单位和个人不得印制、发售代币票券，以代替人民币在市场上流通。

法院认为，虚拟货币本质上仍是以其作为交易单位来实现物品的买卖，代替了人民币的流通功能。因此，本申请提出的新货币Matrix违反了中国人民银行法的相关规定，扰乱了正常的金融秩序，危害了社会公众的合法权益。因此，本申请属于《专利法》第5条第1款所规定的违反法律、妨害公共利益的情形，不能被授予专利权。

《禁止传销条例》第2条规定：本条例所称传销，是指组织者或者经营者发展人员,通过对被发展人员以其直接或者间接发展的人员数量或者销售业绩为依据计算和给付报酬,或者要求被发展人员以交纳一定费用为条件取得加入资格等方式牟取非法利益,扰乱经济秩序,影响社会稳定的行为。

法院认为,本案专利申请说明书记载了含有通过多次嵌套生成二维码使最终返利的级数也嵌套了多个级别的内容,其本质上属于多级返利,即经营者通过发展人员形成上下线关系,并以下线的销售业绩为依据计算和给付上线报酬,扰乱社会主义市场经济秩序,影响社会稳定。因此,本申请属于《专利法》第5条第1款所规定的妨害公共利益的情形,不能被授予专利权。

案例资料来源:https://www.zhichanli.com/p/1927149830,2023-02-03

一、违反善良风尚的发明创造

为了维护社会的善良风尚,《专利法》第5条规定:"对违反法律、社会公德或者妨害公共利益的发明创造,不授予专利权。"几乎所有国家的专利法都有类似的规定。

(一)违反国家法律的发明创造

这样的发明创造主要是指其目的本身是为我国法律明文禁止或者与我国法律相违背的发明创造。例如,赌博、吸毒、伪造公文印章是我国刑法禁止的,因此有关专门用于赌博的设备、机器或者工具、吸食毒品的器具、伪造国家货币、票据、公文、证件、印章、文物的设备等的发明创造,都属于违反国家法律的发明创造,不能授予专利权。应当注意:如果发明创造的目的本身并未违反国家法律,只是不按正常方法予以使用便有可能产生导致违反国家法律的后果,则不能因为该发明创造的滥用会违反国家法律而拒绝对此类发明创造授予专利权。例如,以治疗疾病为目的的麻醉剂、镇静剂和兴奋剂，以及以娱乐为目的的棋牌等。

《巴黎公约》第4条第4款规定："不得以专利产品的销售或者依专利方法制造的产品的销售受到本国法律的限制或者限定为由，而拒绝授予专利权或者使专利权无效。"《巴黎公约》作出上述规定的理由是：一种产品的销售或者使用受到本国法律的限制或者限定，有可能仅仅出于安全、质量或者其他方面的考虑，或者是因为一种产品的制造或者销售的垄断权已经授予某些特定的企业。对于前者，随着社会的发展和情况的变化，国家法律有可能被修改或者废止，不能仅仅由于这一原因而不授予专利权；对于后者，专利权人有可能会获得国家给予的实施许可，也不应当仅仅由于这一原因而不授予专利权。

TRIPS协议第27条第2款规定："为了保护公共利益或者社会公德，包括保护人类、动物或植物的生命及健康，或者为了避免对环境的严重污染，各成员均可以排除某些发明的专利性，禁止这类发明在该成员地区内的商业性实施，其条件是这样的排除并非仅仅因为该成员的国内法律禁止这类发明的实施。"此项规定的出发点在于：国际社会担心有些国家由于各种原因，如意识形态、历史文化传统、宗教信仰等，或者仅仅从保护本国利益出发，排除一些发明创造获得专利保护的可能性，从而影响外国申请人的利益。

为了保证不因为我国法律的实施而造成与TRIPS协议的冲突，《专利法实施细则》第10条规定："专利法第五条所称违反法律的发明创造，不包括仅其实施为法律所禁止的发明创造。"

（二）违反社会公德或者妨害公共利益的发明创造

违反社会公德的发明创造，是指对于树立社会主义道德风尚不仅不能产生任何积极的作用，相反还会产生一定程度的负面效果的发明创造。例如，对涉及淫秽内容的外观设计或者专用于盗窃的工具等授予专利权，社会公众将难于理解和接受。但是应当注意，伦理道德观点的内涵随着时间的推移和社会的进步会发生相应的变化，因此，要明确界定"违反社会公德的发明创造"是不可能的，同时也是没有必要的，因为在不同的历史时期或者不同的地方，所得结论可能是不同的。

妨害社会公共利益的发明创造，是指发明创造虽然对某些人有这样或者那样的好处,但是从总体上有损于社会公共利益,对整个社会没有益处。例如,可能严重污染环境、损害珍稀资源、破坏生态平衡、致人伤残或者造成其他危害的发明创造。如果一项发明创造只是由于使用不当或者被滥用而可能造成社会危害,则不能因此拒绝授予专利权。例如,对人体有一定副作用的药品、放射性诊断治疗设备等,均因上述原因不能以"妨害公共利益"为由拒绝授予专利权。

二、不可获专利的主题

(一)科学发现

科学发现,是指人们通过自己的智力劳动对客观世界已经存在的但未被揭示出来的规律、性质和现象等的认识。一般来讲,科学发现不是对产品、方法及其改进所提出的一种新的技术方案,因而不能被授予专利权。

但是应当注意,科学发现虽然与发明有本质的区别,但"发现"可以作为人们进行"发明"的基础,引导人们进行新的发明。通常情况下,发现与发明是可以区分的,例如,"万有引力"是牛顿的一项科学发现,不是发明。但是,要想在发现与发明之间划出一道清晰的界线却并不容易。从各国专利制度的发展来看,发现与发明的区别有着逐渐淡化的趋势,而其中一个著名的例子就是关于"医药用途发明"能否授予专利权的争论。

按照传统理论,仅仅发现某种已知物质(包括天然物质或者人工合成物质)具有某种过去未曾被人们认识的特性,一般被认为是一种发现,而非发明。然而,在医药工业中,许多有价值的科研成果就是发现某些过去未被用于治疗疾病的已知物质具有治疗某种疾病的效果(被称为第一次医药用途发明),或者发现过去用于治疗某种疾病的某种已知物质具有治疗另一种疾病的效果(被称为第二次医药用途发明)。这样的发现直接导致新药品的产生,或者为已知药品开发了新的用途,故而具有显著的经济价值和社会价值。更重要的是从事该类研究工作的人员要为此付出相当可观的代价,包括人力、物力、财力和智力,因此,医药工业界强烈呼吁为这样的医药用途发明提供专利保护。为了适应工业发展和社会需要,许多国家在20世纪80年代就开始了修改专利法或者调整专利审查标准,为第一次和第二次医药用途发明提供专利保护。最典型的代表就是美国，其专利法对这样的发现给予专利保护。

生物技术是人类在 20 世纪取得重大进展的科学领域之一，其中最为突出的是关于遗传基因的发现。该项发现揭示了生命的奥秘，为科学技术开辟了一个崭新的领域，对人类的未来具有不可估量的重要意义。正因为其重要性，有关生物基因的发现能否授予专利权就成了专利制度中一个受到各国高度重视的问题。对此，不同国家的观点和做法具有很大的区别。欧盟早在 1998 年就颁布了一个关于生物技术专利保护方面的指令。该指令第 5 条明确规定：第一，在形成和发展不同阶段的人体，以及对其某一元素的简单发现，包括基因序列的某一部分，不构成可授予专利的发明；第二，脱离人体的或者通过技术方法而产生的某种元素，包括基因序列或者基因序列的某一部分，可能构成可授予专利权的发明，即使该元素的结构与一个自然存在着的结构完全相同；第三，基因序列或者基因序列中的某一部分的工业实用性必须在专利申请中公开。

传统理论认为，发现仅仅是揭示自然界原本就存在而人类尚未认为的事物，因为它没有改变什么，没有创造出什么新的东西，因而不能授予专利权。结合上面所述关于医药用途发明和生物基因的例子，可以看出这一标准已经有所变化。现在，人们认为问题的关键点在于是否为发现一种实际的用途，而不在于使被发现的东西产生什么变化。换句话说，一个研究成果能否被授予专利权，并不取决于该项研究成果是否创造出了自然界不存在的东西。

（二）智力活动的规则和方法

智力活动的规则和方法，是指人们进行推理、分析、判断、运算、处理、记忆等思维活动的规则和方法。其作用对象是人，即直接作用于人的思维，而与产业上的技术活动不发生直接关系。它通常是一些人为的规则，如竞赛规则、管理规则、统计方法、分类方法、计算方法、解谜方法等。虽然智力活动的规则和方法本身不被授予专利权，但进行智力活动的设备、装置或者根据智力活动的规则和方法而设计制造的仪器、用具等，都可以获得专利保护。

需要注意的是：随着计算机技术的发展，不能授予专利权的智力活动规则和方法与能够授予专利权的规则和方法之间的界线比以前模糊了。例如，抽象出一种生产过程的数学模式，设计一种算法，通过计算机予以运行，用于控制该生产过程，就能够获得专利保护。

许多国家的专利法规定，计算机程序本身和商业经营方法不能获得专利保护。这两种对象不能授予专利权的理由与智力活动的规则和方法之间有较为密切的关联。近年来，随着计算机技术、互联网和电子商务的发展，在这两种对象能否授予专利权的问题上出现了一些新的动向，引起了人们的高度关注。关于计算机软件能否获得专利保护的问题，美国、欧盟和日本等已经给出了肯定的结论。

关于商业经营方法可否授予专利权的问题，现在尚未有非常明确的答案。按照传统理论，商业经营方法是经商、交易、做生意的策略，不属于专利法意义上的发明创造范畴，因此不能授予专利权。然而，也有一种观点认为，商业经营方法属于智力活动的规则和方法范畴是不正确的。以《欧洲专利公约》为例，它将商业经营方法和智力活动的规则和方法列为不能授予专利权的内容，这表明两者不能彼此覆盖。现在，商业经营方法不能授予专利权的理论受到了严峻挑战。近年来，美国有关法院作出的一些判决认为，商业经营方法本身并不构成单独一类授予专利权的条件。换言之，不能仅仅依据认定一项申请的内容是一种商业经营方法，就得出该申请不能授予专利权的结论。由此可见，商业经营方法是否能够授予专利权仍然是一个需要认真研究的问题。

（三）疾病的诊断和治疗方法

该方法以活的人或者动物为实施对象，并以防病治病为目的，是医护人员的经验体现，并且因被诊断和治疗的对象不同而有区别，不能在工业上应用，不具有实用性。《欧洲专利公约》认为，疾病的诊断和治疗方法是以人体或者动物体为实施对象，无法在产业上制造、使用，不具备实用性，所以不授予专利权。TRIPS协议第27条第3款也允许其成员对疾病的诊断、治疗方法不授予专利权。但是，对血液、毛发、尿样、粪便或者精液等脱离了人体的物质的化验方法则不属于疾病的诊断和治疗方法，只要其具备专利条件，便可被授予专利权。用于诊断或治疗疾病的仪器、设备或器械等，只要其具备专利条件，均可被授予专利权。

（四）动物和植物品种

动植物品种可分为天然生长和人工培养两种。自然界天然生长的动植物不是人类智力活动的发明创造，因此不能被授予专利权。但是人工培养的动植物品种，虽然是人类智力活动的成果，但任何一种动植物品种的培养都必须经过较长的时间，并必须经过好几代人的筛选才能达到显著性、稳定性和一致性。因此，我国专利法暂时没有对动植物品种授予专利权。1997年3月20日，国务院发布了《植物新品种保护条例》。该条例第1条明确规定"保护植物新品种权，鼓励培育和使用植物新品种，促进农业、林业的发展"是制定本条例的目的。因此，植物新品种可以通过行政方式获得植物新品种权。可获得植物新品种权的植物新品种必须具备新颖性、特异性、一致性和稳定性。动植物品种的生产、培育方法可以获得专利保护。美国专利法对动植物品种都给予专利保护。

（五）用原子核变换方法获得的物质

用原子核变换方法获得的物质是指用核裂变或核聚变方法获得的单质或化合物。几乎所有的国家对此都不授予专利权。

第四节 授予专利的实质条件

授予专利权的实质条件，是指一项发明创造获得专利权应当具备的实质性条件，即该项发明创造本身所具有的本质特征。专利的实质条件有广狭之分。广义的实质条件包括：①申请专利的发明创造是《专利法》第2条所指的发明、实用新型和外观设计；②申请专利的发明创造不是《专利法》第25条规定的那些对象；③申请专利的发明创造不属于《专利法》第5条所指的那些发明创造；④申请专利的发明或者实用新型符合《专利法》第22条规定的新颖性、创造性和实用性条件；申请专利的外观设计符合《专利法》第23条所规定的条件。而狭义的实质条件主要是指广义实质条件中的第4项标准，是本章讨论的重点。如无特别说明，本章所讨论的授予专利权的实质条件仅限于狭义的实质条件。

一、新颖性

（一）新颖性的含义

新颖性（novelty），是指申请专利的发明或者实用新型不属于现有技术。也就是说，申请专利的发明或者实用新型属于现有技术范畴，与某项现有技术相同，就不具有新颖性。新颖性是发明或者实用新型获得专利权的必要条件之一，各国专利法均对此有规定。我国《专利法》第22条第2款规定："新颖性，是指该发明或者实用新型不属于现有技术；也没有任何单位或者个人就同样的发明或者实用新型在申请日以前向国务院专利行政部门提出过申请，并记载在申请日以后公布的专利申请文件或者公告的专利文件中。"本款不仅给"新颖性"作了法律上的定义，而且指出了申请专利的发明或者实用新型是否具有新颖性的判断标准。

（二）现有技术

专利制度中的现有技术（prior art），是指在申请日（有优先权的，指优先权日）前在国内外出版物上公开发表、在国内公开使用或者以其他方式为公众所知的技术。现有技术是一个相对概念，具有严格的时间性，今天公开的技术，是明天及其以后技术的现有技术，但不是今天和昨天及其以前技术的现有技术。判断申请专利的发明或者实用新型是否为现有技术，应当以某个时间点为标准。当这个时间点被选定后，现有技术的范围也就基本确定了。从各国专利法的规定来看，确定这个时间点的标准大体有两个：一是以申请日为时间点；另一个是以发明或者实用新型的完成日为时间点。《专利法》第22条第5款规定："本法所称现有技术，是指申请日以前在国内外为公众所知的技术"。我国《专利法》确定现有技术范围以"申请日"作为时间点；而美国《专利法》第102条规定以"发明的完成日"作为判断新颖性的时间点。当今世界，绝大多数国家的专利法或者类似保护发明技术的法律以"申请日"为确定现有技术范围的时间点，只有个别国家以"发明完成日"为标准。现有技术的范围一旦确定,申请专利的发明或者实用新型的新颖性也就可以确定,剩下的只是判断问题。

(三)技术的公开形式

在讨论这个问题之前,首先应该注意:申请日以前已经存在的技术,并非都是现有技术;只有在申请日以前已经公开的技术,才可能构成现有技术。专利制度中技术的公开(publicity of an art),是指一项技术已经处于非保密状态(non-secrecy),任何人均可在公开场合以合法方式获得该项技术。

专利制度中技术的公开形式,通常包括出版物公开(也称书面公开)、使用公开以及口头公开等。此处所指的出版物,是指一切附有技术信息的有形物质载体,包括印刷品、胶片、磁带、电子出版物、电脑屏幕等。凡是将技术信息在出版物上发表的,便是以出版物公开。申请日以前,在国内外出版物上公开的技术,都可构成现有技术。专利制度中的使用公开,是指申请专利的发明或者实用新型因使用而导致整个技术方案被公众所知或所用。

除出版物公开和使用公开外,以其他方式使发明或者实用新型的技术内容为公众所知的,称为技术的其他公开形式。这样的公开形式仅限于国内。例如,通过演说、讲演、报告或授课等口头形式将技术内容公开的,便属于此。

(四)公开日的确定

在判断申请专利的发明或者实用新型是否具有新颖性时,专利审查人员只是将该项技术同其申请日以前的技术相比。如果该项技术与其申请日以前的某项现有技术相同,该项技术就丧失了新颖性。由此可知,技术之公开日的确定便是一个至关重要的问题。

就出版物公开而言,技术之公开日的确定分两种情况:①专利文献的公开日就是专利局依照法定程序将专利申请文件公布或公开的日期。这个日期通常是公开或公布专利申请文件之专利公报的日期。②非专利文献的公开日就是该文献的首次出版日。这个日期通常记载在其版权页上。为了进行情报交流而向图书馆提交的技术情报资料,其公开日就是图书馆收到或者登记的日期。非公开发行的学位论文,以其答辩日或提交日为公开日。

就使用公开而言，公开日就是使用者将其技术方案即产品或方法向公众提供的日期。

（五）单独对比原则

对比文件，是指与申请专利的发明或者实用新型的技术内容相关的或有关的文献。在判断申请专利的发明或者实用新型是否具有新颖性时，专利审查人员将该项申请与对比文件进行比较，以确定其是否属于现有技术的范畴。它若与一项或者分别与若干项现有技术相同，就丧失了新颖性，不能被授予专利权。

单独对比原则，是指在判断申请专利的发明或者实用新型是否具有新颖性时，专利审查人员只能将每一份对比文件作为一个整体单独与被审查对象进行比较，而不允许将几份对比文件组合起来作为判断该申请是否具有新颖性的标准。以"带橡皮头的铅笔"为例说明：发明人将一小块橡皮装配在铅笔上所产生的结果，就是"带橡皮头的铅笔"。在此以前，"擦掉铅笔字痕迹的橡皮"和铅笔是现有技术。按照单独对比原则，专利审查人员将"带橡皮头的铅笔"分别与"橡皮"和"铅笔"对比，其结论是该项发明具有新颖性；但是如果将"橡皮"与"铅笔"这两项技术结合起来与"带橡皮头的铅笔"进行比较，该项技术就不具有新颖性。由此可见，单独对比原则是一个非常重要的原则。

（六）冲突申请

根据专利基本原理和专利权所具有的独占性，在同一个国家或者地域范围内，同样的发明创造只能被批准授予一项专利权。为了保证"同样的发明创造只被授予一项专利权"的原则得以实现，《专利法》规定，两个以上的申请人分别就同样的发明创造提出专利申请的，专利权授予最先申请的人。该规定被称为"先申请原则"。该项原则虽然能够解决一些问题，但不能解决一切问题。第一，《专利法》虽然规定了"先申请原则"，但并没有直接规定"当最先申请的人获得专利权后，国务院专利行政部门应当驳回其他的在后申请"。因此，在最先申请人获得专利权后，在后的申请仍然处于有效状态，还有获得重复授权的机会。第二，国务院专利行政部门对专利申请的审查，正常情况下按申请日的先后顺序进行，但也可能因在先申请需要补正或者存在其他问题或者原因，而致在先申请在尚未被审查完毕或授予专利权之前，国务院专利行政部门仍然要依照法定程序对其他在后申请进行审查。在此情况下，若无其他制度来约束，至少会出现两种情形：①将所有在后申请的审查工作停下来，等待在先申请审查完毕后，依情况而决定是否继续进行审查；②经审查，在后申请符合《专利法》规定的所有条件，被授予了专利权，但在先申请也应当被授予专利权，因而引起矛盾。无论出现第一种情形还是第二种情形，都是专利制度所不允许的。

为了体现法律的公平与效率，专利理论上引入了"冲突申请"或者"抵触申请"的概念。在申请日以前，同样的技术已由他人向国务院专利行政部门提出过申请，并且记载在申请日以后公布的专利申请文件中，那么，该他人的这一申请就是被审查之申请的冲突申请。冲突申请虽然不属于现有技术，但它却能致在后申请丧失新颖性。

在先申请构成在后申请之冲突申请应符合以下条件：①先、后申请人既不是同一申请人，也不是共同申请人；②先、后两专利申请具有相同的技术主题；③在先申请虽不曾公开，但被记载于在后申请的申请日以后公布的申请文件中。

应当注意：在先申请在被公布以前撤回、放弃、被视为撤回或者被驳回，则不能构成冲突申请。

（七）丧失新颖性的例外

如前所述，申请专利的发明或者实用新型只要在申请日以前被公开，其公开行为不论是申请人自己所为还是他人所为，该申请就会丧失新颖性。但是，这一规定并不是绝对的，即在某些特殊情况下，尽管申请专利的发明或者实用新型在申请日前公开，但在一定的期限内提出专利申请的，则不丧失新颖性。这种例外情况几乎是所有国家的专利法都有的规定，它是对发明人的一种临时保护。不过，各国专利法对发明人规定的临时保护办法以及所适用的范围并不完全一致，以致这种保护几乎都只适用于本国，外国不承认它有不丧失新颖性的效力。综合各国的情况，给发明人规定的临时保护措施有两种：一种是宽限期保护，另一种是优先权保护。但也有国家规定对外国申请人给予优先权保护，对本国申请人则给予宽限期保护。例如，《专利法》（1984年）第29条规定，外国申请人要求优先权有本法第24条所列情形之一的，优先权期限自该情况发生之日起计算。现行《专利法》对此作了修改，对中国申请人和外国申请人都给予优惠期保护。这两种临时保护措施，后者优先使用。

《专利法》第24条对此作了具体规定，即申请专利的发明创造在申请日以前6个月内，有下列情况之一的，不丧失新颖性：①在国家出现紧急状态或者非常情况时，为公共利益目的首次公开的；②在中国政府主办或者承认的国际展览会上首次展出的；③在规定的学术会议或者技术会议上首次发表的；④他人未经申请人同意而泄露其内容的。

二、创造性

（一）创造性的含义

创造性（Creativeness），是发明或者实用新型获得专利权的又一实质条件，美国称之为"非显而易见性"（Non-obviousness），也有国家称之为"先进性"或者"进步性"。这个标准是衡量发明或者实用新型能否取得专利权的重要条件，它能从质的方面反映出发明或者实用新型的特征。

《专利法》第22条第3款规定："创造性，是指与现有技术相比，该发明具有突出的实质性特点和显著的进步，该实用新型具有实质性特点和进步"。此处所用的"与现有技术相比"，是指将申请专利的发明或者实用新型同申请日以前已有的与该发明或者实用新型相同或者相邻的技术领域中所有已公开技术进行比较。在进行创造性判断时，允许把相关的几份对比文件组合在一起进行对比判断。这不同于判断新颖性的单独对比原则。

所谓"发明具有突出的实质性特点"，是与现有技术相比，申请专利的发明具有与其明显不同的技术特征，是发明内在的质的标志。凡是发明所属之技术领域的"普通技术人员"不能直接从现有技术中得出构成该发明必要的全部技术特征的，都被认为具有突出的实质性特点。如果发明是其所属技术领域的技术人员在现有技术的基础上通过逻辑分析、推理或者试验可以得到的，该项发明就是显而易见的，因此被认为不具有"突出的实质性特点"。

在判定发明是否具有创造性时,《专利法》引入了"所属技术领域普通技术人员"的概念。"所属技术领域的普通技术人员"与审查员不同,他是一种拟制人,具有中等技术水平,通晓所属技术领域中的所有技术,并且规定他的技术水平随着技术领域和完成发明时间的不同而变化。

所谓"发明具有显著的进步",是指与最接近的技术相比,发明具有长足的进步。这种进步表现在:发明克服了现有技术中存在的缺陷和不足,或者表现在发明所代表的某种新技术趋势。

《专利法》要求发明有"显著的进步",其目的在于防止那些倒退的或者对科学技术的进步无益的发明出现。

实用新型的创造性标准与发明不同。除了实用新型的创造性高度低于发明的高度外,《专利法》规定对实用新型专利申请不进行实质审查,所以对实用新型创造性的评定,只有在对实用新型专利权提出撤销请求或者无效宣告请求时才可能涉及。

(二)审查原则

一件发明专利申请是否具有创造性,只有在该项发明具备新颖性的前提下才予以审查。若申请专利的发明已被判定为没有新颖性,就不必进行创造性审查了。

在评价申请专利的发明是否具有创造性时,审查员不仅要考虑发明技术方案本身的实质性,而且还要考虑发明的目的或者效果,将它们作为一个整体来对待。审查员可以将两份或者两份以上的对比文件或者这些对比文件的某些部分组合在一起进行评定。

(三)审查基准

专利审查员应当以《专利法》第22条第3款的规定作为评定有无创造性的基准。根据专利审查实践看,以下几个方面是判断创造性的参考基准。

(1)申请专利的发明解决了人们渴望解决但一直没有解决的技术难题。例如,人们一直渴望找到一种能够准确预报地震的方法,但直到现在为止这一问题还没有被解决。倘若某地震学家研究出这样一种方法,那么它毫无疑问会被判定为具有创造性。

（2）申请专利的发明克服了技术偏见。所谓技术偏见，是指在某个时间内，该技术领域的技术人员对某个技术问题普遍存在的一种观点。这种观点误导人们不去思考其他方面的可能性，阻碍了人们对该技术领域作进一步的研究和开发。如果申请专利的发明冲破这种束缚，克服了技术偏见，这样的发明就具有了创造性。

（3）申请专利的发明取得了意想不到的技术效果。这一基准，是指同现有技术相比，申请专利的发明产生了"质"的变化，具有了新的性能；或者产生了"量"的变化，超出了人们预期的想象。发明所具有的这种"质"和"量"的变化，对所属技术领域的技术人员来说是事先无法预测或者推演出来的。

（4）申请专利的发明在商业上获得成功。一项发明通过实施在商业上获得成功，且这种成功是由于发明的技术特征直接产生的结果，则这项发明就具有创造性。但是，如果商业上的成功是其他原因所致，则不能作为判断创造性的依据。

审查发明是否具有创造性时，一方面，审查员不必考虑发明人在完成发明的过程中是否付出了巨大的代价。尽管有很多的发明是发明人创造性劳动的结果，是长期科学研究或者生产实践的总结，但也有一些发明是偶然取得的，不能因此而否定它的创造性。另一方面，专利审查员必须以发明所属技术领域的普通技术人员作为客观标准进行判断，应避免主观因素对创造性判断产生影响。

三、实用性

（一）实用性的含义

实用性（utility），是发明或者实用新型获得专利权的第三个实质条件。此处的"实用"一词，主要是指能够在工业上应用并有实际利益。《专利法》第22条第4款规定："实用性，是指该发明或者实用新型能够制造或者使用，并且能够产生积极效果。"依此规定，申请专利的发明或者实用新型是一种产品的，该产品必须能够在产业上制造；申请专利的发明是一种方法的，该方法就必须能够在产业上使用。《专利法》所指的"产业"，包括工业、农业、林业、水产业、畜牧业、交通运输业以及文化、体育和医疗器械行业等。

申请专利的发明或者实用新型，在产业上能够制造或者使用，是指符合自然规律，具有技术特征的任何可实施的技术方案。

申请专利的发明或者实用新型"能够产生积极的效果"，包括三个方面的含义：①能够产生积极的社会效果，是指该项发明或者实用新型被实施后，不产生对社会的危害，不产生对人类生存、安全、环境的危害，不损害社会公共道德。在美国，有害的、危险的、不道德的发明都按缺乏实用性处理。②能够产生积极的技术效果，是指申请专利的发明或者实用新型被实施后有利于促进科学技术的发展。③能够产生积极的经济效果，是指申请专利的发明或者实用新型被实施后，能够给发明人或者专利权人或者国家带来良好的经济效益，如节省原材料、节约能源、增加财富和提高收入等。

（二）审查原则

审查发明或者实用新型专利申请是否具有实用性时，应当注意：①以在申请日提交的说明书、附图和权利要求书所公开的整体技术内容为依据，而不仅仅局限于权利要求书所记载的内容。②申请专利的发明或者实用新型能否实施，应以其所属技术领域的技术人员能否实施为准。③实用性与申请专利的发明或者实用新型是如何创造出来的以及是否已经实施无关。

（三）不具有实用性的几种情况

1. 申请专利的发明或者实用新型不具有再现性

发明或者实用新型的再现性，是指申请专利的发明或者实用新型所属技术领域的技术人员能够根据专利申请文件所公开的技术内容重复实施专利申请中为达到其目的所采用的技术方案。这种重复实施不得依赖任何随机因素，并且实施的结果都是相同的。但应当注意：发明或者实用新型申请所说的"产品"的成品率低与不具有再现性有着本质区别。

2. 申请专利的发明或者实用新型缺乏技术手段

申请专利的发明或者实用新型应当是一项已经完成的技术方案，才能具有实用性。缺乏技术手段的发明或者实用新型专利申请是未完成的技术方案,不具有实用性。《专利法》第 26 条第 3 款规定,申请专利的发明或者实用新型应当在说明书中作出清楚、完整的说明,以使所属技术领域的技术人员能够实现为准。如果原始申请的说明书、附图和权利要求书所公开的内容缺少全部或部分实施该发明或者实用新型的必要技术手段,则该项申请就是未完成的技术方案,不具备实用性。例如,只提出任务或设想,或者只表明一种愿望和结果,而未给出任何使所属技术领域的技术人员能够实施的技术手段,这样的发明或者实用新型就是未完成的技术方案,不具有实用性。

3. 申请专利的技术方案违背自然规律

具有实用性的专利申请应当符合自然规律。违背自然规律的技术方案不能在工业上应用,因此不具有实用性。例如,违背能量守恒定律的永动机,必然不具有实用性。

4. 利用独一无二的自然条件所完成的技术方案

利用特定的自然条件建造的自始至终都是不可能移动的产品,不具有实用性。但应当注意:有些产品本身是可移动的,但将它构造成其他产品时被固定为不可移动,这种结果不影响该产品本身所具有的实用性。例如,砖、瓦、天花板、墙壁、屋顶、地板、门窗等产品都是可以移动的,但是,一旦将这样的产品安装在建筑物上,它们就成为不可移动的产品。在这种情况下,不能因为建筑物不可移动而否定这些构件所具有的实用性。

5. 申请专利的技术方案不能产生积极效果

实施这样的技术方案可能造成环境污染、能源或者资源的严重浪费、损害人体健康的,不具有实用性。

四、外观设计获得专利权的实质条件

外观设计虽然也是我国专利法的保护对象,但它与发明和实用新型不同。发明和实用新型都是一种新的技术方案,是技术成果,而外观设计是一种"富有美感并适于工业应用的新设计"。因此,外观设计获得专利的条件与发明和实用新型获得专利的条件不同。

《专利法》第 23 条规定的授予外观设计专利权的实质条件,包括"不得与他人在申请日以前已经取得的合法权利相冲突"一项。实践中,有些外观设计专利申请人未经许可,将他人在先已经取得合法权利的商标图案、美术作品等结合自己的产品申请外观设计专利。由于国务院专利行政部门对外观设计专利申请只进行初步审查，只要外观设计专利申请符合《专利法》规定的形式条件即可获得专利权，而不考虑申请专利的外观设计是否侵犯了他人的在先权利。有了《专利法》的这一规定，在先权利所有人就可以依此规定，请求国家知识产权局专利局复审和无效审理部（以下简称"复审和无效审理部"）宣告该外观设计专利权无效。

综上所述，《专利法》所规定外观设计取得专利权的实质条件应为：新颖性、美观性和合法性。新颖性，是指申请专利的外观设计与其申请日以前已经在国内外出版物上公开发表的外观设计不相同和不相近似；与其申请日前已在国内公开使用过的外观设计不相同和不相近似。美观性，是指外观设计被使用在产品上时能使人产生一种美感，增加产品对消费者的吸引力。合法性，则是指申请专利的外观设计"不得与他人在先取得的合法权利冲突。"

我国《专利法》关于外观设计获得专利权的条件与其他国家的规定大同小异，如澳大利亚《外观设计法》规定，可获注册的外观设计应当符合"新颖性"和"独创性"的条件；又如奥地利《外观设计保护法》规定，外观设计获得保护的条件为"新颖性"和"美观性"。

各国法律关于外观设计保护条件的规定可以归纳为：新颖性、美观性和独创性。此处所指的"独创性"与我国《专利法》所规定的"不得与他人在申请日前已经取得的合法权利相冲突"的含义有相似之处，但严格地讲，"不得与他人的在先合法权利相冲突"的说法可能比"独创性"的表述更为准确。

第三章 专利权制度（二）

第一节 专利申请权及专利申请人

一、专利申请权

（一）专利申请权的概念和特征

专利申请权，是指公民、法人或者其他组织依据法律规定或者合同约定享有的就发明创造向国务院专利行政部门提出专利申请的权利。

公民、法人或者其他组织依法享有的专利申请权受法律保护。专利申请权是一项独立的财产权，其价值在于专利申请权是产生专利权的基础。《专利法》第6条规定："申请被批准后，该单位为专利权人。""申请被批准后，该发明人或者设计人为专利权人。"专利申请权的价值能否实现，取决于产生专利申请权的发明创造所具有的本质状况。如果产生专利申请权的发明创造缺乏专利性，不能被批准为专利，那么该项专利申请权就没有实际价值。

专利申请权具有以下基本特征：

1. 相对性

特定主体就某项发明创造享有的专利申请权，不能排斥他人就同样主题的发明创造向国务院专利行政部门提出专利申请。具体来说，专利申请权没有排他性或者独占性，是一种相对权利。由专利申请权所产生的权利义务只能发生于特定主体之间，不能对第三人产生约束力。

2. 暂时性

公民、法人或者其他组织依法享有的专利申请权的效力时限分两种情况：第一，在专利申请人提出专利申请后，其申请一旦被授予专利权或者被驳回，专利申请权便随之终止。第二，若专利申请权人以技术秘密方式保护发明创造，那么只要该项发明创造的技术内容不被泄露，由此项发明创造所产生的专利申请权就始终存在。

3. 相关性

专利申请权，实质上是一种请求权，即请求国务院专利行政部门依法确认其独占特定发明创造的权利。有了专利申请权，才有可能获得原始专利权。因此，专利申请权和专利权是相关的。在专利申请权存在时，专利权尚不存在；专利权一旦产生，专利申请权也就随之终止。

（二）专利申请权的归属

一项发明创造产生的专利申请权归谁所有，主要有两种情形：一是由法律直接规定，二是依合同约定。

1. 由法律直接规定的情形

《专利法》第6条第1款规定职务发明创造的专利申请权归单位所有，第2款规定非职务发明创造的专利申请权归完成该发明创造的发明人或者设计人所有。第8条规定："两个以上单位或者个人合作完成的发明创造、一个单位或者个人接受其他单位或者个人委托所完成的发明创造，除另有协议的以外，申请专利的权利属于完成或者共同完成的单位或者个人。"

2. 依合同约定的情形

《专利法》第6条第3款规定："利用本单位的物质技术条件所完成的发明创造，单位与发明人或者设计人订有合同，对申请专利的权利和专利权的归属作出约定的，从其约定。"依第8条规定"合作发明创造"与"委托发明创造"的专利申请权的归属可以由当事人协议约定。

（三）专利申请权的纠纷

正常情况下，专利申请权的归属按上述两种方式确定。但当前有关专利申请权的纠纷时有发生。

专利申请权纠纷，是指有关利害关系人就某项发明创造专利申请权的归属所发生的争议。实践中，涉及专利申请权的纠纷主要有以下三种情况。

（1）关于职务发明创造与非职务发明创造的纠纷。当一项发明创造完成后，若被认定为是职务发明创造，该项发明创造的专利申请权就应当归发明人或者设计人的所属单位（此处所指的"单位"，包括发明人或者设计人所属的"临时工作单位"）所有；否则，其专利申请权就应当归完成该项发明创造的发明人或者设计人所有。就某项发明创造而言，如果发明人或者设计人与其所属单位能够就该发明创造的属性达成共识，就不会发生争议；否则，关于该发明创造专利申请权归属就可能发生纠纷。

判断某项发明创造是否属于职务发明创造的标准有四项：①该项发明创造是发明人或者设计人在本职工作中完成的；或者②该项发明创造是发明人或者设计人在履行本单位交付的本职工作之外的任务所作出的；或者③该项发明创造是发明人或者设计人在其退职、退休或者调动工作后1年内作出的，与其在原单位承担的本职工作或者原单位分配的任务有关的；或者④该项发明创造是发明人或者设计人主要利用本单位的物质技术条件完成的，与单位另有约定的除外。此四项标准是彼此平行的，即一项具体的发明创造，只要符合其中的任何一个标准，就可以认定为职务发明创造；也就是说，只有不符合此四个标准的发明创造，才可能是非职务发明创造。

（2）关于发明人或者设计人的纠纷。就某项发明创造而言，无论它是职务发明创造还是非职务发明创造，确定其发明人或者设计人都具有其重要意义。专利法所指的"发明人或者设计人"只能是个人，不能是单位；共同发明人或者设计人也只能是两个或者两个以上的个人。具体来说，发明人或者设计人，是指对发明创造的实质性特点作出创造性贡献的人。在完成发明创造的过程中，只负责组织工作的人、为物质条件的利用提供方便的人或者从事其他辅助工作的人，不应当认为是发明人或者设计人。

（3）关于两个以上的单位或者个人合作完成的发明创造、一个单位或者个人接受其他单位或者个人的委托所完成的发明创造之专利申请权归属的纠纷。前面已经讲过，这种发明创造专利申请权的归属，由有关当事人在合同中约定；但是，当事人若没有缔结合同或者合同对专利申请权的归属约定不明确，就可能发生纠纷。

（四）专利申请权的行使

专利申请权的行使，主要是指专利申请权人依据法律规定发挥其专利申请权效用的行为，具体来说，包括专利申请权的转让、是否申请专利、向哪些国家或者地区申请专利以及是否放弃专利申请权等行为。

1. 专利申请权的转让

《专利法》第 10 条规定专利申请权可以转让。专利申请权的转让可以在专利申请人向国务院专利行政部门提出专利申请之前进行，也可以在专利申请人向国务院专利行政部门提出专利申请后、授予专利权之前进行。

专利申请权不论在哪一个时间段转让，其结果都是一样的，即原专利申请权人因转让而丧失专利申请权，受让人因受让而获得相应的专利申请权。受让人以此专利申请权向国务院专利行政部门提出专利申请的，除了提交法律规定的专利申请文件外，还应提交双方签名或盖章并经公证机关公证的专利申请权转让合同。

关于专利申请权的转让，《专利法》（1984 年）第 10 条第 2 款规定，全民所有制单位转让专利申请权的，必须经上级主管机关批准。在计划经济的情况下，对全民所有制单位转让专利申请权的权利作这种限制，是合理也是合法的；然而，在社会主义市场经济条件下，国有企业也是一个独立的市场经营主体，对其依法取得的专利申请权和专利权享有自主处分权，其上级主管机关不宜再干涉之。因此，现行《专利法》对此作了修改，国有企业和其他主体一样，转让其专利申请权不必经任何组织或者个人批准，只需向国务院专利行政部门登记，由国务院专利行政部门公告即可。

中国单位或者个人向外国人转让专利申请权的，当事人（转让方和受让方）应当订立书面合同，应当依照有关法律、行政法规的规定办理手续。

专利申请权的转让自国务院专利行政部门登记之日起生效。

专利申请权由两个以上单位或者个人共有时，不经全体共有人的一致同意，其中的一个人或者几个人不得擅自决定转让之。但共有人只转让自己的申请权的，其他共有人在同等条件下，有优先受让权。

2. 决定是否申请专利

只有依法享有专利申请权的人，才能就某项发明创造向国务院专利行政部门申请专利。专利申请权人决定向国务院专利行政部门申请专利的，可能导致其发明创造被公开。如果其发明创造能够获得专利权，还能够得到一定期限的独占权；如果不能获得专利权，其发明创造就会因公开而进入公有领域，致使其付出的代价化为乌有。因此，对其发明创造是否申请专利，应当是一个很严肃的问题，不得草率从事。

同时还应当注意，如果一项新的发明创造具有很长的经济寿命，而且在一个可以预见的期限内，其他人无法开发出同样的技术，那么，暂时不申请专利可能是一个很好的选择。根据专利法规定，发明创造被授予专利权的交换条件是发明人应当将其发明内容充分、完整、全面地向社会公开，而且还要让该技术领域内的普通技术人员能够根据此项公开的内容进行实施。专利权可能获得的保护期限充其量也只有自申请日起的20年。在此保护期限内，专利权人对该项发明创造享有独占权，但是，专利保护期限一旦届满，该项技术就进入了公有领域。鉴于此，专利申请权人在决定是否申请专利前，有必要进行适当的考察，以便作出正确的决定。

对某项发明创造依法享有专利申请权的人只有一个，可以充分自由地决定是否将其发明创造申请专利。如果为两个以上的单位或者个人，那么，在未经全体专利申请人一致同意的情况下，其中的任何一个或者几个人均不得自行决定将其发明创造申请专利。

（五）专利申请权的继承

专利申请权可以被继承。专利申请人死亡后，其依法享有的专利申请权可以作为遗产，由其合法继承人继承。专利申请权的继承人可依法提出专利申请，但继承人提出专利申请时，应当提交由公证机关签发的当事人是唯一法定继承人的证明文件。除另有明文规定外，共同继承人应当共同继承专利申请权。在专利申请人死亡时，若无法定继承人，也无人受遗赠，则其专利申请权终止，其发明创造成为公有财产。

二、专利申请人

（一）专利申请人的概念

专利申请人，是指对某项发明创造依法律规定或者合同约定享有专利申请权的公民、法人或者其他组织；或者说，专利申请人就是享有专利申请权的公民、法人或者其他组织。由此可见，专利申请人可以是公民、法人，也可以是其他组织，如个人合伙、个体工商户等。专利申请人应当具备以下条件：

（1）具有相应的国籍。有资格在我国提出专利申请的人必须是中华人民共和国的公民、法人或者其他组织。外国人要在我国申请专利，必须符合下列条件：①在中国有经常居所或者营业所；②在中国没有居所或者营业所的，向我国提出专利申请，就应当依照其所属国同我国签订的协议或者共同参加的国际条约，或者依照互惠原则，按我国《专利法》的规定办理申请手续。

（2）有符合我国《专利法》规定的发明创造，并且拥有相应的专利申请权。其他国家的专利法也作了类似规定。

（二）专利申请人的种类

从不同的角度，可以将专利申请人分为以下诸类：

（1）职务发明创造的单位。一项发明创造若被认定为职务发明创造，那么该项发明创造的发明人或者设计人的所属单位为专利申请人。

（2）非职务发明创造的专利申请人为完成该发明创造的发明人或者设计人。

（3）合作发明创造的专利申请人是完成该发明创造的合作发明人或者设计人，或者其所属单位，另有协议的除外。

（4）委托发明创造的专利申请人为合同约定的人。在没有合同约定或者合同约定不明的情况下，完成发明创造的发明人或者设计人为专利申请人。

（5）受让人。受让取得专利申请权的人也是专利申请人。

（6）中国香港、澳门特别行政区的法人和居民提交中国国家专利申请的，仍按照原专利局1995年8月21日公布的《关于港澳地区专利申请若干问题的规定》办理。

（7）向中国国务院专利行政部门提出发明专利申请的人，为获得香港标准专利的保护，应当按照香港《专利条例》的有关规定，向香港知识产权署办理标准专利的注册手续。根据香港《专利条例》规定，"标准专利"的申请人应当在中国国务院专利行政部门公布其专利申请后6个月内向香港知识产权署提出"标准专利"注册申请，并自该申请由中国国务院专利行政部门授予专利权之日起6个月内向香港知识产权署申请注册"标准专利"。

（8）我国台湾申请人可以向中国国务院专利行政部门提出专利申请，应当按照我国《专利法》的规定办理相应的手续，并符合有关法律的规定。

（三）专利申请人的权利

专利申请人依法提出的专利申请被国务院专利行政部门受理后，就享有了以下权利：

（1）就其后由他人就同样的发明创造向国务院专利行政部门提出的专利申请而言，该申请人取得了在先申请人的地位。

（2）有权依据其申请要求优先权。当申请人以同样的发明创造向《巴黎公约》其他成员国提出专利申请或者提出PCT申请时，有权根据其申请要求国际优先权。当然，还可以根据其申请要求国内优先权。

（3）发明专利申请案公开后，申请专利的发明将得到临时保护。《专利法》第13条规定："发明专利申请公布后，申请人可以要求实施其发明的单位或者个人支付适当的费用。"该申请若没有被授予专利权，这种临时保护也就不再存在。

（4）在专利申请被批准为专利、被驳回、被撤回或者被视为撤回以前，专利申请人可以转让其专利申请权。

（5）在专利申请的审查过程中，专利申请人还享有撤回权、修改权、修改请求权、陈述意见权、实质审查请求权以及放弃权等项权利。

专利申请人依法享有的这些权利保证其能够在就其发明创造提出专利申请后和获得专利权以前使自己的发明创造不受他人非法干预、侵犯。

案例6

漳州灿坤实业有限公司诉广东辉骏科技集团有限公司
专利权申请权属纠纷案

灿坤公司于2017年1月12日针对辉骏公司、广东辉胜达电器股份有限公司、张某向法院提起法案诉讼，请求判令名称"一种自动胶囊面包机及其面包制作方法"、申请号201510592023.0的发明专利申请权归灿坤公司所有，由辉骏公司、广东辉胜达电器股份有限公司、张某共同负担灿坤公司因本案发生的合理开支（律师费等）5000元。根据本案现有证据，该发明专利公开的信息包括申请日2015年9月17日，申请公布日2015年12月30日，申请人广东辉胜达电器股份有限公司，发明人张某等；2016年10月8日，申请人变更为辉骏公司。张某原系灿坤公司研发调理组职员，2011年11月25日入职，2015年3月10日离职。张某离职后即进入广东辉胜达电器股份有限公司工作。

　　法院经审查认为，人民法院对于可能因当事人一方的行为或者其他原因，使判决难以执行或者造成当事人其他损害的案件，根据对方当事人的申请，可以裁定责令其作出一定行为或者禁止其作出一定行为。因本案的发明专利系其发明人之一张某在与原单位灿坤公司终止劳动、人事关系1年内申请的，该发明专利的申请权权属存疑，灿坤公司提起本案诉讼。该专利的申请人现已变更为辉骏公司，专利仍在授权审查过程中，法律状态随时可能发生改变，为避免判决难以执行，或因辉骏公司的行为可能造成灿坤公司的损害，有必要禁止辉骏公司对涉案申请的发明专利进行相关处分。灿坤公司的请求存在事实和法律依据，且已提供担保，本院予以支持。

案例资料来源：【法宝引证码】CLI.C.10907993

第二节　专利权的内容

一、专利权人的权利

　　我国《专利法》没有明确规定专利权人依法享有哪些权利，而是明确了专利权人的基本权利，即发明和实用新型专利权被授予后，除本法另有规定的以外，任何单位或者个人未经专利权人许可，都不得实施其专利，即不得为生产经营目的制造、使用、许诺销售、销售、进口其专利产品，或者使用其专利方法以及使用、许诺销售、销售、进口依照该专利方法直接获得的产品。外观设计专利权被授予后，任何单位或者个人未经专利权人许可，都不得实施其专利，即不得为生产经营目的制造、许诺销售、销售、进口其外观设计专利产品。由此可知专利权人依法享有以下几个方面的权利。

1. 独占实施权

独占实施权，是指专利权人对其专利产品或者专利方法依法享有的进行制造、使用、许诺销售、销售、进口的专有权利。具体来说，除法律另有规定外，未经专利权人许可，任何单位或者个人都不得实施其专利，即不得为生产经营目的制造、使用、许诺销售、销售、进口其专利产品，或者使用其专利方法以及使用、许诺销售、销售、进口依照该专利方法直接获得的产品；任何单位或者个人不得为生产经营目的制造、许诺销售、销售、进口其外观设计专利产品。

独占实施权是专利权人依法享有的最基本权利，包括对专利产品的独占制造权、独占使用权、独占许诺销售权、独占销售权和独占进口权；对专利方法独占使用权以及对依照该专利方法直接获得的产品的独占使用权、独占许诺销售权、独占销售权和独占进口权。

对专利权人来说，独占实施权只是一种可能权，并不总能自由地付诸实施。如果专利权人的权利范围覆盖了他人之专利权的权利范围，那么，在没有获得该他人许可的情况下，该专利权人就不能将其专利付诸实施，否则，其实施行为可能构成对该他人专利权的侵犯。例如，甲有一项"新型书写工具"的实用新型专利权，乙发明了一种制造该"新型书写工具"的方法，并获得专利权。虽然甲乙两人的专利权彼此独立，但是，在没有获得甲许可的情况下，专利权人乙就不能将其专利方法付诸实施。因为乙一旦实施其制造"新型书写工具"的方法专利，就制造出甲的专利产品，构成了对甲的实用新型专利权的侵犯。因此，专利权人应当注意：实施自己的专利权也可能构成侵权。

方法专利的专利权人对其专利方法享有的独占实施权包括：①对该专利方法的独占使用权；②对依照该专利方法直接获得的产品（为了方便起见，我们将这种产品也称为"专利产品"）的独占使用权、独占许诺销售权、独占销售权和独占进口权。

依照专利方法直接获得的产品，其本身可能是专利产品，也可能不是专利产品。该产品本身就是专利产品的，任何他人未经许可，以生产经营目的制造、使用、许诺销售、销售或进口该产品，都可能构成侵权；该产品本身不是专利产品的，那么，只有使用、许诺销售、销售或进口依照该专利方法直接获得的产品，才可能构成侵权。他人采用其他方法制造出来的产品，即使与依照该专利方法所获得的产品相同，该制造者对自己制造出来的产品的使用、许诺销售、销售，也不构成侵权。在此应当注意：依照专利方法制造出来的产品是新产品的，制造同样产品的单位或者个人应当提供其产品制造方法不同于专利方法的证明，否则，该制造者可能要依法承担相应的侵权责任。

对专利产品的许诺销售权（a right of offering for sale），是 TRIPS 协议授予专利权人的一项权利。遵循 TRIPS 协议的有关规定，《专利法》（2000 年修正）为专利权人增加了这项权利。其基本含义是：专利权人自己或者授权他人以做广告、在商店货架或者展销会陈列等方式作出销售商品的意思表示的权利。从另一方面看，许诺销售权，就是指未经专利权人许可，任何单位或者个人不得为生产经营目的，对其专利产品或者依据专利方法直接获得的产品（以下简称"专利产品"）以做广告、在商店货架或者展销会陈列等方式作出销售商品的意思表示。

专利产品的进口，是指将专利产品或者包含专利产品的物品，或者依据专利方法直接生产的产品从境外引入我国境内的行为。进口权，是指在专利权的有效期限内，未经专利权人许可，为生产经营目的进口专利产品的权利，即"专利权被授予后，除法律另有规定外，专利权人有权阻止他人未经许可，为生产经营目的进口其专利产品或者进口依据专利方法直接获得的产品"。

为了有效地保护包括专利权在内的知识产权，国务院于 2003 年发布了《中华人民共和国知识产权海关保护条例》，后于 2010 年、2018 年分别作了修订。该条例第 3 条第 1 款规定："国家禁止侵犯知识产权的货物进出口。"显然，条例的规定有利于保障知识产权所有人的进口权得以实现。

为了获得知识产权海关保护，专利权人必须向海关总署提交专利权备案的书面申请。申请备案的，应当提交申请书。申请书应当包括的主要内容有：①专利权人的姓名或者名称、注册地或者国籍等；②专利的名称、专利号、内容及有效期限；③专利许可使用状况等。

知识产权海关保护备案自海关总署准予备案之日起生效，有效期为10年。专利权有效的，专利权人可以在知识产权海关保护备案有效期届满前6个月内，向海关总署申请续展备案。每次续展备案的有效期为10年。知识产权海关保护有效期届满而不申请续展或者知识产权不再受法律、行政法规保护的，知识产权海关保护备案随即失效。

自此以后，专利权人发现侵权嫌疑货物即将进出境的，可以向货物进出境海关提出采取知识产权保护措施的申请。

2. 转让权

《专利法》第10条第1款规定，专利权可以转让。专利权的转让，是指专利权主体发生变更的法律情形。专利权只能作为一个整体转让。在理论上，每一项专利涉及一项发明创造，其客体是一个单一体，因此，专利权人不能将其专利权分割转让。

中国专利权人向外国人转让专利权的，必须经国务院有关主管部门批准。

转让专利权的，当事人必须订立书面合同，并向国务院专利行政部门登记，由国务院专利行政部门予以公告。专利权的转让自登记之日起生效。

3. 实施许可权

《专利法》第12条规定："任何单位或者个人实施他人专利的，应当与专利权人订立实施许可合同，向专利权人支付专利使用费。被许可人无权允许合同规定以外的任何单位或者个人实施该专利。"这就是专利权人依法享有专利实施许可权的法律依据。正常情况下，专利权人有权决定与意欲实施其专利的公民、法人或者其他组织签订实施许可合同，使获得的专利能够顺利地转化为生产力，为人类作贡献，同时收回其开发该发明创造的投资。

4. 放弃权

专利权人可以在专利权保护期限届满前的任何时候，以书面形式声明放弃其专利权。《专利法》第44条第1款第2项规定："专利权人以书面声明放弃其专利权的"，专利权在期限届满前终止。

专利权人提出放弃专利权声明后，一经国务院专利行政部门登记和公告，其专利权即可终止。自此以后，其发明创造便成为公有技术，任何人都可以自由使用，既不必经过许可，也不必支付报酬，更不存在侵权的问题。

但应当注意：专利权人如果已与他人签订了专利实施许可合同，尤其是独占实施许可合同或独家实施许可合同，放弃专利权时就应当事先得到被许可人的同意，并且还要根据合同的约定，赔偿被许可人由此造成的损失，否则专利权人不得随意放弃专利权。

5. 标记权

标记权是指专利权人享有在专利产品或者该产品的包装上、容器上、说明书上、产品广告中做上专利标记和专利号的权利。具而言之，在授予专利权之后的专利权有效期内，专利权人或者经专利权人同意，享有专利号、专利标记标注权的专利实施许可合同的被许可人可以在其专利产品、依照专利方法直接获得的产品或者该产品的包装上标注专利标记和专利号。

此处所指的"专利标记"和专利号包括以下内容：①采用中文标注专利权的类别，如中国发明专利、中国实用新型专利、中国外观设计专利；②国家知识产权局授予专利权的专利号，其中"ZL"表示"专利"，第一、第二位数字表示提交专利申请的年代，第三位数字表示专利类别，第四位及以后的数字表示流水号和计算机校验位。除此之外，标注者可以附加其他文字、图形标记，但附加的文字、图形标记及其标注方式不得误导公众。

在专利产品或者该产品的包装上做上专利标记和专利号，是专利权人的一项权利，不是义务。也就是说，专利权人可以在专利产品或者该产品的包装上附载专利标记和专利号，也可以不做这样的标记。在专利侵权诉讼中，侵权行为人不得以专利权人未在专利产品或者该产品的包装上附载专利标记和专利号为由进行抗辩；人民法院也不得以专利权人未在专利产品上附载专利标记和专利号为由拒绝受理专利权人的侵权诉讼；专利权人也不因未在专利产品或者该产品的包装上附载专利标记而丧失请求权。

但是，有些国家的专利法在规定专利权人享有标记权的同时，又规定专利权人必须在专利产品或者该产品的包装上做上专利标记，否则便可能丧失赔偿请求权。例如，美国《专利法》第287条规定，专利权人以及其代理人或者在他们的指导下制造出售已取得专利权物品的人，可以用下列方法使公众得知该物品已经取得专利权：在该物品上注明"专利"的字样并附上专利证书号码；或者如依该项物品的性质不能这样注明时，可以在该物品上或者该物品的包装上附上有同样字样的标记。如果没有这样的标记，专利权人不能在侵权诉讼中得到损害赔偿金。但是，如能证明侵权人已经收到侵权通知，并且在其后仍在继续侵害的，不在此限。在这种情况下，专利权人也只能就通知后发生的侵害请求赔偿。

只有专利权人以及其代理人（包括被许可人）可以使用专利标记。但是，对于已经终止的专利权，该产品的制造者、使用者就不能再使用专利标记了，否则就可能是冒充专利的行为。

专利权人依法享有的上述各项权利，是专利法明文规定的权利。《民法典》第440条第5款规定，债务人或者第三人有权处分的下列权利可以出质，即可以转让的注册商标专用权、专利权、著作权等知识产权中的财产权。

二、专利权人的义务

专利权人不仅享有上述各项权利，而且还必须承担相应的义务。如果专利权人不依法履行其义务，就要承担相应的法律后果。

许多国家的专利法规定，专利权人有两项基本义务：一是缴纳专利年费（也称专利维持费）的义务，二是实际实施已获专利的发明创造。《专利法》（1984年）就规定了这两项义务，该法第47条第1款第1项规定：专利权人没有按照规定缴纳年费的，专利权在期限届满前终止。该法第51条又规定，专利权人负有自己在中国制造其专利产品、使用其专利方法的义务。否则，将被实施强制许可。《专利法》（2020年修正）取消了专利权人的实施义务。

在多数国家，专利权人所缴专利年费的数额是逐年增加的，我国也是这样。专利年费采用累进制，是为了平衡专利权人所获得独占权与社会公众之间的利益，也是为了促使专利权人将其专利产品或者专利方法付诸实施，防止其滥用专利权而损害一般公众利益的弊端；此外也有助于缩短经济价值较低的专利权的有效期。

有少数国家，如伊拉克、南非、葡萄牙、菲律宾等，每年的专利年费是固定的。但美国、加拿大、哥伦比亚等国规定，专利权人不必缴纳专利维持费，只须在颁发专利证书时交纳一笔费用即可，以后再不必缴纳任何税金。

我国专利权人缴纳的第一次年费，应当在收到国务院专利行政部门通知两个月内办理登记手续时缴纳；专利权人同时还要缴纳专利登记费和专利证书印花税。专利申请人已经缴纳了授予专利权当年的专利申请维持费的，就不必再缴纳授予专利权当年的年费。以后的年费，必须在上一年度期限届满前2个月内缴纳。专利权人未按期缴纳年费时，可以在宽限期内补缴，并且同时支付滞纳金即可。已超过滞纳金宽限期，专利权人仍未补缴年费的，专利权自上个年度期限届满之日起终止。

第三节　专利权的限制

专利权是一种垄断权，除法律另有规定外，任何他人未经专利权人许可，都不得以营利为目的实施其专利。此处所指的"法律另有规定"，即是法律对专利权的限制。TRIPS协议允许各缔约方（Contracting Parties）的法律对专利权作例外规定，第30条规定："考虑到第三方的合法利益，各缔约方可以对专利的独占权规定少数例外，条件是这些例外不得与专利权人的正常实施其专利发生冲突，也没有不合理地损害专利权人的合法利益"。

专利权的限制，是指专利法允许第三人在某些特殊情况下，可以不经专利权人许可而实施其专利，且这种实施行为并不构成侵权的一种法律制度。当实施行为人以专利权的限制作为其抗辩理由时，该行为人应当负举证责任，证明其实施行为符合法律规定的特殊情况。各国专利法几乎都对专利权作了限制性规定，我国也不例外。

一、强制许可

强制许可（Compulsory License），也称非自愿许可（Non-voluntary license），是法律规定的对专利权人独占实施权的限制之一，是国务院专利行政部门，根据具体情况，不经专利权人许可，授权符合法定条件的申请人实施专利的法律制度。关于强制许可，《巴黎公约》第5条作了明确规定，即"本同盟各国都有权采取立法措施规定授予强制许可，以防止由于行使专利法所赋予的专利权而可能产生的滥用，例如不实施"。除此之外，TRIPS协议第 31 条也作了规定，但对这种形式的使用作了较为严格的限制。在我国，《专利法》（1984 年）规定了两种强制许可，《专利法》（1992 年修正）参照 TRIPS 协议的规定，对强制许可制度进行了修改，《专利法》（2020 年修正）主要将强制许可分为四类。

（一）防止专利权滥用的强制许可

根据专利制度基本理论，专利权人可以根据自己的意志决定是否许可他人实施其专利。但是，当专利权人为了追求自己的最大利益时，有时可能会滥用这种独占权，阻止他人实施其专利或者控制他人进口其专利产品。为了防止专利权人滥用其独占权，法律规定可以对符合条件的实施人发放强制许可。《专利法》第 53 条规定："有下列情形之一的，国务院专利行政部门根据具备实施条件的单位或者个人的申请，可以给予实施发明专利或者实用新型专利的强制许可：（一）专利权人自专利权被授予之日起满三年，且自提出专利申请之日起满四年，无正当理由未实施或者未充分实施其专利的；（二）专利权人行使专利权的行为被依法认定为垄断行为，为消除或者减少该行为对竞争产生的不利影响的。"国务院专利行政部门发放的这种强制许可，就是防止专利权滥用的强制许可。

适用这种强制许可时，应当具备以下几个方面的基本条件：①申请实施强制许可的人既可以是单位，也能是个人。②申请实施强制许可的时间必须在"自专利权被授予之日起满 3 年后"。在此时间之前，任何单位或个人提出的实施强制许可申请都不可能被批准。③申请实施强制许可的对象只能是发明专利或者实用新型专利，不能是外观设计专利。④《专利法》第 59 条规定，申请强制许可的单位或者个人应当提供证据，证明其以合理的条件请求专利权人许可其实施专利，但未能在合理的时间内获得许可。

（二）为公共利益目的的强制许可

《巴黎公约》和 TRIPS 协议都允许为公共利益目的实施强制许可。TRIPS 协议第 31 条规定："当缔约方在全国处于紧急状况时，或非商业性利用的情况下，任何缔约方可以放弃这种限制。但是，当全国处于紧急状况或在其他非紧急状况情况下，一旦发生这种使用，则应尽快通知专利权人。"《专利法》（1984年）并没有规定"为公共利益目的的强制许可"，《专利法》（2020年修正）增加了这一规定，即《专利法》第54条规定："在国家出现紧急状况或者非常情况时，或者为了公共利益目的，国务院专利行政部门可以给予实施发明专利或者实用新型专利的强制许可。"

（三）交叉强制许可

一项取得专利权的发明或者实用新型（第二专利）比之前已经取得专利权的发明或者实用新型（第一专利）具有显著经济意义的重大技术进步，其实施又有赖于第一专利实施的，国务院专利行政部门根据第二专利权人的请求，可以给予实施第一专利的强制许可。在给予第二专利权人实施第一专利的强制许可的情况下，国务院专利行政部门根据第一专利权人的请求，可以给予实施第二专利的强制许可。这样的两种强制许可，被称为交叉强制许可。

国务院专利行政部门授予交叉强制许可应当符合以下条件：①第二专利权人若不侵犯第一专利权人的专利权，就不能实施其发明或者实用新型专利；②获得第二专利的发明或者实用新型与第一专利相比，具有更大的经济意义和重要的技术进步；③第一专利权人有权在合理的条件下，取得使用第二专利中的发明或者实用新型的交叉强制许可。

（四）以公共健康为目的的特殊强制许可

《专利法》第55条规定，为了公共健康目的，对取得专利权的药品，国务院专利行政部门可以给予制造并将其出口到符合中华人民共和国参加的有关国际条约规定的国家或者地区的强制许可。这种类型的专利权强制许可是根据世界贸易组织《关于TRIPS协议与公共健康的宣言》（即《多哈宣言》）等多个文件而制定的，这些文件允许因公共健康问题而对专利药品颁发强制许可证。

这种类型的强制许可需要满足下列条件：①公共健康目的。公共健康正是《多哈宣言》等世界贸易组织的一系列文件旨在解决的问题，这种类型的强制许可只能基于公共健康目的而颁发。②国务院专利行政部门可以颁发，但需具备实施条件的单位请求。③药品可以出口，但只能出口到符合中国参加的有关国际条约规定的国家或者地区。这些出口地区包括：最不发达国家或者地区；依照有关国际条约通知世界贸易组织表明希望作为进口方的该组织的发达国家或地区成员或者发展中国家或地区成员。

（五）注意事项

除涉及垄断与公共健康的强制许可外，其他强制许可，国务院专利行政部门作出给予实施强制许可的决定，应当限定强制许可实施主要是为供应国内市场的需要；强制许可涉及的发明创造是半导体技术的，强制许可实施仅限于公共利益的目的，或者经司法程序或者行政程序确定为反竞争行为而给予救济的使用。国务院专利行政部门作出的给予实施强制许可的决定，应当及时通知专利权人，并予以登记和公告。国务院专利行政部门作出给予实施强制许可的决定，应当根据强制许可的理由规定实施强制许可的范围和时间。实施强制许可的理由消除并不再发生时，国务院专利行政部门应当根据专利权人的请求，经审查后作出终止实施强制许可的决定。

强制许可实施人所获得的实施权，是普通实施权，不具有独占性；而且只能由强制许可实施人自己实施，不得再许可任何第三人实施。除与有权享受此种使用的该部分企业或信誉一起，强制许可实施人不得转让此种使用。

强制许可实施人应当向专利权人支付合理的使用费，其数额由双方商定。双方就此不能达成协议的，由国务院专利行政部门裁决。在专利权人与使用人就使用费的数额不能达成协议而请求国务院专利行政部门裁决时，当事人应当提交裁定请求书，并附具双方不能达成协议的证明文件，同时还要缴纳强制许可使用费裁决请求费。国务院专利行政部门收到裁决请求书之日起三个月内作出裁决。专利权人或者实施许可人对国务院专利行政部门关于实施强制许可的裁决或者关于实施强制许可的使用费的裁决不服的，可以在收到通知之日起三个月内向人民法院起诉。

二、不视为侵犯专利权的行为

《专利法》第75条第1款规定了"不视为侵犯专利权"的行为。该款规定的几种行为实质上是侵犯专利权的，但是从某种角度考虑，法律免除了行为人的法律责任。因此，实施本款所列各行为者，不必承担任何法律责任，尽管专利权人可能提出侵权控告。

（一）专利权的穷竭

专利权人自己或者许可他人制造的专利产品（包括依据专利方法直接获得的产品）被合法地投放市场后，任何人对该产品进行销售或使用，不再需要得到专利权人的许可或者授权，且不构成侵权。在专利理论中，这种制度就是"专利权穷竭"。换言之，专利产品经专利权人授权被首次销售后，专利权人即丧失了对该专利产品的独占权（exclusive rights），导致专利权人对该专利产品进行再销售、使用的支配权和控制权。因此，专利权穷竭，也被称为首次销售原则（first sale doctrine）。

专利权穷竭制度的要义是：在保护专利权人合法权益的前提下，维护正常的市场交易秩序，保护经营者和一般消费者的合法利益。专利权穷竭是针对每一件合法投放市场的具体专利产品而言的，它并不会导致该项专利权本身效力的终止。专利权穷竭的准确含义应当是：专利权人对合法投放市场的专利产品，不具有再销售或者使用的控制权或支配权。

（二）先用权人的实施

《专利法》第75条第1款第2项规定，在专利申请日前已经制造相同产品、使用相同方法或者已经作好制造、使用的必要准备，并且仅在原有范围内继续制造、使用的，不视为侵犯专利权。这就是专利法关于先用权的规定。

先用权是对专利权的一种限制，它不仅有利于保护在先发明人或者设计人的利益，而且能够消除"先申请原则"所具有的某些弊端。如果没有先用权制度，那么，只要某个单位或者个人就某项发明创造取得专利权，其他单位或者个人投入了大量人力、物力、财力或者智力完成的发明创造，并且在专利申请日以前已经开始制造相同产品、使用相同方法或者已经作好了制造、使用必要准备的，也不得继续进行制造或者使用，这既不利于科技进步，也不利于经济发展。专利法规定先用权制度的实质就是以申请日为时间界线，使专利权人的利益和先用权人的利益都能得到合理保护，符合"效益优先，兼顾公平"的法哲学原理。

根据专利法的规定，必须从以下几个方面来判断行为人是否享有先用权：

（1）实施行为人制造相同产品、使用相同方法的行为或者所作的制造、使用的必要准备，必须发生在专利申请日之前，否则，实施行为人不能享有先用权。

（2）实施行为人所实施的发明创造，或者是行为人自己研究开发或者设计出来的，或者是通过合法的受让方式取得的，绝对不是以不正当手段从别人那里窃取的。

（3）实施行为人在他人就相同的发明创造取得专利权后，仍然在原有范围内制造或者使用。此处所说的"原有范围"，是指实施行为人在申请日以前所实施的或者作好了实施准备的规模、数量或者地域范围等而言的。这个"原有范围"虽然不是很清楚，但是也应当有相应的证据支持。超过原有范围的实施行为，可能构成侵权。法律作此规定，是为了防止先用权人滥用其权利，最大限度地保护专利权人的利益。

（4）除非随着先用权所属企业一并转让，先用权不得转让。此外，先用权也不能成为抵押、投资、入股或者进行其他交易的对象。

当实施行为人以先用权作为侵权诉讼的抗辩事由时，实施行为人应当负举证责任，证明自己的制造、使用行为发生在专利申请日以前，或者在专利申请日以前就已经作好了制造或者使用的必要准备，并且在专利权被授予后，仍在原有范围内实施。实施行为人所举之证据足以使先用权成立的，其行为就不视为专利侵权。

（三）临时过境

临时通过我国领陆、领水或领空的外国运输工具为其自身需要而使用在我国享有专利权的机械装置和零部件的，无须得到我国专利权人许可，也不构成侵权。这里所说的"运输工具"，包括陆地上的各种车辆、水上的船舶和天空中的飞机等。

适用临时过境这种例外行为时，必须符合以下条件：

（1）受我国专利法保护的专利产品，是外国运输工具上一种必要装置或者零部件，而不是在运输工具上制造或者销售这种产品，也不是以此运输工具运送这种产品临时通过我国。

（2）按照我国专利法的规定，这种限制只适用于与我国订有条约或者互惠关系的国家的运输工具，其他国家的运输工具使用受我国专利法保护的专利产品临时经过我国国境的，仍应当得到我国专利权人的许可，否则就可能构成侵权。

（3）这种限制只适用于临时或者短暂经过我国国境的运输工具，不能适用于长期滞留我国境内或者销售给我国单位或者个人的运输工具。如果将使用了我国专利产品的运输工具向我国单位或者个人销售的，必须获得专利权人授予的进口权才能进入我国境内，否则，其行为首先就侵犯了专利权人的进口权，其后又侵犯了专利权人的销售权。

（四）为科学或实验目的的使用

他人仅为科学研究或者实验目的而使用专利产品或者专利方法的，不视为专利侵权。有人认为，凡是以非营利目的使用专利产品或者专利方法的行为，都不构成专利侵权，这种观点并不完全正确。例如，某人完成了一种新型的、可取代现有的黑板和粉笔的发明。某学校不经专利权人许可，擅自利用该项技术，虽然不是以营利为目的，但仍可能构成对专利权的侵犯。

第四节 专利权的期限、终止与无效

一、专利权的期限

专利权是一种专有权，但具有时间限制。一旦超过法律规定的保护期限，就不再受保护。《专利法》第42条第1款对专利权保护期限的规定如下："发明专利权的期限为20年，实用新型专利权的期限为10年，外观设计专利权的期限为15年，均自申请日起计算。"

根据《专利法实施细则》第11条的规定，此处所指的"申请日"，不包括优先权日。对于享有优先权的专利申请，其专利权的保护期限不是自优先权日起计算，而是自专利申请人向中国国务院专利行政部门提交专利申请之日起计算。例如，甲就其发明于1993年5月1日向《巴黎公约》成员国A

提出专利申请后，1994年1月1日就同样主题的发明又向中国国务院专利行政部门提出专利申请。若该项专利申请被授予专利权，那么，其保护期限20年不是从1993年5月1日（优先权日）起算，而是从1994年1月1日起计算。

除我国外，还有许多国家的专利法规定专利权的保护期限自"申请日"起算，例如1992年的法国《专利法》第L.611-2条规定，发明专利权的有效期限为20年，自提交申请之日起算；实用新型专利权的有效期限为6年，自提交申请之日起算。美国《专利法》（1952年）规定专利权的保护期限自授权之日起算，但为了履行TRIPS协议规定的义务，美国《专利法》（1992年）也将专利权保护期的起点定于专利申请日，而不再是专利权授权日。

1997年6月27日正式实施的香港特别行政区《专利条例》对专利权的保护期限分两种情况作了规定：第一，标准专利（即指由指定专利局审查，授权后在香港获得注册的专利）的保护期限为20年，自向指定专利局提出专利申请之日起算。在香港注册后的标准专利，不受在其他地区所进行诉讼的影响，其有效性的质疑、修订、更改或撤销等行为均在香港进行。第二，短期专利（即由香港知识产权署注册处直接受理，在提交规定的检索机构所作的检索报告后，只进行形式审查，合格后即可授予专利权）的保护期限为4年，可续展4年，从申请之日或者优先权日起算。

二、专利权的终止

（一）概念

专利权终止，是指专利权因某种法律事实的发生而导致其效力消灭的情形。

专利权的终止有广、狭义之分。狭义的专利权终止，是指一项有效专利权因某种法律事实的发生而导致其效力消灭的情形，不包括专利权因无效宣告而致使其被视为自始不存在的情形，也不包括因专利权的转让而导致原专利权人丧失专利权的情形。广义的专利权终止，不仅包括有效专利权效力的消灭，而且还包括上述几种特殊情形。此处所说的"专利权终止"作狭义解释，不包括广义的专利权终止。实际上，专利权的无效宣告，只不过是通过法定程序使本不该存在的专利权恢复到原始状态而已，不是专利权终止。

(二)导致专利权终止的法律事实

根据《专利法》规定,有以下几种情形导致专利权终止。

1. 专利权因期限届满而终止

一般而言,专利权的保护期限届满,专利权就终止其效力。但是,在某种特殊情况下,专利权在其保护期限届满时可能并不立即终止。例如,《专利法》(1984年)第45条第2款规定:"实用新型和外观设计专利权的期限为5年,自申请日起计算,期满前专利权人可以申请续展3年。"根据该规定,如果实用新型或者外观设计专利权人在其专利权保护期限届满前,向国家专利局提出专利权续展申请并被批准,那么,其专利权就不会在其保护期限届满时终止,而是再存续3年。《专利法》(2020年修正)没有了专利权续展制度,所以,专利权保护期限一旦届满,该专利权就立即终止。

2. 专利权因放弃而终止

专利权是一种私权,法律允许专利权人依其意志对专利权进行处分。具而言之,在专利权保护期限届满前,专利权人可以书面形式向国务院专利行政部门声明放弃专利权。《专利法》第44条第1款第2项规定:"专利权人以书面声明放弃其专利权的",专利权在期限届满前终止。专利权人主动放弃其专利权的,应当使用国务院专利行政部门统一制定的表格,提出书面声明。专利权人放弃专利权时,只能放弃一件专利权之全部,不能声明只是放弃部分专利权。对于声明只是放弃部分专利权的,国务院专利行政部门不予受理。

专利权由两个以上专利权人共有的,放弃专利权的声明应当由全体专利权人同意。部分专利权人声明放弃专利权的,并不能导致该项专利权终止,只能导致放弃声明人所享有的部分权利丧失。基于此的专利权人变更,需要办理著录项目变更手续。

对于符合《专利法》规定条件的放弃专利权声明,国务院专利行政部门应当予以批准,并将有关事项分别在专利登记簿上和专利公报上登记和公告。

3. 专利权因欠缴年费而终止

专利权被授予后,专利权人若想维持其专利权的有效地位,需依照法律的规定按时足额地缴纳专利维持费,也称专利年费。《专利法》第43条规定,专利权人应当自被授予专利权的当年开始缴纳年费。因此，在专利权的保护期限内，专利权人没有按照法律的规定缴纳专利年费，其专利权就将在下一个年度到来时终止。《专利法》第 44 条第 1 款第 1 项规定："没有按照规定缴纳年费的"，专利权在期限届满前终止。

专利权人未按时缴纳授予专利权当年以后的年费或者缴纳的数额不足的，国务院专利行政部门将通知专利权人自应缴纳年费期满之日起 6 个月内补缴，同时缴纳滞纳金。滞纳金的数额按照每超过规定的缴费时间 1 个月，加收当年全额年费的 5% 计算；期满未缴纳的，专利权自应缴纳年费期满之日起终止。专利权终止日应为上一年度期满日。

专利权主体消灭后，其专利权若无人承受，是否导致该项专利权终止？有些国家规定专利权终止，但我国《专利法》对此没有规定。但是，从私权的角度看，无人继承的专利权应当终止，进入公有领域。

三、专利权的无效宣告

（一）概述

国务院专利行政部门按照《专利法》规定的程序授予的专利权被推定为有效，但是，由于各方面的原因，有可能将不该授予专利权的发明创造授予了专利权。这种现象在任何一个实施专利制度的国家都是不可避免的。这种缺陷专利权的存在，不仅使专利权人获得了他本不应该得到的权利，而且使公众（尤其是与此项专利权有利害关系的人）受到了不应有的约束。因此，有必要设立专利权的无效宣告程序，追溯取消这种有缺陷的专利权。国际上关于无效宣告制度大体有两种规定：一是不规定专门的无效宣告程序，而允许专利侵权诉讼中的被告提出专利权无效宣告作为一种抗辩手段；二是法律专门规定了无效宣告程序，让任何单位或者个人都可以对不符合法律规定条件的发明创造专利权提出无效宣告请求，也可以在专利侵权诉讼中将专利权的无效宣告作为一种抗辩手段应用。

《专利法》第 45 条规定了专利权的无效宣告程序，并且明确规定无效宣告请求由国务院专利行政部门受理。根据《中华人民共和国专利局第五号公告》的规定可知，专利侵权诉讼可以因被告提出无效宣告请求而中止。

专利法设立无效宣告程序，是为了纠正国务院专利行政部门给不符合专利法规定条件的发明创造授予专利权的现象，让公众或者利害关系人通过这个程序来请求复审和无效审理部宣告其无效，从而维护社会公众的合法利益，保证专利法的正确执行。

（二）无效宣告程序的启动

《专利法》第45条规定，无效宣告程序的启动始于"自国务院专利行政部门公告授予专利权之日"。此规定清楚地说明了专利权无效宣告的起点时间，但《专利法》没有规定其终点时间。从理论上讲，专利权终止以后，仍然可以进行无效宣告程序。专利权的终止与专利权的无效宣告是不同的。专利权因保护期限届满或者专利权人放弃专利权等导致专利权终止的，只是表明该项专利权自此以后，不再受法律保护了，但并不能否定该项专利权的合法性；由该项专利权在此前所发生的一切法律关系都是有效的。但是，被宣告无效的专利权，并不是自其被宣告无效之日起无效，而是视为自始无效。因此，一方面，在专利权终止后再进行专利权的无效宣告具有其理论意义。另一方面，在专利权终止后再对其进行无效宣告，也有其实践意义。例如，甲的发明专利权于2018年5月1日终止，乙自2017年2月1日起开始实施甲的该项发明专利。甲于2018年10月1日对乙提起专利侵权诉讼。在这种情况下，如果甲的专利权未被宣告无效，那么，乙于2017年2月1日至2018年5月1日之间所实施的行为就是对甲之专利权的侵权行为，就要承担相应的法律责任。但是，如果乙在对甲的诉讼请求答辩过程中，同时向专利复审委员会提出专利权无效宣告请求，请求专利复审委员会宣告该专利权无效，一旦甲的该项专利权被宣告无效，乙的行为就不构成侵权，也就不必对此承担任何法律责任。

由此可见，《专利法》不规定无效宣告的终止时间，有着其实际意义。但这种无终止时间的无效宣告制度，可能导致我国专利权自始至终都处于不稳定状态，对专利权人将发明创造专利转化为生产力具有一定的阻碍作用。与上述情形不同，有些国家就无效宣告的终止时间作了规定。如1940年以前的德国《专利法》规定，对专利权的无效申诉必须在授权以后5年内提出；又如日本《专利法》第123条规定，如果其无效宣告的理由是"专利发明为已公开的外国文献上登载的发明"或者"专利发明是根据外国文献上登载的发明容易想出来的发明",那么,自专利注册之日起5年后,不得请求无效宣告。对启动专利权无效宣告程序的终止时间作规定,其利弊如何,有待从理论和实践两方面进行讨论。

我国《专利法》第45条还规定,任何单位或者个人都可以在规定的时间内请求国务院专利行政部门宣告不符合法律规定的专利权无效。

(三)请求宣告专利权无效的理由

《专利法》第45条规定,任何单位或者个人认为发明创造专利权的授予不符合《专利法》有关规定的,可以请求国务院专利行政部门宣告该专利权无效。因此,请求宣告专利权无效的理由,即专利行政部门授予的专利权"不符合《专利法》的有关规定"。《专利法实施细则》第69条对此作了具体规定。

(1)一种情况是,申请专利的发明创造之主题不合格。关于发明创造的主题,《专利法》第2条第2、3和4款对发明、实用新型和外观设计分别作了明确规定,即发明应当是"对产品、方法或者其改进所提出的新的技术方案"。实用新型应当是"对产品的形状、构造或者其结合所提出的适于实用的新的技术方案"。外观设计应当是"对产品的整体或者局部的形状、图案或者其组合以及色彩与形状、图案的结合所作出的富有美感并适于工业应用的新设计"。另一种情况就是,申请专利的发明创造属于《专利法》第5条和第25条所列之不授予专利权的对象。申请专利的发明创造不符合《专利法》第2条第2、3和4款规定,或者属于《专利法》第5条和第25条所列之对象,就是主题不合格。

(2)申请专利的发明或者实用新型不具有新颖性、创造性和实用性,申请专利的外观设计缺乏新颖性、美观性和合法性。前面已经讲过,"新颖性、创造性和实用性"是发明或者实用新型取得专利权的必备条件,"新颖性、美观性和合法性"是外观设计取得专利权的必备条件,也是国务院专利行政部门进行实质审查的主要内容。申请专利的发明创造若不分别具备此"三性",绝对不能取得专利权。即使专利行政部门因某种原因错误地授予了专利权,也应当被宣告无效。

（3）申请人主体不合格。申请人主体不合格主要是指没有专利申请权的人以自己的名义申请专利，并因此而获得专利权的情形；此外，是指外国人不符合《专利法》第17条规定的情形。

（4）申请文件不符合《专利法》第26条第3款或者第4款的规定。专利申请文件是确定发明创造专利权效力范围或者保护范围的具有法律效力的证据，《专利法》及其实施细则对其格式有严格要求，申请人应当切实地按规定办理。发明或者实用新型专利申请的说明书和权利要求书尤其如此。说明书应当对发明或者实用新型作出清楚完整的说明，以所属技术领域的技术人员能够实现为准；必要的时候，应当有附图。权利要求书应当以说明书为依据，说明要求专利保护的范围。否则，依此获得的专利权就会被宣告无效或者部分无效。

（5）申请的修改或者分案的申请超过了原说明书的范围。《专利法》第33条规定："申请人可以对其专利申请文件进行修改，但是，对发明和实用新型专利申请文件的修改不得超出原说明书和权利要求书记载的范围，对外观设计专利申请文件的修改不得超出原图片或者照片表示的范围。"该条在授予专利申请人对其专利申请文件的修改权的同时，又对其修改权进行了合理、适当的限制。申请修改其专利申请文件不符合本规定者，所获得的专利权将会被部分宣告无效。

（6）在后专利权。在后专利权是与在先专利权相对而言的概念，它是指就相同主题的发明或者实用新型，在已经被授予一项专利权的前提下，又由国务院专利行政部门因某种原因而被错误授予的专利权。《专利法》第9条规定："同样的发明创造只能授予一项专利权。"因此，在后专利权应当依法被宣告无效。对此，《专利法实施细则》第69条第2款规定，前款所称无效宣告请求的理由，是指被授予专利的发明创造，依照《专利法》第9条规定不能取得专利权。

专利权无效宣告请求书中未说明所依据的事实和理由，或者所提出的理由不符合条件的，或者已经过无效宣告程序作出生效决定后又以同一事实和理由请求无效宣告的，复审和无效审理部不予受理。

请求宣告专利权无效的，应当向复审和无效审理部提交专利权无效宣告请求书，并且该请求书应当符合《专利法实施细则》第65条的规定。

无效宣告请求人提交的请求书符合规定格式的，应当在收到复审和无效审理部的补正通知书之日起的两个月内补正；未在该期限内补正的，该请求被视为未提出，并由复审和无效审理部发出"无效宣告请求视为未提出通知书"；经补正仍不符合专利法及其实施细则规定的，不予受理，并由复审和无效审理部发出"无效宣告不予受理通知书"。

（四）无效宣告的法律后果

在专利权无效宣告中，复审和无效审理部作出的决定有三种：宣告专利权无效、维持专利权有效以及宣告专利权部分无效。复审和无效审理部作出的决定或者由人民法院通过诉讼程序审理作出的判决产生法律效力后，具有以下三个方面的效力：

（1）一事不再理的效力。复审和无效审理部作出宣告专利权无效、部分无效或者维持发明创造专利权的决定当事人服从的，产生法律效力；如当事人不服、向人民法院起诉的，经人民法院作出终审判决后，也产生法律效力。从此以后，任何人不得以同样的理由再对该项专利权提出无效宣告请求。

（2）追溯力。复审和无效审理部或者人民法院作出宣告专利权全部无效或者部分无效的终局决定或者终审判决后，被宣告无效的专利权的全部或者部分即视为自始不存在。当然，就部分无效的情况而言，其专利权中的有效部分依然存在并受保护。

（3）对世效力。复审和无效审理部或者人民法院作出的宣告专利权全部无效或者部分无效的生效决定或判决，不仅对双方当事人（即无效宣告请求人和专利权人）具有法律约束力，而且对任何第三人和一般公众都具有约束力，具体表现为：第一，自此以后，任何第三人都可以自由使用该项被宣告专利权无效的发明创造；第二，就该项被宣告无效专利权所订立的实施许可合同也随之终止，被许可人便可以停止支付使用费。但是在此之前已经支付的使用费不必退还；如果因此给被许可人造成损害的，专利权人应赔偿被许可人的损失。

宣告无效的决定，对于宣告专利权无效前人民法院作出并已执行的专利侵权的判决、裁定，管理专利工作的部门作出并已执行的专利侵权处理决定，以及已经履行的专利实施许可合同和专利权转让合同，不具有溯及力。

但是因专利权人的恶意给他人造成损失的，应当给予赔偿。如果依此执行，专利权人或者专利权转让人不向被许可实施人或者专利权受让人返还专利权使用费或者专利权转让费，明显违反公平原则，专利权人或者专利权转让人就应当向被许可人或者受让人返还全部或者部分专利权使用费或者转让费。显然，在专利权被宣告无效以前，被许可人、受让人或者"侵权人"尚未支付的费用，在专利权被宣告无效以后就不必再支付了。

第五节 专利权的保护

一、专利权的保护范围

作为专利权客体的发明创造是一种无形财产，确定其保护范围，既有利于专利权人有效地行使其权利，也有利于保护一般公众的利益。《专利法》规定，专利权人的独占权只能及于专利权的保护范围。专利权的保护范围，是指发明创造专利权的法律效力所及的范围。就发明或者实用新型而言，其专利权的效力范围，实际上就是专利权所保护的技术特征；就外观设计专利权而言，就是专利权所保护的新设计。

（一）发明或者实用新型专利权的保护范围

《专利法》第64条规定："发明或者实用新型专利权的保护范围以其权利要求的内容为准，说明书及附图可以用于解释权利要求的内容。"依此规定，一项技术构思尽管在说明书或者附图中有体现，但在权利要求书中没有记载，就不属于专利权的保护范围，因为说明书本身不能确定保护范围。当然，说明书没有记载的技术特征，权利要求书也不能提及；即使提到了，也是无效的。

产品发明专利的保护范围，及于一切具有相同特征、相同结构和相同性能的产品，而不问该产品是以什么方式制造的。专利说明书记载的产品的制造方法，一般用于证明产品的保护范围，不能用来限制权利要求所记载的产品的保护范围。产品专利的保护范围原则上也不受说明书所说明的用途的限制。一些在专利申请或者审批时尚不为人们知晓的用途，也应当包括在保护范围内。但是，对于专利产品中一些出人意料的新用途或者效果极其显著的新用途，对所属技术领域的普通技术人员不是显而易见的，则不能在该产品专利的保护范围之内。将产品转用于这种用途的发明，构成一件新发明，有可能获得专利权。

方法发明专利的保护范围，及于一切具有相同特征、相同参数和相同效果的方法。在方法的实施过程中所使用的设备、工具、仪器、装置等，不应限制方法专利的保护范围。用专利方法直接获得的产品，不论该产品本身是否已经获得专利，依我国专利法的规定，都是方法专利所及的范围。

（二）外观设计专利权的保护范围

关于外观设计专利权的保护范围，国外有两种确定办法。一种方法是以被批准的外观设计专利本身来确定其保护范围。如此确定以后，他人不仅不能在相同的产品上使用该外观设计，而且也不能在其他种类的产品上使用该外观设计。例如，匈牙利1978年的《工业品外观设计保护法》就是这样规定的。另一种方法是以使用外观设计的产品确定专利权的保护范围。申请人在申请外观设计保护时，可以就外观设计指定使用在若干产品上。例如，日本1959年的《外观设计法》第24条规定的外观设计保护范围即采用这种方法。该法第38条又规定了对外观设计的侵权行为，即"以制造、转让、出租或者使用类似外观设计的物品为业的行为，视为侵犯该外观设计权或者独占许可权。"

我国《专利法》第64条第2款对外观设计专利权的保护范围作了规定，即"外观设计专利权的保护范围以表示在图片或者照片中的该产品的外观设计为准，简要说明可以用于解释图片或者照片所表示的该产品的外观设计。"

二、专利侵权行为

（一）专利侵权行为的概念与特征

专利侵权行为，也可以称为侵犯专利权的行为，是指未经专利权人许可，也没有其他法定事由的情况下，第三人擅自实施其专利的行为。此处所指的这种专利侵权行为,就是直接专利侵权行为。

专利侵权行为,首先是一种民事侵权行为,因此,它具有一般民事侵权行为的基本特征:第一,行为人擅自实施了他人的专利;第二,行为人实施他人专利的行为既无合同约定,也没有法律依据。除此之外还要注意专利侵权行为与普通民事侵权行为的区别,例如,有些行为可能构成对专利权的侵犯,但考虑到社会利益、国家利益或者公众利益,法律明确规定行为人不构成对专利权的侵犯等。

(二)专利侵权行为的判定原则

1. 专利权有效原则

人民法院或者管理专利工作的部门在判断行为人是否构成专利侵权时,专利权有效原则是一项非常重要的原则。该项原则的基本含义是:行为人所实施的专利必须是一项有效的中国专利。具而言之,对该项原则的理解要注意以下三个方面的内容:①行为人所实施的专利是由国务院专利行政部门依照法定程序授予的专利,而不是由外国专利局授予的专利。因为专利具有地域性,所以,在中华人民共和国领域内受保护的只能是国务院专利行政部门依法审批的专利。但专利权人既可以是中国国民,也可以是外国国民。即使中国国民在国外取得的专利权,在中华人民共和国领域内也不受保护。②行为人所实施的专利仍然受法律保护。对于已被宣告无效的专利权、已经终止的专利权,不存在侵权的问题。当然,若行为人所实施的专利侵权行为发生在专利权终止之前,那么,在专利权终止后,专利权人仍可以提出侵权主张。③行为人所实施的对象,只是已被国务院专利行政部门受理,但尚未授予专利权的发明创造,在该项发明创造被授予专利权以前,不发生专利侵权的问题。

2. 以权利要求的内容为准的原则

对发明或者实用新型专利权而言,以说明书及附图解释权利要求的,应当采用折中解释原则。既要避免采用"周边限定原则"(即专利权的保护范围与权利要求文字记载的保护范围完全一致,说明书及附图只能用于澄清权利要求中某些含糊不清之处),又要避免采用"中心限定原则"(即权利要求只确定一个总的发明核心,保护范围可以扩展到技术专家看过说明书与附图后，认为属于权利要求保护的范围）。折中解释则处于这两种极端解释的中间，应当把对专利权人的合理正当的保护与对公众的法律稳定性要求的满足及其合理利益的保护结合起来。

3. 技术特征完整对待原则

该项原则要求将权利要求中记载的技术内容作为一个完整的技术方案看待。记载在前序部分的技术特征与记载特征部分的技术特征，对于限定专利权的保护范围具有同样重要的作用。进行侵权判定时，应当将专利权利要求中记载的技术方案的全部必要技术特征与被控侵权物的全部技术特征逐一进行对应比较。一般不将专利产品与侵权物品直接进行对比，但专利产品可以用于帮助理解有关技术特征和技术方案。

4. 全面覆盖原则

全面覆盖原则又称全部技术特征覆盖或字面侵权原则。或者说，如果被控侵权物的技术特征包含了专利权利要求中记载的全部必要技术特征，则落入专利权的保护范围。当专利独立权利要求中记载的全部技术特征采用的是上位概念特征，而被控侵权物采用的是相应的下位概念特征时，则被控侵权物落入专利的保护范围。被控侵权物在利益专利权利要求中记载的全部技术特征的基础上又增加了新的技术特征，仍落入专利权的保护范围，此时不考虑被控侵权物的技术效果与专利技术是否相同。被控侵权物对在先专利技术而言是改进的技术方案，并且获得专利权的，则属于从属专利。未经在先专利权人许可，实施从属专利也覆盖了在先专利权的保护范围。

5. 等同原则

在专利权侵权判定中，当适用全面覆盖原则判定被控侵权物不构成侵犯专利权的情况下，则应当适用等同原则进行侵权判定。根据等同原则，被控侵权物只有一个或者一个以上技术特征的，经与专利独立权利要求保护的技术特征进行比较，在表面上虽不相同，但经过分析仍可以认定两者是相同的技术特征。这种情况下，应当认定被控侵权物落入了专利权的保护范围。等同物应当是具体技术特征之间的彼此替换，而不是完整技术特征之间的彼此替换。适用等同原则判定侵权，仅限于适用被控侵权物中的具体技术特征与专利独立权利要求中相应的必要技术特征是否等同，而不适用于被控侵权物的整体技术方案与独立权利要求所限定的技术方案是否等同。

案例 7

抗癌药物"培美曲塞"专利侵权案

"培美曲塞"具有治疗癌症的疗效,但同时也具有严重的副作用。美国知名药企礼来公司经研究发现,将其合成为"培美曲塞二钠"后,与维生素 B12 一起使用,就可在避免副作用的情况下发挥抗癌疗效。礼来公司制成了抗癌药物"力比泰"并获得了欧洲专利。瑞士仿制药公司阿特维斯集团也制成了以培美曲塞为主要成分,且与维生素 B12 一起使用的三种抗癌药物,但其中并不含有"培美曲塞二钠",而是分别含有"培美曲塞二酸""培美曲塞二钾""培美曲塞硝基甲胺"。礼来公司起诉阿特维斯集团侵害其专利权。由于礼来公司的权利要求只记载了"培美曲塞"与"二钠"合成的"培美曲塞二钠",没有记载"培美曲塞"与"二酸""二钾"和"硝基甲胺"的组合,因此,一、二审法院均认为阿特维斯集团没有直接侵害礼来公司的专利权。

英国最高法院则认为:根据《欧洲专利公约第 69 条的解释议定书》,不能认为欧洲专利的保护范围只能由权利要求中用语的严格字面含义确定。当被控侵权产品的技术特征与权利要求记载的技术特征有所不同时,要判断两者之间是否存在实质性差异。此时应考虑三个问题:一是被控侵权产品的技术特征是否以实质性相同的方式实现了实质性相同的结果;二是本领域的技术人员是否认为这种替换是显而易见的;三是本领域的技术人员在阅读专利文件时,是否会得出一个结论,即专利权人希望对权利要求采取严格的字面意思解释,并使这种解释成为完成发明创造的必要条件。如果对前两个问题的回答是肯定的,而对第三个问题的回答是否定的,就存在等同侵权。英国最高法院认定"培美曲塞二钠"与"培美曲塞二酸""培美曲塞二钾"和"培美曲塞硝基甲胺"都是"培美曲塞"与盐及维生素 B12 的组合,后三种组合以实质性相同的方式实现了与"培美曲塞二钠"实质性相同的结果;而且用"二酸""二钾"

和"硝基甲胺"去替换"二钠"对本领域技术人员而言是常规手段；同时，本领域技术人员在阅读权利要求之后，不会认为礼来公司为了获得专利会希望将除"二钠"之外的盐排除出可与"硝基甲胺"组合的范围。英国最高法院因此判决等同侵权成立。

案例资料来源：Actavis UL Limited and others v. Eli Lilly and Company，[2017] UKSC 48

6. 禁止反悔原则

在专利审批、无效宣告程序中，专利权人为确定其发明创造具备新颖性和创造性，通过书面声明或者修改专利申请文件的方式，对专利权利要求的保护范围作了限制承诺或者部分地放弃了保护，并因此获得了专利权，而在专利侵权诉讼中，法院适用等同原则确定专利权的保护范围时，应当禁止专利权人将已经限制、排除或者放弃的内容重新纳入专利保护范围。当等同原则与禁止反悔原则发生冲突时，即原告主张适用等同原则判定被告侵犯其专利权，而被告主张适用禁止反悔原则判定自己不构成侵犯专利权的情况下，应当优先适用禁止反悔原则。

7. 多余指定原则

多余指定原则，是指在专利侵权诉讼中，在解释专利独立权利要求和确定专利权的保护范围时，将记载在专利独立权利要求中的明显附加特征（即多余特征）略去，仅以专利独立权利要求中的必要技术特征来确定专利权的保护范围，判定被控侵权物是否覆盖专利权保护范围的原则。该技术特征不存在专利权反悔的情形。法院不应主动适用多余指定原则，而应当以原告提出请求和相应的证据为条件。对发明程度较低的实用新型，一般不适用多余指定原则确定专利权保护范围。适用多余指定原则时，应适当考虑专利权人的过错，并在赔偿损失时予以体现。

（三）假冒他人专利

假冒他人专利，是指未经专利权人许可，非专利权人在自己为生产经营目的而制造、使用、许诺销售、销售的产品上擅自标注他人专利标记和专利号的行为。

假冒他人专利也是一种专利侵权行为。行为人在实施这种侵权行为时，并没有实施专利权人的专利，而只是在自己制造、使用、许诺销售、销售的产品上标注了专利权人的专利标记。具而言之，假冒他人专利的行为，所侵犯的是专利权人依法享有的专利标记权。

假冒他人专利，具体表现为：①未经专利权人许可，在其制造或者销售的产品、产品的包装上标注他人的专利号；②未经专利权人许可，在广告或者其他宣传材料中使用他人的专利号，使人将所涉及的技术误认为是他人的专利技术；③未经专利权人许可，在合同中使用他人的专利号，使人将合同涉及的技术误认为是他人的专利技术；④伪造或者变造他人的专利证书、专利文件或者专利申请文件。

假冒他人专利，有以下几个方面的特征：

（1）假冒产品不是专利产品，且与专利产品不同。如果假冒产品与专利产品相同，那么，行为人所实施的就不是假冒行为，而是直接侵犯专利权的行为。

（2）假冒者在其非专利产品上所标注的专利号必须与某项有效专利的专利号相同。如果行为人在自己的非专利产品上所标注的专利号与任何人的有效专利的专利号不同，其行为就不是假冒他人专利，而是冒充专利，不是专利侵权行为。

（3）假冒者在其非专利产品上所标注的专利号必须是某项有效专利的专利号。如果假冒者所标注的专利号与某项无效专利的专利号相同，其行为也不是假冒他人专利，而是冒充专利行为。

（4）行为人标注他人有效专利之专利号的行为未经专利权人授权或许可，否则，其行为不构成假冒他人专利。如果专利权人授权标注专利号的产品不是专利产品，那么，行为人与专利权人共同构成冒充专利行为。

假冒者除了应当依法承担应有的停止侵权、赔偿损失、消除影响等法律责任外，假冒行为情节严重的，其直接责任人员还要依法承担相应的刑事责任。《中华人民共和国刑法》第216条规定：假冒他人专利，情节严重的，处3年以下有期徒刑或者拘役，并处或者单处罚金。

（四）间接侵权行为

上面所介绍的专利侵权行为，是直接专利侵权行为。除此之外，还有一种间接专利侵权行为（以下简称"间接侵权行为"）。

间接侵权行为，是指行为人实施的行为并不直接侵犯他人专利权，但却故意诱导、怂恿、教唆第三人实施他人专利，因此而发生直接的专利侵权行为。具体来说，行为人的行为本身可能并不构成对他人专利权的侵害，但在主观上有诱导或促使第三人侵犯他人专利权的故意，客观上为第三人实施直接侵权行为提供了必要的条件。如果行为人的行为本身就是对他人专利权的直接侵害，无论是否诱导、怂恿或者促使第三人实施专利侵权行为，该行为都是直接专利侵权行为。

间接侵权的对象仅限于专用品，而非公用品。此处所说的专用品，是指仅可用于实施他人专利产品的关键部件或者方法专利的中间产品，构成实施他人专利技术的一部分，并无其他用途。如果一种公用品正好可以用于实施他人的专利，而且直接侵权行为人的确使用了该公用品作为其实施他人专利技术的一部分，该公用品的制造者也不构成间接侵权。

我国专利法并没有关于间接侵权行为的规定，但有许多国家的专利法规定了这种侵权行为。将间接侵权行为作为一种侵权行为加以规定，能够更加充分、有效地对专利权提供保护。众所周知，发明或者实用新型专利是由若干技术特征构成的，因此，行为人只要不实施发明或者实用新型专利的全部技术特征，即使实施了专利技术中的一部分技术特征，其行为也不构成直接专利侵权。这种理论就是"权利一体不可分割原则"。这一理论不仅不能有效地禁止侵权行为第一阶段的预备侵权行为，而且当专利产品的最终组装可以由家庭或者个人完成时，生产组装零件的厂家便没有任何侵权责任。这种结果实际上大大削弱了专利权的效力。因此，美国、日本等国家的专利法就规定了间接侵权行为。同时也应当注意到，如果法律承认间接侵权行为是一种专利侵权行为，那么，这似乎扩大了专利权的保护范围，与法律将专利权人的独占权限制在专利权的保护范围的规定相矛盾。

与直接专利侵权行为相比，间接侵权行为有两个明显的特征：

（1）行为人在主观上具有诱导或促使他人实施直接侵权的故意。前面我们已经讲过，直接侵权行为人无论是否存在主观故意，都构成对专利权的侵犯，应当承担相应的法律责任；但行为人的实施行为要构成间接侵权，必须具有主观故意，否则，其行为不构成侵权。

（2）有直接侵权行为发生，且行为人的行为与他人的直接侵权行为有必然的因果关系。具体来说，如无直接侵权行为发生，行为人的实施行为不构成专利侵权；另一方面，即使有他人的直接侵权行为发生，但是，如果行为人的行为与此直接侵权行为没有因果关系，行为人的行为也不构成侵权。

间接侵权行为不是一项独立的侵权行为，而是从属于他人的直接侵权行为。但也有人认为，间接侵权行为是一项独立的侵权行为，即不论是否有第三人的直接侵权行为发生，间接侵权行为人都应当承担侵权责任。如果按照间接侵权行为"独立说"，那么，专利权人的权利范围就太宽泛了，不符合法治社会的"法准绳"原则。因此，将间接侵权行为作为一种从属于直接侵权行为的侵权行为对待，既有利于充分保护专利权人的合法利益，又不至于过分地限制社会公众的正常生产经营行为和研究开发行为。

三、专利侵权的救济

（一）专利侵权的行政救济

《专利法》第65条规定："未经专利权人许可，实施其专利，即侵犯其专利权，引起纠纷的，由当事人协商解决；不愿协商或者协商不成的，专利权人或者利害关系人可以向人民法院起诉，也可以请求管理专利工作的部门处理。"根据此授权，管理专利工作的部门有权根据专利权人或者利害关系人的请求，对专利侵权行为进行处理。

《专利法》及其实施细则所称的"管理专利工作的部门"，是指由省、自治区、直辖市人民政府以及专利管理工作量大又有实际处理能力的设区的市人民政府设立的管理专利工作部门。

根据《专利法实施细则》第97条规定，当事人请求处理专利侵权纠纷的，由被请求人所在地或者侵权行为地的管理专利工作的部门管辖。两个以上管理专利工作的部门都有管辖权的专利纠纷，当事人可以向其中一个管理专利工作的部门提出请求；当事人向两个以上有管辖权的管理专利工作的部门提出请求的，由最先受理的管理专利工作的部门管辖。管理专利工作的部门对管辖权发生争议的，由其共同的上级人民政府管理专利工作的部门指定管辖；无共同上级人民政府管理专利工作的部门的，由国务院专利行政部门指定管辖。

请求管理专利工作的部门调处专利纠纷，必须符合下列条件：①请求人必须是与专利侵权纠纷有直接利害关系的单位或者个人；②有明确的被请求人，有具体的要求和事实根据；③符合《管理专利工作的部门处理专利侵权纠纷办法》的规定；④纠纷当事人任何一方均未向人民法院起诉。

请求管理专利工作的部门调处专利纠纷，应当递交请求书正本一份，并按被请求人的多少提供副本。调处请求人所提交的请求书应当写明下列事项：①请求人的名称或姓名、地址，法定代表人或代理人的姓名、职务；②被请求人的名称或姓名、地址，法定代表人或代理人的姓名、职务；③请求调处的具体要求、事实依据和理由。

管理专利工作的部门收到请求书后，经审查认为符合受理条件的，应在7日内立案审理；不符合受理条件的，应在7日内通知请求人不予受理，并说明理由。管理专利工作的部门受理专利侵权纠纷以后，应在10日内将请求书副本发送被请求人。被请求人收到请求书副本后应在1个月内提交答辩书和有关证据。被请求人逾期不提交答辩书的，不影响管理专利工作的部门作出决定。

管理专利工作的部门调处专利侵权纠纷时，应在查明事实、分清是非的基础上，按照有关规定处理，促使当事人各方相互谅解，达成协议。经管理专利工作的部门调解，当事人双方达成协议的，应当制作调解书。调解书要经当事人签名盖章，调处人员签名，并加盖管理专利工作的部门公章。如调解不成，管理专利工作的部门应当及时作出处理决定。处理决定书应由调解人员签名，并加盖管理专利工作的部门印章。专利侵权纠纷经管理专利工作的部门调解达成调解协议的，在调解书送达前或者送达后，当事人一方反悔向人民法院起诉的，人民法院应予受理。

对管理专利工作的部门作出的处理决定，不设监督或者复议程序，而是通过当事人服从与否来决定是否进入司法程序进行调整。如果当事人不服管理专利工作的部门的处理决定，可以在收到通知之日起3个月内向人民法院起诉。但是，当事人在规定的期限内未起诉的，管理专利工作的部门的处理决定即发生法律效力。一方不履行的，另一方可凭管理专利工作的部门的处理决定书请求人民法院强制执行。

人民法院收到强制执行请求的，仅就管理专利工作的部门处理专利纠纷中的程序和形式进行了解，对案情本身不进行审理。对管理专利工作的部门作出的处理决定也无须复议或监督。

当事人一方向管理专利工作的部门请求调处，管理专利工作的部门已经立案并向另一方发出答辩通知书，而另一方拒绝答辩并向人民法院起诉的，只要起诉符合《中华人民共和国民事诉讼法》（以下简称《民事诉讼法》）第122条的规定和最高人民法院关于审理专利案件的有关规定，人民法院应予受理；如果另一方接到管理专利工作的部门的答辩通知书后作了实质性答辩，在管理专利工作的部门调处过程中又向人民法院起诉的，人民法院不予受理。

在管理专利工作的部门调处专利纠纷的过程中，当事人双方都向人民法院起诉的，人民法院应予受理，并告知其管理专利工作的部门办理撤回请求调处手续。

（二）专利侵权的司法救济

专利侵权纠纷发生后，专利权人或者利害关系人既可以请求管理专利工作的部门处理，又可以请求人民法院审理。

关于专利侵权纠纷案件的地域管辖问题，最高人民法院作了专门规定：因侵犯专利权行为提起的诉讼，由侵权行为地或者被告住所地人民法院管辖。侵权行为地包括：被控侵犯发明、实用新型专利权的产品的制造、使用、许诺销售、销售、进口等行为的实施地；专利方法使用行为的实施地，依照专利方法直接获得的产品的使用、许诺销售、销售、进口等行为的实施地；外观设计专利产品的制造、销售、进口等行为的实施地；假冒他人专利行为的实施地；上述侵权行为的侵权结果发生地。

原告仅对侵权产品制造者提起诉讼，未起诉销售者，侵权产品制造地与销售地不一致的，制造地人民法院有管辖权；以制造者和销售者为共同被告起诉的，销售地人民法院有管辖权。销售者是制造者分支机构，原告在销售地起诉侵权产品制造者制造、销售行为的，销售地人民法院有管辖权。

（三）专利侵权的抗辩

在专利侵权诉讼中，原告（专利权人或者利害关系人）能够举证证明被告已实施自己专利的，被告就可能要依法承担相应的法律责任。但被告可以依法采用有效的抗辩手段，使自己免予承担法律责任。在专利理论和实践中，被告能够从以下几个方面进行抗辩。

1. 提出无效宣告请求

《专利法》第45条规定："自国务院专利行政部门公告授予专利权之日起，任何单位或者个人认为该专利权的授予不符合本法有关规定的，可以请求国务院专利行政部门宣告该专利权无效。"此规定允许"任何单位或者个人"认为国务院专利行政部门授予的专利权不符合《专利法》有关规定的，都可以请求复审和无效审理部宣告专利权无效。当专利权人或者利害关系人指控某单位或者个人侵犯其专利权时，被指控者可以以合适的理由向复审和无效审理部提出宣告该专利权无效的请求。若该专利权被宣告无效，其实施行为就不构成专利侵权。但应当注意：在此之前，若已有人以某种理由曾向复审和无效审理部宣告该专利权无效的请求，且已被最后维持了其专利权，那么，被指控侵权者不能再以同样的理由对该专利权提出无效宣告请求。

专利侵权诉讼中，被告只能向复审和无效审理部提出专利权无效宣告请求，不能直接向受诉人民法院提出，因为任何一级人民法院均可以宣告专利权无效。同时应当注意提出无效宣告的情形：第一，人民法院受理的侵犯实用新型、外观设计专利权纠纷案件，被告在答辩期间内请求宣告专利权无效的，人民法院应当中止诉讼，但具备下列条件之一的，可以不中止诉讼：①原告出具的检索报告未发现导致实用新型专利丧失新颖性、创造性的技术文献的；②被告提供的证据足以证明其使用的技术已经公知的；③被告请求宣告该项专利权无效所提供的证据或者依据的理由明显不充分的；④人民法院认为不应当中止诉讼的其他情形。第二，人民法院受理的实用新型、外观设计专利权纠纷案件，被告在答辩期届满后请求宣告该项专利权无效的，人民法院不应当中止诉讼，但经审查认为有必要中止诉讼的除外。第三，人民法院受理的侵犯发明专利权纠纷案件或者经复审和无效审理部审查维持专利权的侵犯实用新型、外观设计专利权纠纷案件，被告在答辩期内请求宣告该专利权无效的，人民法院可以不中止诉讼。

2. 不视为侵权的抗辩

举证证明自己实施的行为属于《专利法》第75条所规定的不视为侵犯专利权的行为，即"专利权人对具体专利产品的权利已经穷竭""行为人依法享有先用权""临时过境"或者"行为人专为科学研究和实验而使用有关专利"以及"药品行政审批"。

3."自由已知技术"的抗辩

"自由已知技术"抗辩原则的中心内容是：专利授权日以前的自由已知技术不属于专利权的保护范围，第三人使用申请日以前的自由已知技术不构成对专利权的侵害。有文章报道：在"刺绣品的彩电工艺方法"专利侵权一案中，一审法院根据该权利要求的内容作出被告构成侵权的判决。被告不服该判决，便以"申请日以前的公知技术属于社会公共财产，可以自由使用，不应纳入专利权保护范围"等为由，请求二审法院确认使用"申请日以前的公知技术"不违法。浙江省高级人民法院认为上诉人提出的"使用公知技术并未构成侵权"的上诉理由成立，予以支持，于是判决驳回专利权人的上诉请求，撤销原判。

据有关报道，浙江省高级人民法院采用"自由已知技术"抗辩原则判案，并不是我国的第一例。由此可见，以"自由已知技术"不属于专利权保护范围作为抗辩手段，似有进一步发展的可能。利用这项原则判案，有其可取之处：第一，避免了被告通过无效宣告程序使专利权归于无效的麻烦，节约了审判程序；第二，使人民法院在专利侵权诉讼中有了更大的自主权，使专利侵权纠纷能够顺利解决。

但是，也有人对这种抗辩原则表示异议，即认为：专利权保护范围不能及于公知技术的原则是正确的，但是，这个原则不能在专利侵权纠纷中由管理专利工作的部门或者人民法院适用。其理由是：由国务院专利行政部门授予的专利权，在被宣告无效前，被推定为有效，其已确定的"保护范围"不能被其他任何机关否定；如果管理专利工作的部门调处或者人民法院审理专利侵权纠纷时都能适用"专利权的保护范围不能及于公知技术"原则，那么，专利权人的权利就没有保障了。此外，人民法院是否可以对专利权的保护范围进行确认尚无法律依据。

鉴于此，在我国还没有设立专利法院前，人民法院应当慎重地采用这项原则。即使被告有充分的证据证明其所使用的技术确属专利权所包含的公知技术，也还是应当由专利局或者复审和无效审理部来处理为宜。否则专利权就失去了其应有的价值。

（四）专利侵权纠纷的诉讼时效

1. 诉讼时效期间

专利侵权的诉讼时效，是指专利权人或者利害关系人在法律规定的期限内不行使其诉讼权利，即丧失请求人民法院依诉讼程序强制侵权人履行义务的胜诉权利。

《专利法》第74条规定，侵犯专利权的诉讼时效为3年，自专利权人或者利害关系人知道或者应当知道侵权行为以及侵权人之日起计算。

关于诉讼时效的基本理论和基本知识，与民法理论中的诉讼时效制度基本相同。

2. 丧失诉讼时效的后果

如果诉讼时效期间届满，专利权人或者利害关系人就丧失了请求人民法院保护的胜诉权，同时也丧失了向管理专利工作的部门请求保护的胜诉权。

但是，在诉讼时效期间届满后，专利侵权行为仍在继续进行的，专利权人能否采取保护措施？答案是肯定的。《最高人民法院关于审理专利纠纷案件适用法律问题的若干规定（2020年修正）》第17条规定，权利人超过3年起诉的，如果侵权行为在起诉时仍在继续，在该项专利权的有效期限内，人民法院应当判决被告停止侵权行为，侵权损害赔偿数额应当自权利人向人民法院起诉之日起向前推算3年计算。

（五）专利侵权诉讼中的举证责任

专利权人或者利害关系人提起侵权诉讼，或者请求管理专利工作的部门处理专利侵权纠纷时，应当适用《民事诉讼法》关于举证责任的规定，即"当事人对自己提出的主张，有责任提供证据"。但是，《专利法》第66条第1款规定："专利侵权纠纷涉及新产品制造方法的发明专利的，制造同样产品的单位或者个人应当提供其产品制造方法不同于专利方法的证明。"该规定说明，当专利侵权诉讼涉及新产品制造方法的发明专利时，举证责任发生转移，由被告负举证责任。被告能够出示证据证明自己的产品不是用该专利方法获得的，就不构成专利侵权；否则，法院就判定该行为人使用了专利权人的专利方法，构成侵权。

关于举证责任移转的另一问题是：当专利权人或者利害关系人指控被告

为生产经营目的使用或者销售未经专利权人许可而制造并售出的专利产品或者依照专利方法直接获得的产品，构成侵权，应当承担赔偿责任时，被告依法承担证明自己所使用或者销售的专利产品来源合法的责任。若被告能举出这样的证据，则依据《专利法》第77条第1款的规定，不必承担赔偿责任；否则，其行为构成侵权，且还要依法承担赔偿责任。

四、专利侵权的法律责任

管理专利工作的部门或者人民法院在处理专利侵权纠纷时，应当"以事实为依据，以法律为准绳"。经审查，一旦确定行为人的行为构成侵权，那么，管理专利工作的部门或者人民法院就可以根据专利权人或者利害关系人的请求，强制专利侵权行为人承担应有的法律责任。根据《专利法》及其有关法律的规定，侵权行为人应当承担的法律责任主要有以下三方面。

（一）停止侵权

停止侵权，是指专利侵权行为人应当根据管理专利工作的部门的处理决定或者人民法院的生效判决，立即停止正在实施的专利侵权行为。这种救济措施是最严厉的救济措施，因此专利权人或者利害关系人总是首选该措施。但是，从经济效益的角度或者社会效益的角度看，并不一定是一种最好的措施。同时也正因为该项救济措施的严厉性，招致了许多反知识产权制度学者对知识产权制度的颠覆性主张。

为了保证专利权人或者利害关系人的利益，法律允许专利权人或者利害关系人可以在起诉前向人民法院申请采取责令停止有关行为的措施，此处所说的"利害关系人"，包括专利实施许可合同的被许可人、专利财产权利的合法继承人等。专利实施许可合同的被许可人中，独占实施许可合同的被许可人可以单独向人民法院提出申请；排他实施许可合同的被许可人在专利权人不申请的情况下，可以提出申请。

诉前责令停止侵犯专利权行为的申请，应当向有专利侵权案件管辖权的人民法院提出。专利权人或者利害关系人向人民法院提出诉前责令停止侵犯专利权行为的申请时，应当递交书面申请状，同时还要提供担保。申请人不提供担保的，驳回申请。人民法院接受专利权人或者利害关系人提出诉前责令停止侵犯专利权行为的申请后,经审查符合要求的,将在48小时内作出书面裁定。如果人民法院裁定责令被申请人停止侵犯专利权行为的,将立即开始执行。专利权人或者利害关系人在人民法院采取停止侵犯专利权行为的措施后15日内不起诉的,人民法院将解除裁定采取的措施。

为了有效地阻止专利侵权行为的继续进行,人民法院可以根据专利权人的请求,没收、销毁侵权产品或者责令侵权行为人将侵权物品交由专利权人或者利害关系人处理。但应当注意,只有在下列情况下,才考虑采用这种方式:①判令侵权人停止制造专利产品后,对制造侵权产品的专用设备、工具等应当予以没收、销毁。②对质量低劣的假冒专利产品,应当予以没收、销毁。③对仿制的侵权产品,可以根据专利权人的请求予以没收、销毁,或者责令侵权人将其交由专利权人或者利害关系人处理。

因没收、销毁侵权产品或者专用设备、工具等所造成的损失,应当由侵权行为人承担。

同时还要注意,专利权人或者利害关系人并不是任何情况下都可以请求侵权人承担这种法律责任。例如,如果管理专利工作的部门的处理决定或者人民法院的判决是在专利权已经终止后作出的,那么,就不能适用停止侵权这种责任形式。

(二)赔偿损失

赔偿损失是一种普遍采用的救济措施。在确定行为人的行为构成专利侵权后,侵权行为人是否应当向专利权人或者利害关系人赔偿损失,以及以什么标准来进行赔偿,是一个很重要的问题。不同的理论,有不同的结论。

1. 惩罚性赔偿论

惩罚性赔偿论也可称为加倍赔偿论。这种理论认为,只要侵权行为给专利权人或者利害关系人造成了实际损失,而不论侵权行为人是否获得非法利益,都应当承担这种责任。按照这种理论,侵权行为人应当加倍赔偿专利权人或者利害关系人因侵权行为所造成的实际损失。例如,美国《专利法》第284条规定,法院有权将损害赔偿金额增加到估价数额的3倍。法院在考虑是否适用加倍赔偿措施时,通常会从多方面进行权衡,其中最重要的一个因素是"侵权人的意图"。原则上,只要法院判定侵权人的行为属于"故意侵权"，便可适用加倍赔偿的措施。但也有一些使法院拒绝使用加倍赔偿措施的特殊情况，即专利侵权人在从事专利侵权行为时，曾"诚实"地认为自己的行为是合法的。

我国也有学者提出过这种观点，认为对故意侵权人，除赔偿专利权人或者利害关系人的损失外，还要对其故意侵权行为处以罚款，因为故意侵权行为不仅损害了专利权人或者利害关系人的利益，也扰乱了整个社会的经济秩序，理应受到惩处。

2. 补偿性赔偿论

这种理论认为，侵权行为人之所以要承担赔偿损失的法律责任，是因为其侵权行为给专利权人造成了实际的损害，以补偿专利权人因此所受到的损失。如果行为人的行为没有给专利权人或者利害关系人造成实际损失，则只须停止侵权，不必承担赔偿损失的责任。

专利侵权的损害赔偿，应当贯彻公正原则，使专利权人因侵权行为受到的实际损失能够得到合理的赔偿。专利侵权的损害赔偿额可按照以下方法计算：人民法院依照《专利法》第71条第1款的规定追究侵权人的赔偿责任时，①可以根据权利人的请求，按照权利人因被侵权所受到的损失或者侵权人因侵权所获得的利益确定赔偿数额。②权利人因被侵权所受到的损失可以根据专利权人的专利产品侵权所造成的销售量减少的总数乘以每件专利产品的合理利润所得之积计算。③权利人销售量减少的总数难以确定的，侵权产品在市场销售的总数乘以每件专利产品的合理利润所得之积可以视为专利权人因被侵权所受到的损失。侵权人因侵权所得利益可以根据该侵权产品在市场上的销售的总数乘以每件侵权产品的合理利润所得之积计算。侵权人因侵权所得的利益一般按照侵权人的营业利润计算，对于完全以侵权为业的侵权人，可以按照销售利润计算。

被侵权人的损失或者侵权人获得的利益难以确定，有专利许可使用费可参照的，人民法院可以根据专利权的类别、侵权人侵权的性质和情节、专利许可使用费的数额、该专利许可的性质、范围、时间等因素，参照该专利许可使用费的1至3倍合理确定赔偿数额；没有专利许可使用费可以参照或者专利许可使用费明显不合理的，人民法院可以根据专利权的类别、侵权人侵权的性质和情节等因素，一般在人民币5000元以上30万元以下确定赔偿数额，最多不得超过人民币50万元。

根据权利人的请求以及具体案情，人民法院可以将权利人因调查、制止侵权所支付的合理费用计算在赔偿数额的范围内。

对于这三种计算方法，人民法院可以根据案情的不同情况选择采用。当事人双方商定用其他计算方法计算损害赔偿额的，只要是公平合理的，人民法院可以准许。

（三）消除影响

在侵权行为人实施侵权行为给专利产品在市场上的商誉造成损害，影响其专利产品的销售、使用时，侵权行为人就应当承担消除影响的法律责任。承担这种责任的方式主要是通过新闻媒体公开声明，承认自己的侵权行为，从而达到消除对专利产品造成的不良影响的目的。

第六节　专利开放许可

专利开放许可制度始于英国，后被法国、德国等国家移植。其最早出现于英国1919年修订的《专利和外观设计法》中，也被称为专利当然许可（License of right），是一项较为常见的、鼓励专利技术传播与运用的机制。虽然TRIPS协议以及相关的知识产权国际条约都未对开放许可制度予以明文规定，但其长期根植于一些国家的专利法与专利制度中。整体而言，开放许可是指由专利权人向行政机关提出将其持有的专利登记为开放许可的申请，经专利行政机关公告，由希望使用的社会主体根据公告的条件，付费后直接使用，专利权人不得以其他理由拒绝许可的制度。

一、概念

理论研究中，我国学者也从不同角度对其进行了定义。例如：专利开放许可是指，专利权人在申请并取得专利权后向专利主管机构请求登记，在专利权的有效期限范围内，任何人可以不经与其另行谈判，只要缴纳一定数额的使用费就可以实施其专利技术的一种许可形式。或认为：专利开放许可是指，专利权人通过在专利局的登记发出要约，潜在被许可方一旦做出承诺，专利实施权合同即成立的合同订立方式。

相较于强制许可制度，开放许可制度具有很多特点。首先，从授权方式上说，开放许可具有自愿性。强制许可是指在法定的特殊条件下，未经专利权人同意，他人可在履行完毕法定手续后取得实施专利的许可，由于这种许可是不需要经过专利权人同意的，因此称为强制许可；而开放许可是专利权人在意思自治的范畴内，自主决定实施的许可。

其次，从专利行政部门扮演的角色来说，开放许可与强制许可具有明显区别。如前所述，强制许可是作为一种防止专利权人滥用权利的手段而产生的，给申请人实施特定专利的强制许可是出于平衡公共利益和专利权人利益的需要，这种许可是由专利行政部门在法定的特殊情形下做出的，专利权人无法拒绝，专利行政部门在其中扮演着的决定者的角色。而开放许可则不然，就授权方式而言，是否进行开放许可也是专利权人自主决定的事项，专利行政部门并不介入，但专利权人决定实施开放许可时，需要向专利行政部门声明并进行登记，专利行政部门在其中扮演的角色是信息的公开发布者。

最后，在许可的条件上，开放许可具有开放性。第一，关于给予许可的情形。强制许可是对专利权的限制，目的在于防止专利权人滥用权利阻碍专利技术的推广和应用，因此只有在"滥用专利权"时才可能给予强制许可，同时出于对私权的尊重，这种限制只有在法律明确规定的特定情形下才能进行。我国《专利法》第六章规定了五种给予强制许可的理由，而迄今为止我国并未给予任何一项实施专利的强制许可，在立法和实践中均体现了对强制许可的慎重态度。相较而言，开放许可的实施更加容易，无须满足特定情形，只要专利权人向专利行政部门做出了进行开放许可的声明，符合程序性条件即可。第二，关于许可的对象。强制许可的对象是特定的，TRIPS 协议第 31 条规定给予应当根据个案情况予以考虑，我国《专利法》第 53 条规定的强制许可申请人是具备实施条件的单位或者个人即从事生产经营的主体，第 56 条规定的从属专利的申请人是从属专利权人或在先专利权人。开放许可的对象是不特定的，任何单位和个人都可以要求实施开放许可专利。第三，关于许可的程序性要求。强制许可中专利行政部门需要对符合强制许可的法定理由并对是否满足程序性条件进行审核；而开放许可中并没有此种程序性要求，但有的国家可能规定对声明和撤回进行公告或者许可后进行登记等要求。第四，关于许可的限制。TRIPS 协议第 31 条规定了实施强制许可的种种限制，包括事先请求专利权人许可的情形、停止强制许可的情形等，我国《专利法》第 54～第 55 条也对这些限制做出了规定。但开放许可没有这些限制，专利权人可以自主决定是否实施开放许可。

二、专利开放许可的立法过程

立法实践中，国家知识产权局于 2011 年 11 月启动专利法特别修改的准备工作，陆续在北京、浙江、江苏、湖南和广东等地进行实地调研，并多次组织召开相关研讨会、座谈会。2014 年上半年，全国人民代表大会常务委员会开展了专利法执法检查工作，从专利质量、专利保护、专利运用、公共服务等方面对专利法修改提出了具体意见。为此，有必要对 2013 年专利法修订草案（送审稿）进一步补充完善，对专利法进行全面修改。据此，国家知识产权局在广泛征求社会各界意见的基础上对 2013 年专利法修订草案（送审稿）作了进一步补充完善，形成了新的《中华人民共和国专利法修订草案（送审稿）》。为解决专利许可供需信息不对称问题，借鉴国外经验，引入当然许可制度，降低专利许可成本。

2015 年 4 月 1 日，《专利法修改草案（征求意见稿）》首次新增了专利当然许可制度的内容，其规定："专利权人以书面方式向国务院专利行政部门声明其愿意许可任何人实施其专利，并明确许可使用费的，由国务院专利行政部门予以公告，实行当然许可。"

2018 年 12 月 5 日，国务院总理李克强主持召开国务院常务会议，通过了《中华人民共和国专利法修正案（草案）》，草案修改中保留了征求意见稿中当然许可制度，并系统设计了"开放许可"的法律规则，新增了第 82 条至第 84 条规定。

2019 年 1 月 4 日，中国人大网公布了《中华人民共和国专利法修正案（草案）》，面向社会公众征求意见。

2018 年 12 月全国人民代表大会常务委员会第七次会议和 2020 年 6 月全国人民代表大会常务委员会第二十次会议对专利法修正案（草案）进行了两次审议，将"当然许可"的制度名称变更为"开放许可"，具体规定在第 50 条、第 51 条、第 52 条。被产业界普遍认为有助于促进专利的实施和运用，推动专利权经济价值的实现，也是专利法修订的重大制度创新。

2020年7月3日，全国人民代表大会常务委员会宪法和法律委员会经研究，建议对草案中开放许可规定作如下修改：一是增加规定：开放许可期间，"专利权人也可以与被许可人就许可使用费进行协商后给予普通许可"（修正案草案二次审议稿第17条第2款）。二是增加规定：当事人就实施开放许可发生纠纷的，"由当事人协商解决"；不愿协商或者协商不成的，可以请求国务院专利行政部门进行调解，"也可以向人民法院起诉"（修正案草案二次审议稿第18条）。

2020年10月17日，第十三届全国人民代表大会常务委员会第二十二次会议通过了《关于修改〈中华人民共和国专利法〉的决定》第四次修正，修正后的《专利法》在第六章"专利实施的特别许可"中新增了第50条、第51条和第52条，规定了专利实施的开放许可制度。

2020年11月27日，国家知识产权局官方网站公布了《专利法实施细则修改建议（征求意见稿）》及其说明，征求社会各界意见。其中在第五章中增加了4个涉及开放许可规则的条款。

这意味着，开放许可正式成为我国专利实施的重要许可制度。

三、专利开放许可制度特殊性

开放许可制度与强制许可制度的差异体现在以下几个方面：专利开放许可兼具普通许可和强制许可的一些特点，既体现了普通许可下对当事人意愿的尊重，也体现了强制许可对被许可使用人的利益倾斜。开放许可制度与强制许可制度的共同点：强制许可与开放许可均需基于《专利法》的明确规定提出，两种许可都在一定程度上倾向了被许可人的利益，带有强制色彩。在一些国家，如英国的《专利法》第48条、印度的《专利法》第86条中有规定，倘若专利权人没有实施或者并没有这种能力充分地利用专利，那么开放许可就有可能会被自动转化为强制许可。

当事人之间无法通过私人协议实现强制许可或开放许可。开放许可制度与强制许可制度的不同点：两大法系对于开放许可的制度定位不同，这决定了两大法系中开放许可制度与强制许可制度之间的关系不同。大陆法系国家的专利开放许可皆将专利开放许可视为一项权利承诺，强调权利人登记行为的自愿性，同时规定开放许可只能是权利人自行的权利处分，不允许专利权人之外的主体申请将不属于自己的专利登记为开放许可。这表明大陆法系国家对开放许可的定位仍然均是将开放许可视为专利权人自愿许可的一种类型。

英国、新加坡等英联邦国家为代表的普通法国家一般将利益平衡原则作为专利开放许可制度的理论基础，例如，英国的法律文件中曾将开放许可称为一种"无须他人证明权利人在市场中未实施或者未充分实施专利，即可申请的强制许可"。在我国开放许可与强制许可被作为截然不同的专利许可模式分别发挥不同功能。两者差异体现在以下几个方面。

（1）申请主体差异问题。开放许可由专利权人自愿提出申请（但这一点在个别国家存在例外，如根据英国《专利法》第48条的规定，某专利满足强制许可的申请条件，任何人皆可向专利局局长请求将该专利登记为开放许可）。我国《专利法》第53条规定，强制许可必须由具备实施条件的第三人提出申请（申请人不能证明具备实施条件时，其申请将被驳回）。

（2）制度理论基础差异问题。强制许可制度建立的理论基础源自利益平衡原则，法律授予发明人专利权一方面是为了保护专利权，另一方面是为了实现社会利益最大化而采取的公共政策手段。专利法立法初衷就是要在发明人的私权与社会公众利益之间取得平衡，在需要对两者进行取舍时，为了社会利益最大化的目的，可以对专利权人的权利予以一定的限制。

开放许可制度的理论基础是资源配置理论，只有把有限资源分配给效率最高的生产者时，社会整体的福利才能达到最大。开放许可是为了促进资源分配的优化，使得生产效率达到最大，专利权人需要放弃对于被许可人身份的选择权以及许可使用费调整权。此外还有学者认为，开放许可制度的理论基础是诚实信用原则。

开放许可制度与指定许可制度的差异体现在以下几个方面。

（1）申请主体。开放许可由专利权人自愿提出申请；指定许可由国务院有关主管部门和省、自治区、直辖市人民政府报请批准。但这一点在个别国家存在例外，如在英国，根据英国《专利法》第48条的规定，某专利满足强制许可的申请条件，任何人皆可向专利局局长请求将该专利登记为开放许可。

（2）实施条件。开放许可申请具有无因性。一般满足申请人自愿即可。指定实施的专利须对国家利益或者公共利益具有重大意义。

（3）实施程序。开放许可制度注重效率，申请条件简单。申请登记时专利权上不存在排他性权利，并明确专利许可使用费支付方式、标准即可申请登记，对于实用新型和外观设计专利需要提供专利权评价报告；指定许可制度需要经过有关主管部门和省、自治区、直辖市人民政府报请，具有指定使用权的国务院批准等程序。

（4）撤销程序。我国规定开放许可在任意时间以书面形式撤销，但是不影响已经给予的开放许可的效力；指定许可制度未明确规定撤销或者终止制度，个别国家对开放许可的撤销有时间上的限制，或者要经开放许可人一致同意。被许可人开放许可制度中任何具备民事行为能力的主体都可以申请成为被许可人，指定许可中被许可人只能是国务院有关主管部门和省、自治区、直辖市人民政府指定的单位。

（5）客体范围。开放许可可以适用于任何发明专利。可作为指定许可客体的发明专利，只限于国有企业事业单位作为专利权人的发明专利。实施范围开放许可的实施需遵守双方约定许可实施地域、时间的限制，实施范围由双方约定。指定许可的实施范围，只限于批准推广应用。

（6）救济制度。开放许可制度中，当事人就实施开放许可发生纠纷的，可以请求国务院专利行政部门进行调解；指定许可中没有保障专利权人的权益的行政和司法救济制度。

> **案例 8**
>
> **大洋公司诉黄河公司专利实施许可合同纠纷案**
>
> 1999年11月19日，厦门市黄河贸易有限公司（甲方）与大洋公司（乙方）签订"专利技术合作及专利技术实施许可合同"一份，约定：乙方实施甲方拥有的专利技术项目是石材切压成型机，机器品牌为"黄河"牌NEW-668型石板材一次压制成型机；技术实施许可范围为甲方许可乙方在福建省范围内与甲方共同实施，并许可乙方同时独家在上海地区及日本国开发、生产、销售甲方拥有的专利项目及产品，乙方可以在日本国申请专利，独家生产销售；签订本合同后，乙方派员到甲方工厂由甲方负责对其进行技术培训，有关费用由甲方负责；合同签订后的10天内，乙方向甲方支

付定金人民币50万元,甲方在收到定金后100天内,分批负责制造出本合同应供给乙方的生产线,并运抵乙方指定的工厂。机械设备在乙方所在地安装调试前支付30万元,安装调试合格后支付20万元;除上款规定付清100万元货款外,其余人民币400万元由乙方用厦门市湖滨北路建业西路阳明楼房产折人民币3 724 050元整。甲方同意上述款项抵本合同货款,但乙方应在本合同签订的两天内与甲方签订上述单元的购房合同并办理公证及产权变更手续。合同签订后,大洋公司按合同约定将阳明楼房产交付给厦门市黄河贸易有限公司抵合同款,但未按照合同约定支付定金。

1999年11月25日,厦门市黄河贸易有限公司与泉州市丰泽区北峰液压机械厂签订"委托加工合同",委托其生产黄河牌NEW-668A型石板材一次压制成型机50台及黄河牌特种模具250副,并已支付合同款项。1999年12月23日,厦门市黄河贸易有限公司与厦门阳兴兴业输送机有限公司签订"产品制造协议书",订制重型悬挂输送线3条,当挂物输送线运抵大洋公司的生产基地安装时,遭到大洋公司项目负责人王冠的阻拦,导致输送线无法安装,后来依大洋公司通知,厦门阳兴兴业输送机有限公司又将输送线运回。因大洋公司不允许安装设备,时任厦门市黄河贸易有限公司法定代表人吴达新只好通知泉州市丰泽区北峰液压机械厂暂停生产机器及模具等。双方签订的专利技术合作及专利技术实施许可合同停止履行。

2000年1月21日,厦门市黄河贸易有限公司致函大洋公司,认为其已经按合同约定履行了相关义务,要求大洋公司支付定金50万元。2000年1月26日,针对厦门市黄河贸易有限公司的来函,大洋公司复函,提出对方的产品没有专利权保障,且由于市场其他供货商每一平方米的产品市价仅为25元等因素,将导致其无法实现合同目的,要求厦门市黄河贸易有限公司提出解决方案,否则将依合同法规定申请法院予以撤销或变更合同。2000年1月28日,针对大洋公司1月26日来函,厦门市黄河贸易有限公司又函告大洋公司，辩驳大洋公司终止或变更双方签订的合同无理。2000年3月1日，厦门市黄河贸易有限公司再次致函大洋公司，要求大洋公司立即履行双方所签的合同。此后，双方没有再为履行合同等问题进行过接触或协商，厦门市黄河贸易有限公司也没有向法院申请撤销或变更诉讼的合同。

一审法院审理认为，1999年11月19日，大洋公司与厦门市黄河贸易有限公司签订的"专利技术合作及专利技术实施许可合同"系双方自愿签订的专利技术实施许可合同，合同内容没有违反法律、行政法规的强制性规定，是有效合同，应受法律保护。合同签订后，大洋公司虽然已将厦门阳明房地产开发有限公司的房产抵作合同款项履行合同部分义务，但其未依合同规定交付定金并继续履行完付款义务，已构成违约，而厦门市黄河贸易有限公司在履行合同部分义务后，因遭到大洋公司的无理阻拦而被迫停止合同的继续履行。现大洋公司以黄河公司没有履行合同等为理由要求解除合同没有事实依据，讼争合同尚不具备《中华人民共和国合同法》规定的解除合同的条件，双方签订的"专利技术合作及专利技术实施许可合同"也没有特别约定合同解除的条件，据此，在厦门市黄河贸易有限公司不同意解除合同的情况下，大洋公司单方解除合同及返还款项的请求不应得到支持。合同双方停止履行合同至本案起诉时期间虽已达三年多，但《中华人民共和国合同法》并没有规定提出解除合同应受诉讼时效的限制，因此，厦门市黄河贸易有限公司答辩认为本诉已经超过诉讼时效缺乏依据，其主张不予采纳，但其认为大洋公司要求解除合同无理应予驳回诉讼请求的答辩，应予支持。

二审法院驳回上诉，维持原判。

案例资料来源：【法宝引证码】CLI.C.67352

第四章 著作权制度

第一节 著作权法基本原理

一、著作权的概念与特征

著作权是基于作者在文学、艺术和科学领域内所创作的作品，而由作者或者其他著作权人依法享有的人身权利和财产权利的总称。中国《著作权法》第2条规定："中国公民、法人或者非法人组织的作品，不论是否发表，依照本法享有著作权。"这一概念包括以下基本含义：著作权的主体是创作作品的作者或者其他著作权人；著作权的客体是文学、艺术和科学领域的作品；著作权的内容包括人身权和财产权。

在广义上，著作权还包括邻接权，即作品传播者因传播作品而享有的专有权利。

著作权是作者基于作品而产生的权利，既有与人身联系的内容，如作者主张自己为某作品作者资格、决定作品是否发表、是否修改等，这些权利没有财产性质，被称为著作人身权；也有与财产相联系的权利，如对作品复制、展览、表演等的权利，这些对作品使用的权利通常能带来经济收益，而被称为著作财产权。

著作权作为知识产权之一，其核心是因对作品利用而获得利益的权利，即著作财产权。不过，这种财产权的内容和特征，既与同是财产权的物权有别，也和作为知识产权另一部分的工业产权不同。著作权与工业产权的区别主要体现在以下4方面。

1. 权利保护的内容不同

著作权保护的标的是作品，作品主要反映在文学、艺术和科学领域内，用以丰富人们的精神生活。工业产权的标的是具有创造性的产品和工艺方法及工商业标志，主要涉及物质产业部门，用以促进物质生产的发展，改善人们的生产和生活条件。

2. 权利产生途径不同

著作权的产生一般实行"无手续原则"，作品一经完成即自动产生；专利权和商标权的产生则必须由特定的机构和法律机制完成必要的鉴别和审查，才能授权、确认。

3. 权利的独占性程度不同

著作权的独占性程度较弱，不能排斥他人独立完成的相同作品取得同样的权利。即只要是独立完成的、非抄袭他人的作品，尽管表现形式相同或近似，也允许有两个以上的著作权。就工业产权而言，针对相同构思的表现形式，法律只保护其中一个，并赋予其独占权，排除其他同样的表现形式享有相同的权利。例如，在绝大多数实行"申请在先"原则的国家和地区，发明创造专利权只赋予最先就该发明提出专利申请的人，商标权属于最先申请该商标注册的人。

4. 权利保护的侧重点不同

专利权的价值侧重于财产权，通常只在确认发明人或设计人时才涉及人身权，商标权不直接涉及人身权内容，而著作财产权和人身权同时构成著作权的重要支柱。

二、著作权法的概念

在我国，著作权法又称版权法，是国家用以调整文学、艺术、科学作品作者、作品传播者和社会公众三者利益关系的法律规范。其核心是国家确认和保护作者对其作品享有的著作权，在此基础上同时确认和保护与著作权有关的权益。

著作权法有广义和狭义之分。广义上的著作权法包括著作权法、邻接权法、各种相关的法律规范及关于著作权国际保护的国际公约。狭义的著作权法是广义的著作权法的表现形式之一，即集中、系统地调整著作权关系的法律。

著作权法以著作权（及与著作权有关的权利，即邻接权）的确认和保护所产生的社会关系为调整对象，确认著作权是著作权法调整著作权关系的基础,保护著作权是著作权法的核心。

三、我国著作权法的原则

我国著作权法律体系是以《著作权法》为核心,包括相关法律、行政法规、最高人民法院的司法解释等在内的法律规范体系。我国著作权法的基本原则,是贯穿于全部著作权法中,对实施著作权法具有指导作用的准则,是我国著作权法本质的集中体现。

(一)以维护作者权益为核心的原则

作者是作品的创作者,作品既渗透了作者的人格精神,也构成现代社会的经济财富。法律只有充分保障作者的人格利益和经济利益,才能激发其创作热情,为社会提供更多的优秀作品。作者成为著作权立法的主要受益者,是当代各国著作权立法的基础。我国也不例外。我国著作权制度的法律价值在于确认作者权益在著作权法律关系中的首要和核心地位,以实现法律保护作者、促进社会文化发展的公共目的。我国《著作权法》中的许多条款都直接体现了这一原则。

(二)协调作者(或其他著作权人)、作品传播者与社会公众利益的原则

著作权法承担着通过保护作者和作品传播者的利益而促进社会文化发展的任务,围绕作品所产生的利益关系是著作权法调整的核心。协调著作权人专有权与广大公众使用和传播作品的矛盾,平衡作者个人利益与社会公共利益的冲突,是著作权法的重要原则。我国《著作权法》在著作权归属、作品保护期、合理使用等方面的规定都体现了这一原则。

(三)有偿使用作品的原则

因作品的使用而获得报酬,是作者获取和行使著作权的重要目的。《著作权法》第26条、第27条、第29条具体规定了有偿使用作品、保障作者获酬权的措施。

(四)符合著作权国际保护基本准则的原则

我国著作权立法适应了著作权国际保护的发展趋势,在整体上吸收了为

世界各国普遍接受的著作权保护准则。在现行《著作权法》和《著作权法实施条例》中，更是进一步实现了与著作权保护国际惯例的接轨。

第二节 著作权的主体

一、著作权主体的范围

著作权主体，是依法对文学、艺术和科学作品享有著作权的人，也称著作权人。著作权主体的范围可按不同标准分为以下两种类型。

（一）中国公民、法人或非法人组织

根据《著作权法》第 2 条规定，著作权主体包括公民、法人和非法人组织。一般地说，著作权主体是自然人，而且主要是自然人作者。但现代著作权制度已突破了只将自然人视为著作权主体的理论，多数国家认为，法人或非法人组织也可以享有著作权，国家在一定条件下也能成为著作权的主体。

（二）本国人、外国人和无国籍人

根据著作权主体的国籍，著作权主体可分为本国主体和外国主体，包括本国人、外国人和无国籍人。著作权具有地域性，作者的国籍与著作权主体的身份具有密切联系，划分本国主体和外国主体，便于按照国际惯例实行相应的著作权保护。根据国际上的通行做法，对外国人作品的保护根据双方签订的协议或者共同参加的国际条约予以保护。按照《著作权法》第 2 条第 1～第 3 款的规定，中国公民、法人或者非法人组织的作品，不论是否发表，依照本法享有著作权。外国人、无国籍人的作品根据其作者所属国或者经常居住地国同中国签订的协议或者共同参加的国际条约享有的著作权，受本法保护。外国人、无国籍人的作品首先在中国境内出版的，依照本法享有著作权。第 4 款规定，未与中国签订协议或者共同参加国际条约的国家的作者以及无国籍人的作品首次在中国参加的国际条约的成员国出版的，或者在成员国和非成员国同时出版的，受本法保护。又根据《著作权法实施条例》第 7 条、第 8 条规定，《著作权法》第 2 条第 3 款规定，首先在中国境内出版的外国人、无国籍人的作品，其著作权自首次出版之日起受保护。外国人、无国籍人的作品在中国境外首先出版后，30日内在中国境内出版的，视为该作品同时在中国境内出版。

二、著作权人的确定

（一）一般作品的著作权人

1. 作者的概念及其认定

尽管各国对作者概念的表述有所不同，但通常认为，作者即创作文学、艺术和科学作品的人。根据《著作权法实施条例》的解释，创作是指直接产生文学、艺术和科学作品的智力活动。为他人创作进行组织工作，提供咨询意见、物质条件，或进行其他辅助工作，均不视为创作。作者通过自己的独立构思、运用自己的技巧与方法，将主题、素材进行分析、整理、加工，并且按照自己的意志通过一定形式予以表达，从而创制出反映自己思想感情和个性特点的作品。也就是说，作者是进行独创性创作并借助一定形式表现其文学、艺术和科学领域的智力成果的人，是对作品的独创性作出了实质性贡献的人。

通常，从著作权意义上认定作者，需要考虑以下条件：①应当具有创作能力，即掌握一定的文学、艺术和科学知识并具备把这种知识以一定形式表现出来的能力与技巧；②应当具有创作作品的行为，没有创作活动，既不会产生作品也不会产生作者；③必须有著作权意义上的作品的诞生。

一般地说，是否直接参加了作品的创作是判断作者的标准。不过，一般公众不必要也不可能运用这一标准来确定某一作品的作者，而需要一种比较简便而准确的方法。"推定作者"的方法是大多数国家和国际公约认可的确认作品作者的方法，即如果没有相反的证明，就认为在作品上署名的人为该作品的作者。例如，我国《著作权法》第12条、日本《著作权法》第14条、意大利《著作权法》第8条都有相关的规定。

2. 著作权集体管理组织

著作权集体管理是指一定的社会组织对著作权人不便自己行使的权利或难于实现的权利进行的统一管理活动。它是通过代表著作权人的集体组织，授权作品的使用者使用该组织成员作品，并收取著作权使用费分配给著作权人的一种社会行为。这种代表著作权人的集体组织通常称为著作权集体管理机构。集体管理是著作权领域所特有的，在专利、商标领域没有这种制度。

《著作权法》第8条对我国著作权集体管理制度进行了原则规定，确定了我国著作权集体管理制度的基本内容。

第一，集体管理关系的自愿设立原则。著作权人和与著作权有关的权利人可以自由选择授权或不授权著作权集体管理组织行使其权利。自愿原则来源于著作权的私权性。

第二，集体管理的授权主体包括著作权人和与著作权人有关的权利人，即作者、出版者、表演者、录音录像制作者、广播电台和电视台等公民、法人和非法人组织。

第三，集体管理的权利范围概括为"著作权和与著作权有关的权利"。

第四，集体管理组织的基本职能是：以自己的名义为著作权和与著作权有关的权利人主张权利；作为当事人进行涉及著作权或者与著作权有关的权利的诉讼、仲裁、调解活动。

第五，集体管理组织的性质是非营利性法人，既不同于进行公共管理的国家机关，也不同于以营利为目的的企业，它以社会服务为主要目的。

3. 其他著作权人

其他著作权人是指除了作为作者的自然人及视为作者的法人或非法人组织之外，依法享有著作权的自然人、法人或非法人组织、国家。其他著作权人主要是继受著作权人，也有少数是原始著作权人。

（1）继受著作权人。

继受著作权人取得著作权的途径包括以下几种：

①依照继承法的规定而取得作品著作权。

各国继承法一般都规定著作财产权可以被继承，我国《著作权法》第21条规定，作为著作权人的自然人死亡后，著作财产权在著作权保护期内依法转移。著作人身权虽不属于著作权继承的内容，但保护该权利的国家一般在作者死亡后仍给予保护。例如，我国《著作权法实施条例》第15条规定，"作者死亡后，其著作权中的署名权、修改权和保护作品完整权由作者的继承人或者受遗赠人保护。"另外，著作人身权中的发表权在有些情况下可以作为继承的内容。该条例第 17 条规定，作者生前未发表的作品，如果作者未明确表示不发表，作者死亡后 50 年内，其发表权可由继承人或者受遗赠人行使。

著作权的继承根据《继承法》的规定进行，既可以是法定继承，也可以是遗嘱继承。此外，自然人或非法人组织也可根据遗赠扶养协议取得作者被扶养人的著作权。

②依法承受著作权。

这类情况主要有以下三种：

一是，法人或非法人组织变更、终止后，其著作财产权在著作权保护期内由承受其权利与义务者享有；没有承受其权利与义务的，由国家享有。

二是，对作者身份不明的作品，作为作品原件合法持有人的公民、法人或非法人组织，可以行使除署名权以外的著作权；对无人继承也无人受遗赠的遗作，作品原件合法所有人在作者没有明确表示不发表的，可以行使发表权。

三是，著作权人通过转让或捐赠方式将自己的权利转移给他人，受让人或受赠人成为著作权人。

（2）原始著作权人。

作者以外的其他著作权人作为原始著作权人主要有以下情况：

①委托作品的委托人按照合同约定享有著作权，成为该作品的著作权人。

②视听作品作为一个整体，除署名权以外的著作权依法由制作者享有，制作者成为著作权人。

（二）特殊作品的著作权人

1.演绎作品的著作权人

演绎作品属于一种创作作品，演绎人对原作的演绎既是使用原作的行为，更是一种新的创作行为。因此，演绎作品受著作权保护，演绎人对其演绎作品享有著作权，这是各国著作权法的通例。而且，演绎作品的作者凭借他在演绎过程中付出的创造性劳动而享有独立的著作权，原作著作权人未经同意不得擅自使用演绎作品。

不过，演绎作品毕竟是从原作品中派生出来的，演绎作品中保留着许多原作的创作成分，体现了原作的创造性劳动。因此，演绎作品著作权的独立性是相对的，受到多方面的限制。主要包括：第一，对他人已有作品进行演绎创作，应征得原作著作权人许可，否则构成侵权演绎作品。第二，演绎作品著作权人只能对其改编本、注释本等演绎作品主张著作权，不能对被演绎的原作享有和行使著作权，也不能对基于同一原作而产生的其他演绎作品主张权利。第三，演绎作品著作权人在行使著作权时，不得侵犯原作品的著作权。

对于演绎作品和其原作的关系，还可以从以下方面进行分析：第一，第三者使用演绎作品需要取得演绎作品和原作品著作权人的许可，并向其支付报酬。因为演绎作品体现了原作者和演绎作者两方的智力创造成果，他人使用演绎作品时应同时维护演绎作者和原作者的权利。当然，如果演绎作品不是基于受著作权保护的作品而产生的，则毋须考虑原作著作权问题。第二，演绎作者对侵犯演绎作品著作权的人享有独立的诉权，原作作者基于这种行为涉及对原作的侵犯，也可享有诉权。第三，演绎作者对其著作权的放弃不影响原作的著作权，他人不得因此而随意以演绎或其他方式使用原作品。

2. 合作作品的著作权人

合作作品是指两人以上合作创作的作品。合作作品的作者称为合作作者。这里的"人"是指著作权意义上的自然人、法人或非法人组织，当然主要是自然人。合作作品强调的是在一部作品中两个或两个以上的人投入创作性劳动的合成性。构成一部合作作品通常需要具备以下条件：

（1）各方具有共同创作的合作意向，即对合作创作有一致的意思表示。

（2）各方事实上有共同的创作行为，即合作人都亲自参加了直接产生作品的智力活动，各方都对作品的诞生作出了实质性的、直接的贡献。这是合作作品成立的核心要件。《著作权法》第14条即规定，"没有参加创作的人，不能成为合作作者。"对创作提供事实、专业咨询和理论指导，或者专为出版之需而对作品进行的纯技术性加工，因没有对作品本身的新表现形式作出贡献，都不属于合作创作。

（3）共同的创作完成了一个著作权意义上的作品，即各合作作者完成的部分对作品整体来说都是必要的，共同构成一个在形式、结构上都连贯的有机整体，能够成为著作权保护的对象，而不是各部分简单的拼凑。

共同享有和行使著作权是合作作品著作权归属的一般原则。合作作品著作权由合作作者共同享有，每一个作者都是合作作品的著作权人，但他们都是共同主体而不是独立主体。就整体著作权而言，任何一方不能单独行使，也不能恶意阻止他方行使。一般地说，合作作者在行使合作作品著作权时，应当遵循以下原则：

第一，协议行使原则。任一合作作者都不能对合作作品整体单独行使著作权，需要同其他合作作者协商一致。

第二，正当行使原则。《著作权法实施条例》第9条规定了不可分割的合作作品的著作权行使原则。依照该条规定，合作作者在有正当理由的情况下，可以在各作者就合作作品的使用不能协商一致时使用作品；各合作作者就行使合作作品的著作权所获收益，享有正当、合理的分享权。对于可以分割的合作作品，因每一个作者创作的部分可以同作品整体分离而独立存在，如歌曲的词和曲，所以可以分割使用，即在不影响合作作品完整性和整体著作权行使的前提下，作者将自己创作的部分单独拿出来使用。此时存在"双重著作权"，即合作作品的整体著作权和各作者对自己所创作部分享有的著作权，不过合作作者在行使自己创作部分的著作权时，不能侵犯合作作品整体著作权。

3. 汇编作品的著作权归属

汇编作品的著作权由汇编人享有。通常，汇编作品并不改变原有作品的形式，只是把原有作品作为汇编作品整体结构的子机构或子系统，编排在汇编作品中。因此汇编作品中被选入材料的著作权情况不同，使得汇编作品涉及的著作权问题也有所区别：

其一，汇编的是受著作权保护的作品。此时要受到著作权人汇编权的限制，汇编人应取得著作权人许可并支付报酬。而且，某一作品并不因选入汇编而丧失著作权，汇编者在行使其著作权时，不能侵犯原作品的著作权，也无权限制所选作品的作者行使著作权。

其二，汇编的是不受著作权保护的作品。如对已进入公有领域的古典文学作品进行选编，或者将著作权法不予保护的法律法规按专业进行汇集。此时不存在取得原作著作权人授权的问题。

4. 影视作品的著作权归属

影视作品即《著作权法》规定的"视听作品"。尽管表现形式不同，它们都是摄制在一定物体上，由一系列有伴音或无伴音的画面组成，并且借助适当装置放映、播放的作品，是特定的创作者基于共同的创造性劳动而形成的综合性艺术作品，它兼具演绎作品和合作作品的特点。在视听作品中，既存在各作者（如编剧、导演、词作者、曲作者、摄影者）的利益，也存在进行组织领导、提供物质条件的制片人的利益。

《著作权法》第17条规定，视听作品中的电影作品、电视剧作品的著作权由制作者享有，但编剧、导演、摄影、作词、作曲等作者享有署名权，并有权按照与制作者签订的合同获得报酬。音乐、剧本等可以单独使用的作品的作者有权单独行使其著作权。

5. 职务作品的著作权归属

职务作品是指公民为了完成其所在的法人单位或非法人组织的工作任务所创作的作品。我国对职务作品的著作权规定了两种情况：

（1）著作权属于作者，但公民所在单位享有2年内的优先使用权。

根据《著作权法》第18条及《著作权法实施条例》第12条的规定，一般的职务作品，其著作权属于作者，但法人或者非法人组织有权在其业务范围内优先使用。作品完成两年内，未经单位同意，作者不得许可第三人以与单位使用的相同方式使用该作品；作品完成两年内，经单位同意，作者许可第三人以与单位使用的相同方式使用作品所获报酬，由作者与单位按约定的比例分配。作品完成两年后，单位可以在其业务范围内继续使用。作品完成两年的期限，自作者向单位交付作品之日起计算。概括地说，一般的职务作品的著作权属于作者，但作者所在单位在其业务范围内有永久使用权和2年的优先使用权。

（2）特定情况下，作者享有署名权，著作权中的其他权利属于作者所在单位。

这种情况包括：主要是利用法人或者非法人组织的物质技术条件，并由法人或者非法人组织承担责任的工程设计图、产品设计图、地图、示意图、计算机软件等；报社、期刊社、通讯社、广播电台、电视台的工作人员创作的职务作品；法律、行政法规规定或者合同约定著作权由法人或者非法人组织享有的职务作品。这种职务作品可以称为特殊职务作品。

6. 委托作品的著作权归属

委托作品是受托人根据委托人的委托承揽创作合同而创作的作品。各国著作权法对委托作品著作权归属的规定不尽一致。我国《著作权法》第19条规定，受委托创作的作品，著作权的归属由委托人和受托人通过合同约定。合同未作明确约定或者没有订立合同的，著作权属于受托人。

根据2002年10月12日公布实行的《最高人民法院关于审理著作权民事纠纷案件适用法律若干问题的解释》第12条之规定，《著作权法》第19条规定，委托作品著作权属于受托人的情形，委托人在约定的使用范围内享有使用作品的权利；双方没有约定使用作品范围的，委托人可以在委托创作的特定目的范围内免费使用该作品。

7. 原件所有权转移的作品著作权归属

这类作品是针对美术作品而言的。一幅美术作品通常存在两种权利，一是对美术作品原件所享有的财产所有权，即原件所有人依法对自己所占有的美术作品的占有、使用、收益、处分的权利；二是美术作品著作权，即作者依照著作权法所享有的美术作品的发表权、署名权、保护作品完整权等。这两种权利可以由一个人享有，即原件所有权和作品著作权同时属于作者；也可以由两人分别享有，如作者转让美术作品的原件所有权。根据《著作权法》第20条的规定，作品原件所有权的转移，不改变作品著作权的归属，但美术、摄影作品原件的展览权由原件所有人享有。这堪称美术作品著作权归属方面的特点。

8. 作者身份不明的作品著作权归属

对作者身份不明的作品，一般国家规定，其著作权由作品原件所有人行使或由出版者代为行使。作者身份一旦确定，著作权将自动回到作者或其继承人手中。我国《著作权法实施条例》第13条也作了类似的规定：作者身份不明的作品，由作品原件的所有人行使除署名权以外的著作权。作者身份确定后，由作者或者其继承人行使著作权。

此外，根据《最高人民法院关于审理著作权民事纠纷案件适用法律若干问题的解释》第13条规定，除《著作权法》第11条第3款规定的情形外，由他人执笔，本人审阅定稿并以本人名义发表的报告、讲话等作品，著作权归报告人或者讲话人享有。著作权人可以支付执笔人适当的报酬。

该司法解释的第14条还规定，当事人合意以特定人物经历为题材完成的自传体作品，当事人对著作权权属有约定的，依其约定；没有约定的，著作权归该特定人物享有，执笔人或整理人对作品完成付出劳动的，著作权人可以向其支付适当的报酬。

第三节 著作权的客体

一、作品的含义

（一）著作权法中作品的概念

著作权的客体是文学、艺术和科学作品。著作权是基于文学、艺术和科学作品而依法产生的权利。著作权法是通过保护作品不受侵犯来达到保护著作权主体的目的的。对于什么是作品，多数国家采取立法解释，我国也不例外。《著作权法》第3条规定，本法所称的作品，是指文学、艺术和科学领域内具有独创性并能以某种有形形式复制的智力成果。文学、艺术和科学工作者要把自己的感情或自然的、社会的科学研究心得传达给别人，就必须借助一定的符号体系，把感情或思想赋予一定的形式。这种形式是沟通作者与其他社会成员的桥梁和纽带。作品是表达文学、艺术和科学知识的形式。

文学、艺术、科学领域的作品多种多样，并非所有文学、艺术和科学作品都可以成为著作权的保护对象。著作权法所保护的作品应当具备以下条件：①作品应当反映一定的思想或感情；②作品应具有独创性；③作品应当具有一定的客观表现形式。

作品的思想感情和表现形式分别属于主客观两个范畴。思想或感情属于主观范畴，是无形的，本身不受法律保护，人们可以以自己的方式就同样的思想或感情加以表现和利用。作品是思想或感情的表现形式，属于客观范畴，可以成为人们支配的对象。著作权法只保护表现形式，不保护被表达的思想感情和知识内容，这是著作权制度的基本理论之一。

（二）作品的独创性

独创性是构成受著作权保护作品的要件之一。也就是说，作品作为著作权的客体，必须具有独创性，否则它就不受著作权保护。这也是各国著作权立法的通例。作品独创性是作品取得著作权保护的首要条件和法律保护作品表现形式的客观依据，也是著作权意义上作品的一个重要特征。各国著作权法之所以要强调作品的独创性，其目的是保护具有独创性的作品权利人的合法权益，禁止他人剽窃、假冒。从根本上说，确立作品独创性标准，是由著作权法鼓励创作和传播的立法宗旨所决定的。

作品是作者特定创作行为的结果，因此作品的独创性与作者的创作之间存在密不可分的关系。创作，是作品的源泉，是以作品为客体的著作权法律关系产生的基础，它规定了著作权理论中其他范畴的实质内容和相互关系，而作品的独创性则是作品中凝聚的作者的创作活动的体现，对创作行为的保护构成了著作权保护的实质内容。因此，对作品独创性之界定，必须与作品创作活动相联系，只有这样才能真正揭示作品独创性的本质内涵。创作是一种智力活动，这种智力活动直接形成和增添作品，作者通过注入其独有的创作，直接形成具有自身特征的作品。也就是说，作品必须与创作有关，创作需要有创造性活动，该活动导致作品的诞生。实际上，著作权保护的根本原则就是保护作者创作的原则。尽管著作权保护的直接客体是作品，但这种保护真正强调的是智力活动本身，即创作本身。如果我们离开"创作"的质的规定性，孤立地探讨作品的独创性是没有意义的。

创作活动本身是一种主观见之于客观的活动，这一智力活动的成果通过作品这种外在形式表现出来，通过这样的活动，作品被直接形成。这种行为凝聚成作品的状况，在著作权法上就是所谓的"独创性"。可见，作品独创性从根本上说是指作品来自创作这一智力活动。

此外，任何智力活动都是以前人的智力劳动成果为基础，不存在绝对意义上的独创。任何一部作品的问世，无不吸收前人的智慧和受当代人的思想启发。作品独创性的相对性体现在以下两个方面：①不同作者就同一题材、思想内容创作的相同作品，可有复数的著作权存在；②独创性并不是指作品自始至终都是作者本人"独立"创造的，它并不排除在法律规定的范围内合理使用他人的作品。

二、作品的种类

我国《著作权法》保护的作品，有原始作品和二次作品之分。

（一）原始作品

1. 文字作品

文字是人类用来进行交际的约定俗成的可见符号系统，是人类交流思想和情感的重要手段。文字作品就是以文字或其他等同于文字的各种符号来表达思想或感情的形式，包括小说、诗歌、散文、文书、日记、学术专著等。这种作品的特点是利用文献本身或其内部的特定含义来表达作品内容，反映作者的思想感情。如果用文字形式表达的不是文字有序组合而体现的一定的思想感情，而是文字形体本身的艺术，就不属于文字作品，如书法作品。

文字作品是著作权保护最古老的客体，也是各国著作权法保护的首要客体。不过，并非所有的文字作品都受著作权保护，如一般的订书单、请柬、商品说明书、广告用语、广播电视节目表、飞机航班表等，因缺少独创性就不受著作权保护，除非上述作品在设计上具有独创性，呈现别具一格的特色。例如，立意新颖、表达方式独特的广告短语就可构成受著作权保护的作品。另外，在网络环境下，有个性与独特性的网页也可以比照文字作品进行保护。

2. 口述作品

口述作品也称口头作品，指事先无文字稿或仅有简单的文字提纲，用即兴的口头语言创作而未以任何物质载体固定的作品，如即兴演说、授课、祝词、法庭辩论等。口述作品与文字作品同属于语言作品的范畴，其区别在于，口述作品是即兴而作，没有以任何形式加以固定，用预先已有的文字作品加以口头表演或进行诗文朗诵的，都不在此列。同时，口述作品还应有直接的承受者，即听众，自言自语不属于口述作品。口述作品受著作权保护也需要具有独创性条件，日常的寒暄一般情况下不能成为口述作品。

3. 音乐、戏剧、曲艺、舞蹈、杂技艺术作品

音乐作品指歌曲、交响曲等能够演唱或者演奏的带词或者不带词的作品。音乐作品既可以单独使用，也可以和其他艺术形式相结合，音乐和语言结合可以产生歌曲，和戏剧表演结合可以产生歌剧、戏剧，和舞蹈结合可以产生舞剧，和电影结合则可以形成电影音乐。

戏剧作品指话剧、歌剧、地方戏等供舞台演出的作品。对于戏剧作品是

指剧本还是整台戏，人们一直存在着分歧。根据我国《著作权法》的规定，我国和世界大多数国家一样，对戏剧作品的保护限于剧本。剧本可以作为文字作品，将其单列出来，主要是基于其最终的创作目的来考虑的。

曲艺作品指相声、快书、大鼓、评书等以说唱为主要形式表演的作品。与音乐作品一样，曲艺表演者的表演不是曲艺作品而是对作品的再现。

舞蹈作品指通过连续的动作、姿势、表情等表现思想感情的作品，如芭蕾舞、秧歌舞等。对舞蹈作品的著作权保护是否以舞谱或其他固定物为必要条件，国际上的做法不一。我国不以固定物作为构成舞蹈作品的条件：舞蹈作品既可以用书面形式固定下来（如舞谱），也可以用音像形式（如录像、影视纪录片）或口头形式体现（如舞蹈教师的口头指导）。

杂技艺术作品指杂技、魔术、马戏等通过形体动作和技巧表现的作品。

4. 美术、建筑作品

美术作品指绘画、书法、雕塑等以线条、色彩或者其他方式构成的、有审美意义的平面或者立体的造型艺术作品。绘画是美术作品最普遍的形式，书法与篆刻是我国传统的造型艺术，雕塑包括雕刻和塑造，是以可塑或可刻的材料制出的立体的空间艺术。

建筑作品是以建筑物或建筑物形式表现的有审美意义的作品。它既是一种具有审美功能的造型艺术品，也是一种实用的社会物质产品。建筑作品通过建筑实体与空间及周围的自然与人文环境的统一组织和处理，使建筑物既有实用功能又达到人们的审美要求。建筑作品的内容，一般包括建筑物本身（限于外观、装饰及设计上含有独创性成分的建筑）和建筑设计图与模型。

5. 摄影作品

摄影作品是指借助器械在感光材料或其他介质上记录客观物体形象的艺术作品。摄影在本质上是一种记录事物影像的技术手段。摄影时，摄影者利用自己对光线强弱的把握、画面设计与取舍、感光时间长短的确定、背景的利用等方面的把握，可以设计完成具有独创性的摄影作品；摄影如果没有体现摄影者的个性，只是对客观事物的简单记录与复制，则因为缺乏独创性而不构成作品。

6. 视听作品

视听作品是指摄制在一定介质上，由一系列有伴音或无伴音的画面组成,并且借助适当装置放映或者以其他方式传播的作品。著作权法所指的视听作品,是指包含了多项技术、多个环节及多人劳动成果的最终胶片成果,而不是其中的阶段性成果或部分构成要素。其中的构成要素,如电影剧本、音乐、其中的单幅胶片等,可以作为文字作品、音乐作品和摄影作品等享有著作权,但它们本身不是视听作品。

7. 工程设计图、产品设计图、地图、示意图等图形作品和模型作品

工程设计图和产品设计图是为工程施工或产品生产而绘制的图形作品,其目的是用于工程施工和产品生产,改善人们的生存环境和生产生活条件。地图是以实用为目的的、客观而精密地提供自然与人文地理信息的绘画艺术作品。示意图指借助简单的点、线、几何图形和符号等来说明内容复杂的事物、科学原理或者为显示事物的具体形状或轮廓而绘制的草图。地图和示意图都是为便于人们对客观事物的把握和理解而绘制的,科学性是其基本要求。模型作品是指为展示、试验或者观测等用途,根据物体的形状或结构按照一定比例制成的立体作品。

8. 计算机软件

计算机软件是指计算机程序及其有关文档,是现代科学技术发展的产物。从 20 世纪 60 年代德国学者奥尔斯莱格提出计算机软件法律保护问题以来,各国对计算机软件法律保护进行了多方面的探讨。根据计算机软件实用性强、极易被复制、使用价值短暂的特点,各国对其法律保护有专利法保护、商标法保护、商业秘密法保护、计算机软件专门法保护、著作权法保护等多种立法模式。自 1972 年菲律宾《著作权法》率先将计算机软件列入著作权法保护的对象以来,著作权保护模式现已被包括美国、日本等在内的许多国家和世界贸易组织 TRIPS 协议等主要国际公约所接受,著作权保护已成为计算机软件法律保护的国际潮流。我国对计算机软件也采取了著作权保护形式。

关于计算机软件的著作权保护,后面还将专题阐述。

9. 符合作品特征的其他智力成果

这包括以下情况:一是有些尚未列入著作权法保护对象的作品在条件成熟时可能被列入进来;二是有些作品原来由其他法律调整,根据需要有必要改由著作权法调整;三是随着科学技术的发展,有可能出现新的作品形式;

四是著作权法虽然予以保护，但因为其本身的特殊性，需要采用不同于上述通常作品的保护方法，如民间文学艺术作品。

（二）二次作品

1. 派生作品

派生作品又称再创作作品、演绎作品，是指在原作品的基础上经过独创性的再创作而产生的作品，其基本特点是对已有作品的依赖性。演绎作品的创作离不开原有作品，其中多数是基于原作派生出来的，少数是基于演绎作品而再次演绎而成的，如依据改编剧本而翻译的作品。

演绎作品包括改编作品、翻译作品、注释作品、整理作品。其中改编作品是最主要的形式，改编后的作品保留了原作的基本内容，但在表现形式或作品用途上有了改变；翻译作品是在他人作品基础上以另一种语言表达思想感情的作品；注释作品是对作品的词汇、内容、引文、出处等所作说明而产生的作品；整理作品是对某些散乱的作品进行删节、组合、编排、加工使其具有可读性而产生的作品。

2. 汇编作品

根据特定要求，选择若干作品、作品的片段或者不构成作品的数据或其他材料进行汇集编排，只要其内容的选择或者形式的编排体现了独创性，就构成著作权意义的汇编作品。汇编作品表现了汇编人独特的选择和编排材料的方法，并在整体上赋予了这些原本分散的作品或材料以新的组织结构和表现形式，因而也属于受著作权保护的作品之一。

三、不适用著作权法保护的对象

这主要是指某些对象具备了作品的构成条件，但基于其创作目的和用途的特殊性，为了国家或公众的利益，不给予著作权保护。根据《著作权法》第5条的规定，这种情况包括以下3种。

1. 法律、法规，国家机关的决议、决定、命令和其他具有立法、行政、司法性质的文件，及其官方正式译文

国家法律、行政法规，各级权力机关、行政机关、人民法院、人民检察院等作出的决议、决定、命令、判决等法律文件，以及由国家机关确认的这

些文件的正式译文,都具有作品的构成条件,可以享有著作权保护。但是,这些文件涉及社会公众和国家整体利益,属于国家和相关社会成员的公有信息资源,不宜为特定的人专有,而且国家机关创作这类作品的目的就是广泛传播,以便人们了解和执行。这类作品一旦公开,即进入公有领域,任何人可以不加限制地利用。这也是当今著作权保护的惯例。

2. 单纯事实消息

单纯事实消息即通过报纸、期刊、广播电台、电视台等媒体报道的单纯事实消息。不过应注意,新闻中如果体现了记录者的加工、整理、评论等创造性劳动,就不是单纯事实报道的时事新闻,而是享有著作权的作品。

3. 历法、通用数表、通用表格和公式

这些属于公知公用的常识性作品,属于人类的共同财富,不宜为某些特定的人专有,以免妨碍人们的日常工作、学习和生活,阻碍科学技术的发展。不过,在历法基础上制成的台历、挂历,利用通用数表和表格制成的具有独创性的编排或表现形式,因为体现了编制者的创造性劳动而应作为作品受著作权保护。

案例 9

浙江贝玛教育科技有限公司、河南省竞速体育设施有限公司著作权权属、侵权纠纷案

浙江贝玛教育科技有限公司(以下简称"浙江贝玛公司")是万能工匠户外玩教具的开发设计者,其于 2015 年 9 月 14 日通过微信公众号"万能工匠"发布了一篇图文介绍,其中提到"我们有幸使用并开发出了一套适用于幼儿体育身心全面锻炼的万能运动宝贝",其配套图片为多套造型组合的户外玩教具。微信公众号于 2016 年 12 月 22 日刊载的题目为"米兰国际幼儿园引进万能工匠运动科学建构和体能运动课程"的图文文章,文中显示有"荡桥攀爬架"的整体造型图片,浙江贝玛公司称该整体造型属于实用艺术作品。

经原告浙江贝玛公司发现,被告河南竞速体育设施有限公司生产、销售的荡桥室外玩具整体造型与原告'荡桥攀爬架'整体构造构成实质性相似，且被告大量宣传此产品，给原告带来了严重经济损失。故原告浙江贝玛公司诉至法院，要求停止侵权并赔偿损失。

2021年4月12日，申请人浙江千克知识产权代理有限公司湖州分所通过联合信任时间戳服务中心进行取证，该中心出具了可信时间戳认证证书。原告取证保全了被告官网上的宣传手册及官网上载有"荡桥"产品的页面。另外，原告还保全了被告的巧匠工坊画册。原告诉称被告的"荡桥"产品整体造型与其"荡桥攀爬架"整体造型构成实质近似。

法院认为，《著作权法》第3条规定：本法所称的作品，是指文学、艺术和科学领域内具有独创性并能以一定形式表现的智力成果。《著作权法实施条例》第4条第（8）项规定：美术作品是指绘画、书法、雕塑等以线条、色彩或者其他方式构成的有审美意义的平面或者立体的造型艺术作品。根据上述规定，著作权法保护的对象是对思想及事实的独创性表达，独创性是作品的基本属性。不同种类作品对独创性的要求不尽相同，美术作品的独创性要求体现作者在美学领域的独特创造力和观念。本案中，原告所称的"荡桥攀爬架"整体造型是否可以作为美术作品保护，取决于作者在美学方面付出的智力劳动所体现的独特个性和创造力。首先，原告浙江贝玛公司并未提交著作权登记证书，用以证明其享有"荡桥攀爬架"的著作权或者"荡桥攀爬架"属于著作权法保护的作品的初步证据，浙江贝玛公司提供的设计底稿，仅是打开数据存储路径页面的电脑截屏，并不显示其设计过程等具体内容。其次，原告浙江贝玛公司主张涉案"荡桥攀爬架"兼具实用性和艺术性，属于实用艺术作品，对于实用艺术作品的保护，一般是从实用艺术作品的实用性和艺术性角度分别予以考虑。实用性部分不适用著作权法保护，艺术性部分可以归入著作权法规定的美术作品予以保护。从现有证据来看，浙江贝玛公司虽然为涉案"荡桥攀爬架"付出了一

> 定的智力劳动，但是，付出智力劳动本身并不是获得著作权法保护的充分条件。从涉案"荡桥攀爬架"的整体造型来看，它并未赋予涉案"荡桥攀爬架"足够的美学方面的独特性，不符合著作权法关于美术作品独创性表达的要求，其不属于美学领域的智力劳动，与独创性无关。最终人民法院驳回原告浙江贝玛公司的诉讼请求。
>
> 案例资料来源：【法宝引证码】CLI.C.411216188

第四节　著作权的内容

著作权的内容表现为作者和其他著作权人在人身关系和财产关系上与作品之间的利益。著作权的利益以权利人对作品的支配为特点。这里的利益可以分为三种：一是作品的归属；二是对作品的人身关系利益，包括对作品进行发表、署名、修改和保护作品的完整；三是对作品的财产关系利益，包括以各种方式复制、传播和使用作品，以及许可使用和转让使用等。

一、著作人身权

大多数国家著作权法规定，著作权包括人身权利和财产权利两部分，前者又称精神权利，后者又称经济权利。我国《著作权法》也如此。

（一）著作人身权概述

著作人身权是文学、艺术和科学作品作者对其创作的作品所享有的一种人身非财产权利，即作者因创作作品而依法享有的与其人格和身份相互关联的专有权利。著作人身权的功能在于保障作者的人身、智力和精神利益。保护著作人身权的目的是承认和尊重作者对其作品的形成所做出的精神上的贡献，它是衡量社会文明程度的一个重要标志。

著作人身权的基本特征有：

（1）著作人身权专属于作者，与作者特定身份不可分离。

（2）著作人身权是不含经济利益的权利，本身不具有直接的财产内容。

（3）著作人身权是独立于著作财产权的权利，对财产权利的处分并不直接影响著作人身权的存续。

（4）著作人身权通常不得转让、继承、放弃。

（5）著作人身权不可被剥夺与被强制宣布无效。

我国《著作权法》规定的著作人身权包括发表权、署名权、修改权、保护作品完整权等内容。

（二）著作人身权的内容

1. 发表权

发表权又称公开权、公表权，是指决定作品是否公之于众的权利，它是作者控制其作品是否发表之权。发表权主要有以下三方面内容：①将作品是否"公之于众"的选择权；②作品发表方式的选择权；③他人擅自发表作品的禁止权。

发表权是著作人身权的一项基本权能，但它又是一种与著作财产权密切相关的人身权。它通常是包含并转移于使用权中的一项人身权。因为一则作者发表作品的动机同时表现为对经济利益的要求；二则作品的使用总是伴随着发表，作品的发表实际上是作品的首次使用，而作品的使用与作品的财产利益又是密切相关的。换言之，在绝大多数情况下，发表权与使用权是结合在一起的。正因如此，我国《著作权法》在规定发表权的继承和保护期问题时，与其他人身权作了区别。

发表权具有以下几个特征：

（1）发表权是一次性的权利。即发表权只能行使一次。发表权一旦行使，这种权利便告穷竭了。

（2）发表权通常要和作品某一种使用方式相结合才能行使，不能单独行使。具体地说，发表权一般是与首次使用的著作财产权共同行使的。

（3）发表权通常是可以转移的。如凡是作者生前对作品的发表未作明确意思表示的，推定其同意发表。在作者生前已将作者部分或全部著作财产权的使用权或所有权让与他人时，该遗作的发表权随着财产权的使用许可或转让而转移。

（4）发表权是受到一定限制的权利。这种限制包括以下两方面。一是作品是否发表受著作权以外的其他法律、法规的制约，如保守秘密法、档案法等。二是发表权受使用权的限制。如当著作权人许可他人以某种方式使用其尚未发表的作品，应推定使用人有权以这一特定的方式发表其作品。

2. 署名权

我国《著作权法》规定，署名权是指"表明作者身份，在作品上署名的权利"。署名权也称姓名表示权，它是作者要求承认其创作人资格，决定作品是否署名及如何署名的权利。其法律意义就在于确认和尊重作者是某作品的创作者这一事实，防止他人假冒。

确认作者享有署名权是各国著作权法的通例。不过，有些国家只有"确认作者身份权"的概念。实际上，署名权本质上是一种确认作者身份权。署名权和确认作者身份权含义相同。所谓确认作者身份权，就是作者要求承认对其作品之作者身份的权利。作者身份是基于创作作品这一客观事实而具备的，作者与其作品之间这种内在的、必然的联系是任何手段都无法割断的。一般而言，表明作者身份，正是通过在作品上署名的方式实现的，否则作者身份将永远只是潜在的、不为人所知的。通过在作品上署名，可以对作者身份予以确认。《著作权法》第12条明确规定，在作品上署名的自然人、法人或者非法人组织为作者，且该作品上存在相应权利，但有相反证明的除外。这一法律规定表明，署名权正是一种作者身份表明权。作者在作品上署名，等于向外界表明了作者身份。从理论上讲，也只有具备作者身份的人才有权在作品上署名。由此可见，在作品上署名和确认作者身份，并不是两个单独的精神权利，两者在本质上是一致的。

署名权的内容包括以下几层含义：

（1）作者有决定是否在作品上署名的权利。

作者在作品上署名的选择权，不是一般意义上的姓名或名称使用权。只有当姓名或名称的使用权与作品联系在一起时，才称得上署名权的范畴。作者在作品上不署名，不是作者放弃署名权，而是作者对署名权的一种处分行为。作者署假名或不署名，并不导致改变作者身份的法律后果，因为署名行为只反映作者与作品的关系，并不反映作品与他人的关系。

（2）作者有禁止未参加创作的人在其作品上署名的权利。

这是署名权的消极权能之一。署名行为主要在于表明作者身份，这必然要禁止擅自在他人作品上署名现象的发生，否则署名权将无法保障。

（3）作者有禁止在并非自己的作品上署自己名字的权利。

即作者有禁止他人"冒名"之权。

3. 修改权

修改权是作者对自己作品进行修改的权利，包括作者本人修改和授权他人修改两方面内容。修改的内容，主要是针对作品的表现形式或内容作局部的订正与更改。就内容的修改而言，不能就整个作品作全部或整体性变更，否则就是重新创作一部新作品了。

修改权不是一种绝对的权利，它在有些情况下会受到一些限制。如编辑对文稿病句、笔误进行订正，对文字作必要增减，或为了使程序在计算机上发挥更好的功效，对程序所做的必要改动以及由于作品的性质及使用目的、状况所做的不得已的改动，都不必经作者许可。

修改权的行使因作品种类不同而异。在有些情况下，作者只保留部分著作权，修改权被法定转让给作者之外的人。在有些情况下，修改权还受到其他权利的制约。

4. 保护作品完整权

保护作品完整权，即保护作品不受歪曲、篡改的权利。所谓歪曲，指故意改变事物的真相或内容；篡改是指用作伪的手段曲解或改动作品。歪曲、篡改作品，不仅破坏了作品的完整性，而且损害了作者的人格和声誉，还可能带来不良的社会后果。这就不难理解，在保护精神权利的国家一般都授予了作者对其作品的禁止歪曲、篡改权。我国《著作权法》第10条第4款规定了这种权利，并在第52条第4款中规定了侵权责任。

保护作品完整权这种权利涉及的"作品完整性"包括作品内容、作品表现形式、作品标题和作品形象的完整性等。它实际上是一种禁止权，即作者禁止他人对其作品进行有损于作品完整性、同一性行为的权利。它和修改权是密切相关的，可以看成修改权的消极权能。鉴于修改权的重要价值体现在禁止权上，《伯尔尼公约》及许多国家著作权法没有规定修改权，只有对保护作品完整权的规定。不过应指出，在实际中保护作品完整权和修改权是相对独立的，其功能也并非完全相同。例如，在作品原件和著作权分离时，作者修改权难以实现，但可以通过保护作品完整权来禁止他人歪曲、篡改作品，从而实现对作品的间接控制。将保护作品完整权从修改权中独立出来，更能明确地表明保护作者权利的内容。所以，我国《著作权法》的做法是十分可取的，它体现了对作者人格利益的充分保护。

二、著作财产权

（一）著作财产权概述

著作财产权是著作权人依法通过各种方式利用其作品，并因此种利用而获得报酬的权利，是能够给著作权人带来经济收益的权利。确认和保护著作权人的财产权利，是著作权法律制度的基本内容，也是各国著作权法毫无例外的一个基本原则。

著作财产权和民法中的财产权不同。它必须依赖于对作品的使用，可称为一种期待权。著作财产权与著作人身权也有不同之处。著作人身权是直接基于作者创作可以实际享有的，是著作权中的"静态部分"；著作财产权则是基于对作品的使用而实现的，它永远处于流转之中，是著作权中的"动态部分"，从两者实现时间看，著作人身权先于著作财产权。

（二）著作财产权的内容

1. 复制权

复制权是指著作权人通过一定方式使作品以某种物质形式再现出来的权利。在作品的众多使用方式中，复制是最普遍采用的方式，以复制之外的方式使用作品，往往是在作品复制以后进行的。因此，复制权是著作财产权中最基本和处于首要地位的权利。故而对著作财产权的保护，应着意对复制权的保护。复制权保护的复制，依照《著作权法》第10条第（5）项规定，是指"以印刷、复印、拓印、录音、录像、翻录、翻拍、数字化等方式将作品制作一份或者多份"的行为。一般地说，任何一种随新技术而出现的新的重现或再现作品的形式，均构成复制。

2. 发行权

发行权即以出售或赠与方式向公众提供作品的原件或复制件的权利，是著作权人以发行方式使用其作品的专有权。如图书、录像带、电影拷贝、软盘、唱片、报刊的发行，都是著作权意义上的发行。发行不仅是传播作品的重要方式，也是实现作品经济价值的重要途径。因此，发行权是著作权人一项重要的财产权利。著作权人对其作品有权自己发行，也有权许可他人发行其作品，并有权确定作品的发行方式、发行范围和发行对象。当然，发行权的行使除符合著作权法规定外，还应符合出版法、保守秘密法等的规定。

3. 出租权

出租权，是著作权人许可他人临时性使用特定类型作品的原件或者复制件并获得报酬的权利。出租权的客体法定为两类：一类是视听作品；另一类是计算机软件，但计算机软件不是出租的主要标的的除外。

出租是著作权人利用作品的一项重要方式，也是使用者获取作品的重要方式。为平衡著作权人和作品使用者的利益，鼓励作品创作与传播，出租权受到一定限制。在我国《著作权法》修改之前，出租权作为发行权下的分项，其所受限制来自于权利穷竭原则。《著作权法》修改之后，对出租权的限制主要是对权利客体范围的规定，即规定仅有计算机软件、视听作品等实际生活中传播最为广泛的作品为出租权客体。

4. 展览权

展览权又称展出权、公开展示权，是指著作权人本人或授权他人将作品原件或复制件向公众展示的权利。它是著作权人以展览方式使用其作品的专有权。按《著作权法》的规定，展览是指"公开陈列美术作品、摄影作品的原件或者复制件"。这说明，展览权一般只限于绘画、书法、雕刻、雕塑、照片等作品。这是由这几类视觉作品独特的传播方式所致。这几类作品的展览权较之于其他作品具有更重要的人格和财产价值。

5. 表演权

表演权，又称公演权，指著作权人自己或授权他人向不特定的多数人公开表演作品的权利和用各种手段公开播送作品的表演的权利。这里的"表演"，是指演奏乐曲、上演剧本、朗诵诗词等直接或者借助技术设备以声音、表情、动作公开再现作品。如在舞台或非舞台上通过演唱、演奏、朗诵、舞蹈等方式进行演出。这种表演是向不特定多数人公开的，在家庭范围内演唱歌曲、朗诵诗词等不在此列。

一般地说，表演权可以分为上演权、演奏权和上映权：利用剧本、舞蹈作品、乐谱产生的表演权称上演权；利用声音或乐器使用音乐作品产生的表演权称演奏权；视听作品的表演权称上映权。

6. 放映权

放映权是著作权人本人或授权他人通过放映机、幻灯机等技术设备公开再现美术、摄影、视听作品的权利。它是特定类型作品著作权人以放映方式使用作品的专有权。

放映权与表演权有相似之处，都具备"公开"原则，都包括机械再现作品的内容。可以说，放映权是从表演权项中分立出来的特殊权利。其特殊性在于权利客体特定为美术、摄影、视听作品，权利行使方式也相应地特定为通过放映机、幻灯机等技术设备的方式。

7. 广播权

广播权是著作权人本人或授权他人以广播方式公开传播作品的权利。广播权一般适用于以文字、声音、图像为表现媒介的作品，如文字、音乐、戏剧、舞蹈、曲艺、视听作品。著作权人行使广播权有两个显著特征：一是它是直接针对广大公众的，二是著作权人一般要借助无线或有线传播工具、扩音器及其他作品传送工具才能行使权利。

从行使权利的方式上看，广播权的内容主要有三方面：一是无线广播权，即通过空间传播电磁波进行广播的权利；二是有线广播权，即通过安装电缆线的电缆广播、电缆电视、闭路电视系统等有线设备广播作品的权利；三是通过扩音器或其他传送符号、声音、图像的类似工具向公众传播作品的权利。从具体权能上划分，广播权表现为对作品播放的许可播放权、转让播放权和获酬权，以及声明不许以播放方式使用的禁止权。

8. 信息网络传播权

信息网络传播权，是著作权人自行或授权他人以有线或无线方式向公众提供作品，使公众可以在其个人选定的时间和地点获得作品的权利。它在著作权法中的确立是在网络传播方式迅速发展的环境下，法律为维护利益平衡而做出的新调整，也是我国《著作权法》与国际著作权保护制度相统一的产物。

网络世界是一个开放的空间。尽管网络技术发展日新月异，网络环境下著作权保护仍然是一个新课题。国际上和各国著作权法对网络著作权的探讨仍处于初级阶段。《著作权法》第 64 条规定："计算机软件、信息网络传播权的保护办法由国务院另行规定。"

9. 摄制权

摄制权又称制片权，是指著作权人本人或授权他人以摄制视听作品的方法将作品固定在载体上的权利，是著作权人将其作品转化为电影、电视、录像等作品的专有权。如将电影文字脚本搬上银幕、将乐曲作为电影的配乐，须征得著作权人同意并付酬，这就是行使制片权。

10. 演绎权

演绎权是著作权人享有的以其作品为蓝本进行再创作的权利，主要包括改编权、翻译权。改编权是改变作品创作出具有独创性的新作品的权利。这里的"改编"，是指对原作的再创作，而不是简单地变动或改变形式，即在原作上应有所创新。改编他人作品没有"新意"，就可能被判为抄袭。以改编作品为蓝本进行再改编，仍要征得第一改编人和原作作者的双重同意。

翻译权是指将作品从一种语言文字转换成另一种语言文字的权利。翻译权的客体只能是运用语言文字的作品。在同一种语言文字的圈子内变换表达形式，不是著作权意义上的翻译。如将古代汉语译成现代汉语、将一种地方方言转换成另一种地方方言。

11. 汇编权

"汇编"是各国著作权法以及《伯尔尼公约》中使用的一个重要的著作权术语。汇编权也是著作权中一种重要的财产权。它是将作品或者作品的片段通过选择或者编排，汇集成新作品的权利。其适用范围很广，除立体美术作品外，一般都可适用。

三、著作权的保护期

著作权保护期，是指著作权受法律保护的有效期限，也就是著作权人对其作品享有专有权的法定期间。从各国对著作权保护期的规定看，自然人享有的著作权的保护期比自然人以外的民事主体享有的著作权的保护期要长，一般的文学艺术作品著作权保护期比视听作品、摄影作品、实用美术作品等的著作权保护期要长。

1. 著作人身权的保护期

著作权保护期包括著作人身权保护期和著作财产权的保护期，这两部分是相互独立的。保护著作人身权的国家对著作人身权保护期的规定有以下三种立法例：一是实行永久保护主义，采用"二元论"的法国以及其他许多大陆法系国家和苏联、东欧国家就是如此。二是实行有限保护主义，如采用"一元论"的德国、卢森堡等少数大陆法系国家。这些国家著作权法规定，著作人身权保护期与著作财产权保护期相同，或者在著作财产权保护期届满后再延长一定的时间。三是实行上述两者的混合。我国《著作权法》就是如此。该法第 22 条规定，作者的署名权、修改权、保护作品完整权的保护期不受限制；第 23 条规定，发表权的著作权保护期与著作财产权的保护期相同。

2. 著作财产权的保护期

各国对著作财产权都规定了有限的保护期，通常为作者有生之年加死后若干年或作品发表后若干年。这分别是所谓"死亡起算主义"与"发表起算主义"。

死亡起算主义适用于著作权为公民享有的作品。《著作权法》规定，公民的作品，其发表权和著作财产权的保护期为作者终生及其去世后 50 年，截止于作者去世后第 50 年的 12 月 31 日。

发表起算主义适用于著作权归法人或非法人单位享有的作品。我国《著作权法》规定，法人或者非法人组织的作品，著作权（署名权除外）由法人或者非法人组织享有的职务作品，视听作品，摄影作品的发表权、著作财产权的保护期为 50 年，截止于作品首次发表的第 50 年的 12 月 31 日。但自作品创作完成后 50 年内未发表的，《著作权法》不再保护。

3. 某些作品保护期限的特殊规定

（1）作者身份不明的作品。

这类作品难以适用死亡起算主义。《著作权法实施条例》第 18 条规定，作者身份不明的作品，对其财产权保护期截止于作品首次发表后第 50 年的 12 月 31 日。作者身份一旦确定，适用《著作权法》第 23 条的规定。

（2）遗作。

各国对遗作著作权保护期的规定有两种模式。一是规定保护期为遗作发表后若干年；二是规定保护期与一般作品相同，都是作者终生及死后若干年。我国《著作权法》及《著作权法实施条例》均未规定遗作保护期。但从有关规定可以推断出与一般作品没有区别，即作者终生加死后 50 年，自作品创作完成后 50 年内未发表的，《著作权法》不再保护。

（3）合作作品。

对于著作权属于公民的合作作品，也适用一般作品保护期，即作者有生之年及其亡故后若干年。这里的"作者"，大部分国家针对的是最后死亡的合作作者，也有个别国家针对的是最先死亡的合作作者。我国《著作权法》采用前者。

四、著作权的限制

著作权限制是一种利益均衡机制，它能使著作权法保障作者权益和促进文化发展的双重功能得到实现。通常意义上的著作权限制是指对著作财产权的限制。著作权限制包括合理使用、法定许可、强制许可等制度。

（一）合理使用

1. 合理使用的概念

"合理使用"是国际上通行的著作权术语。其一般含义是指，著作权法明文规定的，他人可以不经著作权人许可，不向其支付报酬而对作品所为之使用。它是作者以外的其他人对版权作品，不经作者同意而以合理的方式加以使用的特殊权利。

合理使用的实质是对著作权人的著作财产权进行必要的限制，是平衡作者个人利益与社会利益的重要手段。它是著作权限制中最主要的一种。其基本特征是无须取得著作权人的许可，也无须向著作权人付酬，但应指明作者姓名、作品名称，并不得侵犯著作权人享有的其他权利，不得与作品的正常使用相冲突，也不得不合理地损害著作权人本应享有的合法权益。合理使用在著作权法中表现为一种授权性规范。作品使用人既可以在法律许可范围内使用，也可以按通常程序使用作品。

2. 我国《著作权法》规定的合理使用的范围与原则

我国《著作权法》规定的合理使用的范围有：

（1）为个人学习、研究或者欣赏，使用他人已经发表的作品。

（2）为介绍、评论某一作品或者说明某一问题，在作品中适当引用他人已经发表的作品。

（3）为报道新闻，在报纸、期刊、广播电台、电视台等媒体中不可避免地再现或者引用已经发表的作品。

（4）报纸、期刊、广播电台、电视台等媒体刊登或者播放其他报纸、期刊、广播电台、电视台等媒体已经发表的关于政治、经济、宗教问题的时事性文章，但著作权人声明不许刊登、播放的除外。

（5）报纸、期刊、广播电台、电视台等媒体刊登或者播放在公共集会上发表的讲话，但作者声明不许刊登、播放的除外。

（6）为学校课堂教学或者科学研究，翻译、改编、汇编、播放或者少量复制已经发表的作品，供教学或者科学研究人员使用，但不得出版发行。

（7）国家机关为执行公务在合理范围内使用已经发表的作品。

（8）图书馆、档案馆、纪念馆、博物馆、美术馆、文化馆等为陈列或者保存版本的需要，复制本馆收藏的作品。

（9）免费表演已经发表的作品，该表演未向公众收取费用，也未向表演者支付报酬，且不以营利为目的。

（10）对设置或陈列在公共场所的艺术作品进行临摹、绘画、摄影、录像。

（11）将中国公民、法人或者非法人组织已经发表的以国家通用语言文字创作的作品翻译成少数民族语言文字作品在国内出版发行。

（12）以阅读障碍者能够感知的无障碍方式向其提供已经发表的作品。

（13）法律、行政法规规定的其他情形。依《著作权法》规定，上述对著作权人权利限制的规定也适用于对与著作权有关的权利的限制。

当然，对现实中各式各样属于合理使用的行为，著作权法不可能一一列举，因而有必要界定合理使用的一些原则，确定合理使用的具体标准。从《著作权法》规定看，合理使用应遵循以下原则：

第一，使用作品不得以营利为目的，包括直接和间接的营利目的；

第二，合理使用的作品须为已发表作品；

第三，使用作品应当是少量的和适当的；

第四，使用作品不得侵犯作者的精神权利和其他权利。

总的来说，正如《著作权法实施条例》第 21 条所规定的，合理使用不得影响该作品的正常使用，也不得不合理地损害著作权人的合法权益。

（二）法定许可

1. 法定许可的概念及其与合理使用的区别

法定许可是指根据《著作权法》的直接规定，以一定方式使用公开发表的享有著作权的作品，可以不经作者或其他著作权人的许可，但应按照规定向著作权人支付报酬并尊重著作权人的各项人身权利和财产权利。法定许可又称非自愿许可，著作权人只享有获得报酬权，不享有禁止权。

同样作为对著作权的限制措施，法定许可与合理使用的不同之处在于：

首先，是著作权人获酬权仍存在。付酬方式可以是直接付给作者或其他著作权人。

其次，适用法定许可的作品必须是著作权人未声明不许使用的作品。而合理使用没有这种限制。做出这一限制，有利于使作品的使用和传播更符合作者的意愿。

最后，法定许可使用具有商业性目的，合理使用只限于非商业性目的。

2. 法定许可的内容

从《著作权法》的规定看，法定许可包括以下几种情况：

（1）为实施义务教育和国家教育规划而编写出版教科书，在教科书中汇编已经发表的作品片段或者短小的文字作品、音乐作品或者单幅的美术作品、摄影作品、图形作品。

制订该条是借鉴了一些国家将编写教材使用他人作品归入法定许可范畴的做法。在实践中，义务教育教科书的出版者出于教材编写时间、查找作者途径、修改选文、付酬标准等方面的困难而不具备与作者及时达成许可使用合同的基本条件。立法者考虑到教育事业是一项非营利的社会公益事业，全社会都应当给予大力支持，为配合科教兴国战略的实施，设立了此项法定许可规定。

（2）报刊社转载或者作为文摘、资料刊登其他报刊上登载的作品。

这一法定许可有利于优秀作品通过多种报刊媒体传播，对于保障公众利益具有重要意义。

（3）录音制作者使用他人已经合法录制为录音制品的音乐作品制作录音

制品。

此项规定基于《伯尔尼公约》第13条的允许而存在，其意图在于削弱音乐录音权的专有性，防止个别著作权人垄断市场，使社会公众得以接触更多的音乐作品。

（4）广播电台、电视台播放已经出版的录音制品。

《著作权法》将广播电台、电视台播放已经出版的录音制品纳入法定许可的范畴，维护了作者的获酬权。但是，在实践中对这一条所规定的情形构建付酬制度涉及诸多复杂问题，因而《著作权法》明确了由国务院规定具体办法，以便于操作。

（三）强制许可

强制许可是指作品使用人在著作权人没有正当理由拒绝授权其使用作品的情况下，为了教学、科学研究需要，可向政府主管部门申请颁发强制许可证，以强制使用其作品，但应按规定向著作权人支付报酬，并且不得损害著作权人的其他权利。它是为防止著作权人滥用权利，促进文化科学事业的发展而设立的一种制度。我国《著作权法》对此没有规定。

此外，著作权的权利穷竭也是对著作权的一种重要的限制。所谓著作权权利穷竭是指，当作品原件或者复制件经著作权人同意进入市场后，著作权人无权控制作品进一步销售。为了消除著作权的专用性与商品自由流通的矛盾，一些国家专门规定了著作权权利穷竭原则。

五、著作权的许可和转让

（一）著作权许可使用

著作权的许可使用，又称著作权的授权使用，是著作权人在保留著作权所有权的前提下，在著作权保护期内，授权要求使用作品的人在一定期限、范围内以一定方式使用其作品的法律行为。按照授权范围的不同，它可以分为专有许可使用（独占许可）与非专有许可使用（非独占许可）两种类型。

著作权的许可使用通常是通过签订著作权许可使用合同的方式实现的。著作权许可使用合同是著作权人许可作品使用人在一定的期限、范围内以一定方式使用其作品，作品使用人向著作权人支付约定报酬的协议。依照《著作权法》第 26 条规定，使用他人作品应当同著作权人订立许可使用合同，本法规定可以不经许可的除外。《著作权法实施条例》第 23 条规定，除报刊、期刊社刊登作品外，同著作权人订立专有使用权内容的许可合同，应当采取书面形式。

著作权许可使用合同的特点和性质主要内容有以下几方面。

1. 许可使用的权利种类

许可使用的权利种类，实际上是著作权许可合同的标的条款，被许可人只能按合同约定的权利种类使用作品。依据《著作权法》第 29 条的规定，合同中著作权人未明确许可、转让的权利，未经著作权人同意，另一方当事人不得行使。

2. 作品使用人的权利范围，即许可使用的是专有权还是非专有使用权

合同双方当事人可依作品的性质、潜在市场价值等因素考虑许可使用属于何种性质的权利。

3. 许可使用的范围、期间

许可使用的范围指地域范围。在国内许可使用中，如没有特别指明，仅指中国大陆地区使用。

4. 付酬标准和办法

付酬标准指使用作品付酬数额标准。我国传统上对出版社付给作者的报酬，实行基本稿酬加印数稿酬的办法，国际上则通行版税制，即根据作品使用人在一定的期限内使用作品取得的收益，按一定的比例付给著作权人。《著作权法》第 30 条规定，使用作品的付酬标准可以由当事人约定，也可以按照国家著作权主管部门会同有关部门制定的付酬标准支付报酬。当事人约定不明确的，按照国家著作权主管部门会同有关部门制定的付酬标准支付报酬。应当指出，向版税制过渡，应是我国著作权使用费的发展趋势。

5. 违约责任

违约责任主要是指双方对违约金数额的约定，或对损失赔偿额计算方法的约定。

6. 双方认为需要约定的其他内容

在著作权许可使用合同中，双方还可就认为需要约定的其他内容在合同中予以明确。

（二）著作权的转让

著作权转让是著作权人在著作权有效期内，将著作权的全部或部分权利出让给他人的一种民事法律行为。著作权转让的本质是著作权权属的变更。著作权转让后，受让人在支付购买著作权的价金后，在法律上成为著作权的所有者，有权行使和处分（包括再次转让）著作权；转让人在转让期限内则丧失了被转让的著作权。著作权转让是著作权人利用其著作权的重要途径，也是实现智力成果作为商品交换形式的一种手段。

著作权转让通常是通过签订著作权转让合同的方式实现的。这种合同是著作权人与他人就作品著作财产权的转让达成的明确双方权利义务关系的协议。《著作权法》第27条规定，转让著作财产权应当订立书面合同。权利转让合同包括6项主要内容，分别为作品的名称、转让的权利种类与地域范围、转让价金、交付转让价金的日期和方式、违约责任以及双方认为需要约定的其他内容。

一般而言，著作权转让合同一经依法签订即具法律效力。但有的国家要求将合同提交给有关部门进行登记。依照《著作权法实施条例》第25条的规定，当事人可以自由选择是否将著作权转让合同向著作权行政管理部门备案。

案例 10

北影录音录像公司诉北京电影学院侵犯作品专有使用权纠纷案

原告北影录音录像公司诉称：1992年3月，作家汪曾祺将其小说《受戒》的电影、电视剧改编权、拍摄权转让给原告。双方又于1994年12月续签了有效期至1998年3月的转让合同。根据合同，原告是小说《受戒》改编权及拍摄权的唯一合法享有者。为拍摄该作品，原告已完成了前期的准备工作，投入了相当的人力、物力。1995年1月14日，原告在总第729期《戏剧电影报》上读到了"《受戒》入围法国短片电影节"的报道。据此，原告得知北京电影学院未经权利人许可，擅自将小说《受戒》改编、摄制成电影，并组团携该影片参加法国朗格鲁瓦国际学生电影节，使该片入围法国克雷芒电影节。

北京电影学院公然侵犯原告依法享有的作品改编专用使用权,并将其侵权行为由校内扩展到校外,由国内扩展到国外,给原告带来无法弥补的精神及财产损失。被告北京电影学院辩称:被告1989级学生改编拍摄的《受戒》一片是学生毕业作业。拍摄该片之前,被告曾向原告征求意见,原告未明确表示反对。被告拍摄该片的行为,属于汪曾祺先生已发表作品《受戒》的合理使用,直接目的是制作学生毕业作业,没有侵犯原告的作品专有使用权。被告携带《受戒》等学生电影作品参加法国朗格鲁瓦国际学生电影节,该电影节的主题是"向北京电影学院致敬"。《受戒》是全长仅为30分钟的短片,除被告在小剧场放映一次用作观摩教学外,在电影节也只放映了一次。

海淀区人民法院认为,原告北影录音录像公司通过合同,依法取得的以摄制电视剧、电影方式改编小说《受戒》的专有使用权受法律保护。未经该专有使用权人的许可,其他任何人均不得以同样的方式改编、使用该作品,否则即构成对该专有使用权的侵犯。《著作权法》❶第22条第1款第(6)项规定,"为学校课堂教学或者科学研究,翻译或者少量复制已经发表的作品,供教学或者科研人员使用,但不得出版发行。"上述行为,"可以不经著作权人许可,不向其支付报酬,但应当指明作者姓名、作品名称,并且不得侵犯著作权人依照本法享有的其他权利"。被告北京电影学院从教学实际需要出发,挑选在校学生吴琼的课堂练习作品,即根据汪曾祺的同名小说《受戒》改编的电影剧本组织应届毕业生摄制毕业电影作品,用于评定学生学习成果。虽然该电影剧本的改编与电影的摄制未取得小说《受戒》的专有使用权人——原告北影录音录像公司的许可,但该作品摄制完成后,在国内使用方式仅限于在北京电影学院内进行教学观摩和教学评定,作品未进入社会公知的领域发行放映。因此,在此阶段,北京电影学院摄制该部电影的行为,应属合理使用他人作品,不构成对北影录音录像公司依法取得的小说《受

---

❶ 此处引用的《著作权法》指1990颁布的《著作权法》。

戒》的专有使用权的侵犯。但是，1994年11月，北京电影学院将电影《受戒》送往法国参加朗格鲁瓦国际学生电影节，电影节放映该片时，观众除特定的学生、教师外，还有当地公民，且组委会还出售了少量门票，这已超出在本校内课堂教学使用的范畴，违反了著作权法的规定，构成了对北影录音录像公司依法取得的小说《受戒》专有使用权的侵犯。

案例资料来源：【法宝引证码】CLI.C.66788

第五节　与著作权有关的权利

一、与著作权有关的权利的概念

与著作权有关的权利又称为邻接权、著作邻接权或作品传播者权，是在传播作品的基础上产生类似著作权的权利。具体地说，是指作品传播者依法在一定时期内对其在传播作品的过程中所产生的创造性劳动成果所享有的专有权利。与著作权有关的权利概念有狭义与广义之分。狭义上即传统意义上的与著作权有关的权利，包括表演者权、录制者权和广播电视组织权三项，其中表演者权是狭义的与著作权有关的权利的最初内容。广义的与著作权有关的权利是指一切传播作品的媒体所享有的专有权。我国《著作权法》没有使用邻接权的概念，而是称"与著作权有关的权利"。

二、与著作权有关的权利的内容

（一）出版者的权利和义务

1. 图书出版者的权利和义务

在与著作权有关的权利中加入对出版者权利的规定，赋予出版商对其出版的图书以专有出版权，是我国《著作权法》的一个特点。这里的专有出版权是指图书出版者（出版社）独家享有的并排除他人出版某一作品的专有权，是图书出版者经著作权人许可以图书出版的形式独占使用作品的权利。

按照我国《著作权法》和《著作权法实施条例》的规定，图书出版者的专有出版权的具体内容由合同约定。合同中没有明确的，视为图书出版者享有在合同有效期限内和在合同约定的地域范围内以同种文字的原版、修订版出版图书的专有权利。对专有出版权的理解，应从以下几方面把握：

（1）专有出版权是通过签订书面出版合同而取得的独占权。《著作权法》第33条规定，图书出版者对著作权人交付出版的作品，按照合同约定享有的专有出版权受法律保护，他人不得出版该作品。

（2）著作权人在合同约定的期限内，既不得再授权其他出版者另行出版其作品，也不得自己出版该作品。

（3）图书出版者的专有出版权只能自己行使，不能转让给他人，也不得许可他人行使。

另外，图书出版者对其出版的图书的版式设计也享有专有权。图书出版者的版式设计专有权意味着在一定期限内，图书出版者有权专有性地使用自己设计的版式设计，并以一定条件许可他人予以使用，禁止任何第三人未经许可擅自使用其出版的图书的版式设计。版式设计专有权并不与专有出版权相连，出版者即使没有专有出版权或者约定的专有出版权期满，其版式设计权依然存在，其他出版者不能擅自使用其版式设计。《著作权法》规定版式设计专有权的保护期为10年，截止于使用该版式设计的图书、期刊首次出版后第10年的12月31日。

2. 报刊出版者的权利和义务

（1）报刊社与著作权人就"一稿多投"的法律关系。

《著作权法》第35条规定："著作权人向报社、期刊社投稿的，自稿件发出之日起15日内未收到报社通知决定刊登的，或者自稿件发出之日起30日内未收到期刊社通知决定刊登的，可以将同一作品向其他报社、期刊社投稿。双方另有约定的除外。"这说明报刊出版者有权禁止著作权人在法定期限内一稿多投，以保证报刊出版者对发表的作品享有优先刊载权。但另一方面，法定期限本身也是对报刊出版者的制约，在法定期限内，报刊社如不通知著作权人，或者逾期通知著作权人，即使已经采用了稿件，也无权阻止著作权人向其他报刊另行投稿。这有利于避免报刊社拖延稿件，损害著作权人的利益。

（2）报刊社转载、摘编作品权。

前面在阐述法定许可问题时提到，报刊社可以转载、摘编或者作为文摘资料刊登其他报刊上发表的作品。不过，这种权利的行使受以下条件限制：著作权人在发表作品时已作了不准转载、摘编声明的，报刊社不得擅自转载、摘编或作为资料刊登；内部报刊上发表的作品，公开发行的报刊不能转载；转载、摘编的报刊应向著作权人支付报酬。

（3）从编辑角度对作品进行修改的权利。

《著作权法》第36条规定：图书出版者经作者许可，可以对作品修改、删节。报社、期刊社可以对作品作文字性的修改、删节，但对作品内容的修改，应当经作者许可。

（二）表演者的权利和义务

1. 表演者权利的内涵

表演者的权利是表演者对其表演所享有权利。根据《著作权法》的规定，表演者对其表演享有人身权利和财产权利。

（1）表演者人身权利。

表演者权的人身权属性较强，这是它与其他与著作权有关的权利相比的独到之处。《著作权法》规定的表演者人身权包括：表明表演者身份；保护表演形象不受歪曲。按照《著作权法》第41条的规定，上述权利的保护期是永久性的。

（2）表演者财产权利。

《著作权法》规定的表演者财产权包括：许可他人从现场直播和公开传送；许可他人录音录像和复制、发行、出租录有其表演的录音录像制品；许可他人通过信息网络向公众传播其表演；在许可他人进行以上行为时，有获得报酬的权利。

2. 表演者与著作权人之间的关系

表演者表演作品是表演者与作品著作权人之间发生的著作权使用许可法律关系。表演者使用著作权人作品在下述几种情况下与著作权人发生权利义务关系：

（1）表演者使用他人作品演出，无论该作品是否已发表，都应当取得著作权人的许可，并向著作权人支付报酬；

（2）表演者使用他人演绎作品进行演出，应当分别向演绎作品著作权人和原作品著作权人征求许可并支付报酬。

至于表演者为制作录音录像而使用著作权作品时，无须由表演者取得著作权人许可并付酬，而应由录音录像制作者取得授权并付酬。此时表演者与音像制作者之间的关系，应适用《著作权法》第43条之规定。

（三）音像制作者的权利和义务

音像制作者权是音像制作者对录音制品、录像制品依法享有的权利。其中录音制品是指表演声音或其他声音的录制品，录像制品是指视听作品以外的任何有伴音或者无伴音的连续相关形象的录制品。

1. 音像制作者的权利

（1）音像制作者对其制作的音像制品，享有自己销售、复制、发行、出租、通过信息网络向公众传播的权利；

（2）音像制作者享有许可或禁止他人复制、发行、出租、通过信息网络向公众传播其音像制品的权利；

（3）音像制作者许可他人复制、发行、出租或通过信息网络向公众传播其制作的音像制品时，有权获得报酬。

2. 音像制作者和著作权人、表演者的关系

（1）音像制作者与著作权人的关系。

根据《著作权法》第42条的规定，录音录像制作者使用他人作品制作录音录像制品，应取得著作权人的许可，并支付报酬。使用他人已合法录制为录音制品的音乐作品制作录音作品，可以不经著作权人的许可，但应按照规定向著作权人支付报酬。著作权人声明不许使用的，不得使用。录像制作者使用他人作品制作录像制品，也应取得著作权人的授权，并按规定支付报酬。这是因为，录像制品的发行，必然会影响表演者的演出和电影的上座率，从而影响表演者和著作权人的利益。著作权人对其已发表作品在制作录像制品方面也应有权控制。此外，音像制作者使用演绎作品制作音像制品，

应当向演绎作品著作权人和原作品著作权人支付报酬。

（2）音像制作者与表演者的关系。

音像制品在许多情况下是直接依据表演者的表演制作的，故音像制品会涉及表演者权。《著作权法》第43条规定："录音录像制作者制作录音录像制品，应当同表演者订立合同，并支付报酬。"音像制作者通过合同取得录制许可证后，方可制作音像制品。而且音像制作者行使许可他人复制、发行、通过信息网络向公众传播其制作的音像制品的许可权时，表演者和著作权人有权从被许可人处获取报酬。

（四）广播电台、电视台播放者的权利和义务

1. 广播电台、电视台播放者的权利

我国《著作权法》第47条规定，广播电台、电视台的权利包括：

（1）许可或禁止他人将其播放的广播、电视以有线或者无线方式转播；

（2）许可或禁止他人将其播放的广播、电视录制以及复制；

（3）许可或禁止他人将其播放的广播、电视通过信息网络向公众传播。

2. 广播电台、电视台与其他权利主体的关系

（1）广播电台、电视台与著作权人的关系。

广播电台、电视台播放他人未发表的作品应取得著作权人的许可，并支付报酬；播放他人已发表的作品可以不经著作权人许可，但除《著作权法》规定可以不支付报酬的外，均应按照规定向著作权人付酬。

电视台播放他人录像制品的，应取得著作权人许可并支付报酬。但是广播电台、电视台播放已经出版的录音制品，可以不经著作权人许可，但应当支付报酬，当事人另行约定的除外。

（2）广播电台、电视台与表演者的关系。

广播电台、电视台播放广播、电视节目时，如果表演者是独立于广播电台、电视台的演出单位或演员，广播电台、电视台应当与表演者签订合同，取得制作和播放许可，并且应向表演者支付报酬。

（3）广播电台、电视台与音像制作者和影视制作者的关系。

音像制作者要复制发行广播电台、电视台制作的广播、电视节目，须事先取得广播电台、电视台的许可，并支付报酬。

电视台播放他人的视听作品、录像制品应当取得制片者和录像制作者的许可,并支付报酬。

案例 11

娱乐壹英国有限公司、艾斯利贝克戴维斯有限公司诉北京途歌科技有限公司侵害美术作品著作权纠纷案

系列动画片《小猪佩奇》片尾署名显示原告是该动画片制片人。美国版权局出具的登记证书显示,原告为《小猪佩奇》美术作品的作者,该作品首次出版国家为英国。该动画片在中国市场具有极高的知名度和商业价值。

在 2018 年(第十五届)北京国际汽车展览会上,被告将小猪佩奇形象张贴在其运营的共享汽车上,且在其微博和微信上同步进行相关宣传,在宣传中使用了含有小猪佩奇形象的共享汽车照片和《小猪佩奇》动画片中相关画面。原告认为被告的上述行为侵害了其对小猪佩奇形象享有的复制权,以及小猪佩奇等 4 个动画形象、《小猪佩奇》动画片的信息网络传播权,请求判令被告停止侵权并赔偿经济损失 50 万元。法院就涉案作品著作权权利归属的法律适用认为:外国人、无国籍人的作品根据其作者所属国或者经常居住地国同中国签订的协议或者共同参加的国际条约享有的著作权,受我国著作权法的保护。为确保著作权权利归属问题的确定性,应当明确,作品的原始权利归属适用作品起源国的法律调整。涉案作品的作品起源国即首次出版国家为英国,故该作品的原始权利归属适用英国法律调整。

就侵权损害赔偿数额的计算标准,法院认为被告使用《小猪佩奇》动画片和《小猪佩奇》美术作品,侵害了原告享有的复制权和信息网络传播权。但被告并不通过上述作品直接获益,而是利用上述作品的知名度和影响力,推广宣传其共享汽车服务,其使用性质为一种广告、代言意义上的使用。对于原告的实际损失,应当根据被告的上述使用方式从市场正常交易的角度予以考量。被告若要使

> 用原告的作品需征得原告许可并支付许可费，在双方磋商过程中，均会考虑作品的知名度、盈利能力，以及被告的使用方式、期限、范围等因素，以确定许可费金额。实际上，原告的损失就是上述许可费的丧失。本案中，被告并未就许可及许可费问题与原告进行磋商，其侵权行为的损害赔偿数额不应低于正常的许可费，否则作品使用人将没有事先获得许可的动力，无法起到预防和警示侵权的作用。因此，本案可通过在原被告双方间虚拟交易而计算出正常的许可费，并在此基础上确定损害赔偿数额。最终法院判决被告停止侵权并赔偿原告经济损失 50 万元。
>
> 案例资料来源：【法宝引证码】CLI.C.99757703

第六节　著作权的保护

一、著作权侵权的概念与特征

著作权侵权行为是指除著作权法特别授权外，未经作者或其他著作权人的许可，擅自对受著作权法保护的作品行使著作权人的专有权利，而使其权利受到损害的一种违法行为。

著作权侵权行为的构成特征：第一，侵权行为侵害的对象是受著作权法保护的作品。对未纳入著作权法保护范围的作品、著作权保护期届满的作品、不受我国《著作权法》保护的外国作品的使用，不会构成著作权侵权行为。第二，侵害人实施的行为属于作者或其他著作权人对其作品专有控制权的范围。第三，侵权人实施的行为超出了著作权法对著作权人专有权利限制的范围。第四，这种侵权行为的本质是侵害了作者或其他著作权人具有排他性的专有权利，包括精神权利和经济权利。

二、著作权侵权行为的形式

（一）损害著作权人利益的侵权行为

《著作权法》第 52 条规定的 11 种侵权行为是损害著作权人利益的、应当承担民事责任的侵权行为。相对而言，这类侵权行为情节较轻，一般只涉及侵犯著作权人、与著作权有关的权利人的合法权益，不涉及他人。

（1）未经著作权人许可，发表其作品。

这是侵犯著作权人发表权的行为。对发表权的侵害往往还损害著作权人的其他权益。

（2）未经合作作者许可，将与他人合作创作的作品当作自己单独创作的作品发表。

擅自把合作作品当作自己单独创作的作品发表，不仅侵犯了其他合作作者的发表权，还侵犯了其署名权，侵吞了他人的智力劳动成果，故应承担民事责任。

（3）没有参加创作，为谋取个人名利，在他人作品上署名。

这是侵犯署名权的行为。实践中侵犯署名权的表现有：强行或以其他不正当手段在他人作品上署名；为谋取个人名利，故意改变、隐瞒作者姓名；"合理使用"时不注明或不适当注明作者姓名、作品名称；在"法定许可"条件下使用作品，不表明作者身份；擅自披露匿名或假名作品作者身份；假冒他人署名；妨碍作者署名等。应注意，在认定这种侵权行为时，行为人主观上应具有"为谋取个人名利"的目的。作者自愿邀请名家署名，一般不得以侵权行为论处。

（4）歪曲、篡改他人作品。

这是侵犯作者对其作品保护作品完整权的行为。它既可以发生在作者授权修改的情况下，也可以发生在使用作品的情况下。前者表现为被许可人超越修改权限对作品的内容、观点、风格作了曲解、变更，后者表现为在表演、演绎、摄制视听作品等场合歪曲、篡改作品。

（5）剽窃他人作品。

剽窃是一种严重侵犯著作权的行为，它不仅侵犯了著作权人的全部著作权，而且欺骗了社会公众。所谓"天下文章一大抄"就是剽窃的真实写照。如何认定剽窃，是困扰各国司法实践的问题。国内外都在对此进行有益的探讨。如国外就有所谓实质上的近似说、经济利益说、贡献说与平衡定义说等。当然，这些学说都有其固有的缺陷。因为剽窃行为不仅涉及原作与袭作的近似程度、袭作的社会价值及对原作作者人身和财产利益的影响，而且还涉及两部作品的性质和特点及它们所体现出来的技巧与创作价值，以及剽窃人的主观意向等诸多因素。

（6）除法律另有规定外，未经著作权人许可，以展览、摄制视听作品的方法使用作品，或者以改编、翻译、注释等方式使用作品。

对于以侵犯著作权的手段传播作品能否产生与著作权有关的权利，我国《著作权法》对此没有规定。通常认为，与著作权有关的权利是受著作权制约的一种权利，如果授予侵犯著作权的传播者以与著作权有关的权利，这就会使著作权人的权利在作品的进一步传播过程中受到侵害，因此说，凡是以侵犯著作权的方式传播作品的，均不能产生与著作权有关的权益。

（7）使用他人作品，应当支付报酬而未支付。

获得报酬是著作权人许可他人行使其著作权的结果。获酬权是一种著作财产权。著作权人对侵犯获酬权的行为，除有权要求按规定支付外，还可要求因延付、少付报酬给其造成的损失予以补偿。

（8）除法律另有规定外，未经视听作品、计算机软件、录音录像制品的著作权人或者与著作权有关的权利人许可，出租其作品或者录音录像制品。

该行为侵犯的是著作权人的出租权。

（9）未经出版者许可，使用其出版的图书、期刊的版式设计。

该行为侵犯的是出版者的版式专有使用权。

（10）未经表演者许可，从现场直播或公开传送其现场表演，或者录制其表演的。

这是一种侵犯表演者的表演者权的行为。

（11）其他侵犯著作权以及与著作权有关的权利的行为。

随着传播技术的发展，著作权比以往更易受到非法侵害，侵权表现形式也会更加复杂。为避免挂一漏万，《著作权法》第52条作了这样的兜底性规定，这就从立法技巧上弥补了列举式的不足。这里的"其他"侵权行为既包括直接侵权行为，也包括间接侵权行为。其中，直接侵权行为如侵犯作者修改权，侵犯表演者人身权，侵犯广播电台、电视台对其播放的广播电视节目的播放权；间接侵权行为如为出售、出租而存放侵权复制品，进口非法复制的盗版唱片等。

（二）损害著作权人利益和社会公共利益的侵权行为

这类著作权侵权行为实际上是应承担行政责任的著作权侵权行为。

根据《著作权法》第53条的规定，这类侵权行为主要有以下几种：

（1）除著作权法另有规定的以外，未经著作权人许可，复制、发行、表演、放映、广播、汇编、通过信息网络向公众传播其作品。

这可称为非法复制、发行、表演、放映、广播、汇编、通过信息网络向公众传播他人作品的行为。上述行为侵犯了著作权人的复制权和部分传播权、与著作权有关的权利，损害了著作权人的财产权益。

（2）出版他人享有专有出版权的图书。

图书出版者获得的专有出版权是依合同由著作权人授予及法律规定产生的，是一种具有准物权性质的绝对权利。上述行为既侵犯了图书出版者的专有出版权，也侵犯了著作权人的出版权。

（3）除著作权法另有规定的以外，未经表演者许可，复制、发行录有其表演的录音录像制品，或者通过信息网络向公众传播其表演。

这是侵犯表演者权的行为。这种行为通常以营利为目的，它不仅损害了表演者财产权，还扰乱了正常的文化市场管理秩序，表演者有权制止并要求赔偿损失和给侵权人以行政处罚。

（4）除著作权法另有规定的以外，未经录音录像制作者许可，复制、发行、通过信息网络向公众传播其制作的录音录像制品。

这是侵犯音像制作者权利的行为。未经许可非法复制、发行的行为，俗称"扒带"。扒带有两种方式，一是将音像制作者制作的音像制品全部复制发行，二是从不同的音像带中各扒一部分拼凑成一个音像带复制发行。

（5）除著作权法另有规定的以外，未经许可，播放、复制或者通过信息网络向公众传播广播、电视。应注意，广播电台、电视台播放的作品都包括在内，无论是自己还是他人制作。

（6）除法律、行政法规另有规定的外，未经著作权人或者与著作权有关的权利人许可，故意避开或者破坏技术措施，故意制造、进口或者向他人提供主要用于避开、破坏技术措施的装置或者部件，或者故意为他人避开或者破坏技术措施提供技术服务。

（7）除法律、行政法规另有规定的外，未经著作权人或者与著作权有关的权利人许可，故意删除或者改变作品、版式设计、表演、录音录像制品或者广播、电视上的权利管理信息，知道或者应当知道作品、版式设计、表演、录音录像制品或者广播、电视上的权利管理信息未经许可被删除或者改变，仍然向公众提供。

在上述第（6）项中，技术措施是指诸如利用加密技术以制止未经许可或者未由法律准许而采取的解密行为等有效的措施。在上述第（7）项中，权利管理电子信息是识别作品、作品的作者、对作品拥有任何权利的所有人的信息，或者有关作品使用条款和条件的信息，以及代表此种信息的任何数字或者代码。上述两种行为是在网络技术发展中出现的有别于传统的著作权侵权的著作权侵权行为。其本身似乎不是对著作权的侵犯，但由于这些行为直接妨碍了信息网络传播权的行使，只有将其归入著作权侵权行为，才能有效地保护网络空间的著作权和与著作权有关的权利。

（8）制作、出售假冒他人署名的作品。

这里的作品包括美术、文字、音乐等领域的作品。制作、出售假冒他人署名的作品主要表现之一是制作、出售假画（又称赝品）的行为。这里的"制作"，主要有两种方式：一是作伪者采用摹、临、仿等方式制作假画，冒充真迹，二是对原作改头换面而成的假画，如将甲的美术作品，署上美术家乙的姓名，假冒为乙的美术作品。上述行为主要有以下三种表现形式：既制作又出售假冒他人署名的美术作品；明知是被假冒作品而予以出售；不知是被假冒作品而予以出售。在第三种情形下，出售人仍构成间接侵权。制售假画是一种欺世盗名、骗取钱财的严重侵权行为。著作权法的这一规定对于遏制制售假画的风潮具有重要作用。但须注意，仅制作假画而未出售（如习作），并没有给被署名者造成实际损害的，不能视为著作权侵权行为。

还需要指出，在网络著作权实践中，著作权侵权行为，包括上述破解技术措施和权利管理电子信息的行为，往往与网络服务提供者具有密切的关系。因此，网络服务提供者在著作权侵权中的地位就值得研究。为便于各级人民法院审理相关著作权案件，最高人民法院 2020 年对《最高人民法院关于审理侵害信息网络传播权民事纠纷案件适用法律若干问题的规定》进行了修正，主要有以下内容：

（1）网络用户、网络服务提供者未经许可，通过信息网络提供权利人享有信息网络传播权的作品、表演、录音录像制品，除法律、行政法规另有规定外，人民法院应当认定其构成侵害信息网络传播权行为。通过上传到网络服务器、设置共享文件或者利用文件分享软件等方式，将作品、表演、录音录像制品置于信息网络中，使公众能够在个人选定的时间和地点以下载、浏览或者其他方式获得的，人民法院应当认定其实施了上述的提供行为。

（2）有证据证明网络服务提供者与他人以分工合作等方式共同提供作品、表演、录音录像制品，构成共同侵权行为的，人民法院应当判令其承担连带责任。网络服务提供者能够证明其仅提供自动接入、自动传输、信息存储空间、搜索、链接、文件分享技术等网络服务，主张其不构成共同侵权行为的，人民法院应予支持。

（3）网络服务提供者以提供网页快照、缩略图等方式实质替代其他网络服务提供者向公众提供相关作品的，人民法院应当认定其构成提供行为。提供行为不影响相关作品的正常使用，且未不合理损害权利人对该作品的合法权益，网络服务提供者主张其未侵害信息网络传播权的，人民法院应予支持。

（4）原告有初步证据证明网络服务提供者提供了相关作品、表演、录音录像制品，但网络服务提供者能够证明其仅提供网络服务，且无过错的，人民法院不应认定为构成侵权。

（5）网络服务提供者在提供网络服务时教唆或者帮助网络用户实施侵害信息网络传播权行为的，人民法院应当判令其承担侵权责任。网络服务提供者以言语、推介技术支持、奖励积分等方式诱导、鼓励网络用户实施侵害信息网络传播权行为的，人民法院应当认定其构成教唆侵权行为。网络服务提供者明知或者应知网络用户利用网络服务侵害信息网络传播权，未采取删除、屏蔽、断开链接等必要措施，或者提供技术支持等帮助行为的，人民法院应当认定其构成帮助侵权行为。

（6）人民法院应当根据网络服务提供者的过错，确定其是否承担教唆、帮助侵权责任。网络服务提供者的过错包括对于网络用户侵害信息网络传播权行为的明知或者应知。网络服务提供者未对网络用户侵害信息网络传播权的行为主动进行审查的，人民法院不应据此认定其具有过错。网络服务提供者能够证明已采取合理、有效的技术措施，仍难以发现网络用户侵害信息网络传播权行为的，人民法院应当认定其不具有过错。

（7）人民法院应当根据网络用户侵害信息网络传播权的具体事实是否明显，综合考虑以下因素，认定网络服务提供者是否构成应知：

①基于网络服务提供者提供服务的性质、方式及其引发侵权的可能性大小，应当具备的管理信息的能力；

②传播的作品、表演、录音录像制品的类型、知名度及侵权信息的明显程度；

③网络服务提供者是否主动对作品、表演、录音录像制品进行了选择、编辑、修改、推荐等；

④网络服务提供者是否积极采取了预防侵权的合理措施；

⑤网络服务提供者是否设置便捷程序接收侵权通知并及时对侵权通知作出合理的反应；

⑥网络服务提供者是否针对同一网络用户的重复侵权行为采取了相应的合理措施；

⑦其他相关因素。

（8）网络服务提供者在提供网络服务时，对热播影视作品等以设置榜单、目录、索引、描述性段落、内容简介等方式进行推荐，且公众可以在其网页上直接以下载、浏览或者其他方式获得的，人民法院可以认定其应知网络用户侵害信息网络传播权。

（9）网络服务提供者从网络用户提供的作品、表演、录音录像制品中直接获得经济利益的，人民法院应当认定其对该网络用户侵害信息网络传播权的行为负有较高的注意义务。网络服务提供者针对特定作品、表演、录音录像制品投放广告获取收益，或者获取与其传播的作品、表演、录音录像制品存在其他特定联系的经济利益，应当认定为前款规定的直接获得经济利益。网络服务提供者因提供网络服务而收取一般性广告费、服务费等，不属于本款规定的情形。

（10）有下列情形之一的，人民法院可以根据案件具体情况，认定提供信息存储空间服务的网络服务提供者应知网络用户侵害信息网络传播权：

①将热播影视作品等置于首页或者其他主要页面等能够为网络服务提供者明显感知的位置的；

②对热播影视作品等的主题、内容主动进行选择、编辑、整理、推荐，或者为其设立专门的排行榜的；

③其他可以明显感知相关作品、表演、录音录像制品为未经许可提供，仍未采取合理措施的情形。

（11）网络服务提供者接到权利人以书信、传真、电子邮件等方式提交的通知及构成侵权的初步证据，未及时根据初步证据和服务类型采取必要措施的，人民法院应当认定其明知相关侵害信息网络传播权行为。

（12）人民法院认定网络服务提供者转送通知、采取必要措施是否及时，应当根据权利人提交通知的形式，通知的准确程度，采取措施的难易程度，网络服务的性质，所涉作品、表演、录音录像制品的类型、知名度、数量等因素综合判断。

（13）侵害信息网络传播权民事纠纷案件由侵权行为地或者被告住所地人民法院管辖。侵权行为地包括实施被诉侵权行为的网络服务器、计算机终端等设备所在地。侵权行为地和被告住所地均难以确定或者在境外的，原告发现侵权内容的计算机终端等设备所在地可以视为侵权行为地。

三、著作权侵权的救济

（一）调解

调解是指发生纠纷后，由当事人以外的第三人从中斡旋，促使当事人达成协议。从广义上讲，调解包括仲裁调解、诉讼调解、行政主管部门调解、民间调解等类型。狭义的调解仅指当事人自愿的民间调解。《著作权法》第60条规定，著作权纠纷可以调解。这里的调解是指双方当事人自愿达成协议并自愿遵守的民间调解。通过调解方式解决著作权纠纷，程序简单、手续简便，解决纠纷及时，也有利于协议的执行。因此，调解是一种值得提倡的解决著作权纠纷的方法。当然，以调解的形式解决著作权纠纷，也应当遵循一些基本原则。例如，当事人双方都愿意由某第三者主持调解；当事人双方自愿达成和解协议；调解达成的协议不能违反法律、法规的规定；不得损害其他人的正当权益等。

（二）仲裁

仲裁，是发生纠纷的当事人双方根据仲裁协议自愿将争议提交仲裁机关进行调解或者作出裁决的一种解决争端的方式。

《著作权法》第60条规定了仲裁制度。根据该条规定，发生著作权纠纷后，当事人可以根据当事人达成的书面仲裁协议或者著作权合同中的仲裁条款，向仲裁机构申请仲裁。当事人没有书面仲裁协议，也没有在著作权合同中订立仲裁条款的，可以直接向人民法院起诉。

在著作权领域建立仲裁制度，具有十分重要的意义。例如，它可以减轻司法机关的压力，避免案件积压，以便迅速、及时处理著作权纠纷，切实维护当事人的合法权益。

（三）诉讼

著作权纠纷可以分为侵权纠纷、合同纠纷与权属纠纷三种基本类型。此外，在当事人与著作权行政管理部门之间也可以发生著作权行政纠纷。诉讼分为民事诉讼、行政诉讼和刑事诉讼三种类型。以下将对著作权民事诉讼有关问题进行阐述。

著作权民事案件的诉讼简称著作权民事诉讼，是指人民法院在当事人和其他诉讼参与人的参加下，依法解决著作权民事案件的全部诉讼活动。

1. 关于民事诉讼主体资格

著作权民事诉讼包括著作权侵权诉讼、合同纠纷诉讼和权属纠纷诉讼。著作权民事诉讼主体是指在著作权诉讼中，享有诉讼权利、承担诉讼义务，并有权使诉讼过程发生、变更或消灭的诉讼行为人，如人民法院、当事人、共同诉讼人和第三人。一般而言，当事人和人民法院是两个基本的诉讼主体。

确定著作权诉讼的当事人，是目前著作权审判实践中棘手的问题，其要害在于实体法中的著作权归属问题，实践中较多地集中于职务作品、合作作品、委托作品、演绎作品、汇编作品以及著作权许可使用合同纠纷当事人诉讼地位的确定上。这里仅就提起侵犯著作权民事诉讼主体资格问题加以讨论。

大多数国家著作权法认为，著作权权利主体即诉讼主体。在著作权侵权诉讼中，当事人的法律特征就表现为：著作权人总是享有原告的法律地位，即原告始终是著作人身权或者著作财产权的部分或全部享有者。这一特征是由著作权的独占性、排他性所决定的。这样，依据《著作权法》第9条规定，在著作权侵权诉讼中享有原告资格的人包括作者和其他依法享有著作权的自然人、法人或非法人组织。其中作者是最重要的诉讼主体。

从国外诉讼理论与实务来看，两大法系国家都确认了自然人、法人之外的非法人组织的诉讼当事人资格。在我国，非法人组织成为著作权人的情况是大量存在的。非法人组织具有程序上的独立性，具有诉讼权利能力，当其著作权被侵犯时，即可以以自己的名义向法院起诉，主张权利。

此外，在特定情况下，著作权人可以通过"诉讼信托"的方式转移其诉讼权。这是对著作权诉讼中原告为著作权人原则的突破和发展，对于维护著作权人的合法权益具有重要意义。这常见于作者将诉权托付给著作权集体管理机构。根据我国《最高人民法院关于审理著作权民事纠纷案件适用法律若干问题的解释》第6条的规定，依法成立的著作权集体管理组织，根据著作权人的书面授权，可以以自己的名义提起诉讼。我国现已有这种实践。

2. 诉讼管辖

著作权诉讼案件所适用的诉讼管辖规则，各国规定不一。有的适用一般侵权案件的地域管辖原则，有的适用特殊案件的专属管辖原则。《最高人民法院关于审理著作权民事纠纷案件适用法律若干问题的解释》具体规定了著作权民事纠纷案件的管辖规则。在级别管辖上，著作权民事纠纷案件由中级以上人民法院管辖。各高级人民法院根据本辖区的实际情况，可以报请最高人民法院批准，由若干基层人民法院管辖第一审著作权民事纠纷案件。在地域管辖上，因侵犯著作权行为提起的民事诉讼，由《著作权法》第52条、第53条所规定侵权行为的实施地、侵权复制品储藏地或者查封扣押地、被告住所地人民法院管辖。侵权复制品储藏地，是指大量或者经常性储存、隐匿侵权复制品所在地；查封扣押地，是指海关、版权等行政机关依法查封、扣押侵权复制品所在地。

3. 举证责任与过错推定原则的确立

从国外来看,为了切实维护著作权人的合法权益,许多国家在著作权诉讼中推行举证责任部分倒置规则,以使原告和被告举证责任分配趋于平衡。很多人认为,我国著作权侵权诉讼中有必要实行举证责任的部分倒置。在实行举证责任部分倒置的情况下,应当明确原被告在诉讼过程中举证责任的范围。原告的举证范围大体上应包括:

(1)向法院提供自己享有著作权、具有原告资格的证据;

(2)向法院提供被告侵权的事实,如未经许可而复制、出版、录像等,与争议有关的物证、书证、证人证言都可以作为侵权证据;

(3)向法院提供因被告侵权致使其著作人身权和著作财产权受损害的事实。

对于侵权人主观上有无过错、侵权的具体过程、非法复制的场所、侵权行为的范围,以及被告因侵权而获利等方面的事实则应由被告承担举证责任。

《著作权法》第59条规定,复制品的出版者、制作者不能证明其出版、制作有合法授权的,复制品的发行者或者视听作品、计算机软件、录音录像制品的复制品的出租者不能证明其发行、出租的复制品有合法来源的,应当承担法律责任。《最高人民法院关于审理著作权民事纠纷案件适用法律若干问题的解释》第19条则进一步规定,出版者、制作者应当对其出版、制作有合法授权承担举证责任,发行者、出租者应当对其发行或者出租的复制品有合法来源承担举证责任。举证不能的,依据《著作权法》第47条、第48条的相应规定承担法律责任。这就明确了出版者、制作者、发行者和出租者有证明其行为有合法授权或其行为客体有合法来源的责任,出版者、制作者、发行者或一些作品的出租者对其经营的复制品有合法授权和从合法渠道获得有注意义务。该两条规定同时确立了著作权侵权的过错推定原则,即当权利人与复制品的制作者、发行者,以及某些作品的出租者在发生著作权侵权纠纷时,被控侵权人有责任证明其涉及侵权争议的复制品的合法的授权、合法的来源。如果他们不能证明之、未尽到法律规定的义务,就应当承担著作权侵权责任。

上述规定在我国著作权司法保护中具有重大的意义。从我国《民事诉讼法》对举证责任的规定看,我国实行的是"谁主张、谁举证"的原则,即提出主张的一方当事人应首先举证,然后由另外一方当事人举证。就著作权侵权而言，当权利人发现了侵权、盗版行为时，应由自己提出证据证明对方侵犯了自己的权利。但在实际中，侵权者往往不提供盗版品的来源，并千方百计地为自己复制、发行或出租作品的行为编造合法的理由。由于侵权人常常隐瞒侵权细节，权利人很难举出对方侵权的事实。特别是复制品的发行者、出租者往往以不知道或者找不到侵权盗版的提供者为由逃避责任，致使著作权人的合法权益得不到及时的保护。根据《著作权法》，这些行为将难逃侵权之虞。

进一步说，在《著作权法》实行过错责任、过错推定为基础的侵权归责原则与 TRIPS 协议的规定是一致的。在中国的民事侵权归责体系中，一般实行的是以过错原则为主，对特殊侵权行为实行过错推定原则，并将无过错责任作为特例来处理。在知识产权侵权归责上，过错推定原则应该是一个更主要的侵权归责原则。这是由于知识产权侵权的特殊性所决定的。知识产权侵权具有广泛性和隐蔽性，在新技术发展的条件下还具有技术性的特征。权利人很难发现侵权，发现了也很难提出有力的证据控告侵权。实行过错推定原则使举证责任发生转移，有利于充分保护著作权人的利益，使人民法院能够高效率地追究那些没有经过合法授权或者从非法渠道获得并经营知识产品的行为人的责任。

4. 诉讼时效

诉讼时效是指权利人在法定期间内不行使权利即丧失请求法院依诉讼程序强制义务人履行义务的权利，属于消灭时效范畴。《著作权法》对著作权诉讼时效未作规定，但《最高人民法院关于审理著作权民事纠纷案件适用法律若干问题的解释》规定侵害著作权的诉讼时效为 3 年，自著作权人知道或者应当知道权利受到损害以及义务人之日起计算。权利人超过 3 年起诉的，如果侵权行为在起诉时仍在持续，在该著作权保护期内，人民法院应当判决被告停止侵权行为；侵权损害赔偿数额应当自权利人向人民法院起诉之日起向前推算 3 年计算。以侵权诉讼为例，我们可以对著作权诉讼时效的法律问题进行分析。

（1）侵害著作财产权的诉讼时效。

著作财产权是一种绝对权，是法律授予作者或其他著作权人的独占权，这种专有权利与传统民法上的物权法律地位相同。依世界各国之通例，物上请求权不适用于诉讼时效。对于著作权侵权行为，著作权人基于其财产权所产生的停止侵害请求权不应受诉讼时效限制。也就是说，只要著作权侵权行为在进行，不论该行为持续了多长时间，也不论是否超过了一般诉讼时效期间，权利人都可以随时诉请法院强制侵权人停止侵害，人民法院应予受理。但是，著作权侵权行为所产生的侵权之债另当别论。例如，甲非法复制发行著作权人乙的作品，乙知道或者应当知道侵权的3年内未主张损害赔偿请求权，即丧失了提请人民法院强制保护其损害赔偿请求权的机会。不过，如甲的行为是一个连续过程，人民法院对于乙未超过3年的部分应给予保护。

（2）侵犯著作人身权之诉讼时效。

依世界各国民事立法之通例，人身权被侵害，基于人身权上的请求权不适用诉讼时效。著作人身权受侵害后，基于著作人身权上的请求权同样不适用于诉讼时效；不过，基于著作人身权被侵害后产生的损害赔偿请求权利则应适用诉讼时效，因为这种请求权是基于人身损害赔偿之债所产生的债权。而债权上的请求权自当适用诉讼时效。

5. 关于著作权民事诉讼中的几个特殊问题

（1）人民法院在著作权侵权诉讼案件中可否对侵权人实施民事制裁。

著作权侵权案件具有特殊性，导致法律上一个行为多种责任的适用。这种同一行为产生两种或两种以上的法律后果，在法理上称为法律竞合。有相当一部分侵权案件是由受害人直接向人民法院提起民事诉讼的，对于这些未给予行政处罚的侵权行为应如何处理，《著作权法》第58条明确了人民法院可直接没收违法所得、侵权复制品以及进行违法活动的财物，不必先行与著作权行政管理部门协商。

（2）对著作权行政管理部门已给予行政处罚的行为，被侵权人是否可以提起民事赔偿请求，包括损害赔偿诉讼。

对此，有人认为对于同一行为已经实施了行政处罚，不能再重复处理，特别是在侵权人的非法所得已被没收，侵权人已无利可图的情况下，不能再进行民事赔偿。应当看到，民事责任和行政责任是并行不悖的。在上述情况下，被侵权人仍然有权提起民事赔偿要求，包括民事赔偿诉讼。因为民事赔偿责任产生的前提是受害人受到侵害并造成损失，而不是是否给予了其他法律制裁。《最高人民法院关于审理著作权民事纠纷案件适用法律若干问题的解释》第 3 条就明确规定，对著作权行政管理部门查处的侵犯著作权行为，当事人向人民法院提起诉讼追究该行为人民事责任的，人民法院应当受理。人民法院审理已经过著作权行政管理部门处理的侵害著作权行为的民事纠纷案件，应当对案件事实进行全面审查。当然，对于此种案件，受诉人民法院原则上只能就当事人之间的民事权益进行审理和裁决，不宜再对侵权人实施重复处罚。

（四）诉前责令停止侵权行为、财产保全和证据保全

《著作权法》除了加强对著作权的行政保护外，也强化了对著作权的司法保护，赋予了人民法院在处理著作权纠纷案件中的多种诉前措施。增加的内容主要包括诉讼之前的申请临时禁令、诉前财产保全和诉前证据保全三项诉前临时措施。

1. 诉前禁令

诉前禁令即诉前责令停止侵权行为，是为了及时保护著作权人的合法权益而采取的防止著作权侵权损害后果进一步扩大的有效措施，也是一种诉前的临时措施。该制度《专利法》中即有明确的规定。在《著作权法》中规定这种措施具有同样的必要性。在一般情况下，著作权侵权是一种持续而动态的行为，在著作权人提起诉讼或者要求著作权行政管理机关处理的情况时，该侵权行为也可能会继续下去。如果不采取紧急的必要的措施，而是等到人民法院作出判决或等到著作权行政机关作出处理决定以后再做处理，可能会对权利人产生难以弥补的损害。

根据 TRIPS 协议第 41 条的规定，应当允许一些包含有效手段的实施措施。其第 50 条则规定了在以下两种情况之一时，必须采取临时措施：防止侵犯任何知识产权，特别是防止货物进入其管辖范围内的商业渠道，包括海关已经应允进入国内商业渠道的侵权商品的进口，以及为被指称的侵权提供相关的证据。TRIPS 协议第 50 条之二则规定，在适当的情况下，司法机关在当事人提起正式的诉讼之前，有权应有关当事人的请求采取上述临时措施。《民事诉讼法》规定了财产保全措施，但没有规定诉讼前的对相关行为的临时处置制度。例如，它没有规定人民法院在相关当事人提起正式的诉讼之前可以采取临时措施。为了保障著作权人的利益不受难以弥补的损害，并与

TRIPS 协议的规定相协调，《著作权法》第 56 条规定，著作权人或者与著作权有关的权利人有证据证明他人正在实施或者即将实施侵犯其权利、妨碍其实现权利的行为，如不及时制止将会使其合法权益受到难以弥补的损害的，可以在起诉前依法向人民法院责令作出一定行为或者禁止作出一定行为等措施。这种涉及诉讼的临时性措施对于及时保护著作权人的合法权益，加大对著作权的保护力度有重要的作用。该措施的表现形式是人民法院代表国家发出裁定，禁止被申请人正在实施或者即将实施的某种行为。

2. 诉前财产保全

诉前的财产保全措施在《民事诉讼法》中已有明确的规定。由于诉前财产保全对于著作权保护具有更加重要的意义，《著作权法》在上述第 56 条中还同时规定人民法院在处理著作权纠纷中可以采取诉前的财产保全措施。诉前禁令与诉前财产保全制度相结合，可以使著作权人在诉讼之前即处于主动地位，便于有效地打击著作权侵权行为，保护著作权人的合法权益。

3. 诉前证据保全制度

这也是修改后的现行《著作权法》规定的诉前的临时措施之一。《著作权法》第 57 条规定，为制止侵权行为，在证据可能灭失或者以后难以取得的情况下，著作权人或者与著作权有关的权利人可以在起诉前向人民法院申请证据保全。通过这一规定，建立了诉前证据保全制度。其意义不可低估，因为著作权作为无形财产权，当其被他人侵害时，证据的收集、获得对权利人来说往往很困难。侵权人为了逃避侵权的惩罚，往往千方百计地隐匿、毁灭证据。在实行"谁主张，谁主证"的规则下，侵权人在很多情况下得以逃避侵权责任，而这对于惩治著作权侵权非常不利。诉前证据保全制度的确立弥补了这方面的缺陷，它与诉前临时禁令、财产保全一起，构成了著作权人在诉前保护自己权益的坚强盾牌。

四、著作权侵权的法律责任

（一）民事责任

侵犯著作权的民事责任是侵权人普遍承担的一种法律责任。一般地说，各国著作权法对应承担民事责任的行为并不是简单地援引本国民法的规定，而是在著作权法中另外作出专门规定。根据《著作权法》第 52 条、第 53 条的规定，侵犯著作权应承担下列民事责任。

1. 停止侵害

对于正在实施的侵犯著作权的行为，被侵权人有权责令立即停止侵权活动。被侵权人除有权直接阻止侵权活动外，也可以要求主管部门或法院责令停止侵害。

2. 消除影响、赔礼道歉

这是非财产性的责任方式。主要是针对著作权侵权行为给权利人造成人身权利损害而适用的责任方式。这种责任方式可以单独适用，也可以与其他责任方式一起适用。

3. 赔偿损失及其界定

赔偿损失是指侵权行为人因其侵权行为给著作权人造成经济损失时，应以其财产予以补偿。赔偿损失也是侵害著作权应承担的民事责任中最常见的方式。

从各国著作权法的规定和司法实践的情况看，侵害著作权损害赔偿额的计算标准有三种：一是以侵权人在侵权期间非法所得全部利润作损害赔偿额；二是以被侵权人因侵权行为受到的实际损失（包括直接损失和间接损失）作损害赔偿额。三是在著作权法中规定"法定赔偿额"，或者实行法定赔偿与推定赔偿相结合的做法。

《著作权法》第 54 条的规定综合了以上三种赔偿标准，在不同情况下分别运用。侵犯著作权或者与著作权有关的权利的，侵权人应当按照权利人因此受到的实际损失或者侵权人的违法所得给予赔偿；权利人的实际损失或者侵权人的违法所得难以计算的，可以参照该权利使用费给予赔偿。对故意侵犯著作权或者与著作权有关的权利，情节严重的，可以在按照上述方法确定数额的一倍以上五倍以下给予赔偿。权利人的实际损失、侵权人的违法所得、权利使用费难以计算的，由人民法院根据侵权行为的情节，判决给予五百元以上五百万元以下的赔偿。赔偿数额还应当包括权利人为制止侵权行为所支付的合理开支。人民法院为确定赔偿数额，在权利人已经尽了必要举证责任，而与侵权行为相关的账簿、资料等主要由侵权人掌握的，可以责令侵权人提供与侵权行为相关的账簿、资料等；侵权人不提供，或者提供虚假的账簿、资料等的，人民法院可以参考权利人的主张和提供的证据确定赔偿数额。人民法院审理著作权纠纷案件，应权利人请求，对侵权复制品，除特殊情况外，责令销毁；对主要用于制造侵权复制品的材料、工具、设备等，责令销毁，且不予补偿；或者在特殊情况下，责令禁止前述材料、工具、设备等进入商业渠道，且不予补偿。

《著作权法》侵权损害赔偿标准的确定，解决了司法实践中难以确定赔偿数额的问题。尤其是法定赔偿额制度，使权利人在实际损失和侵权利润难以查清的情况下能够获得适当、合理、起码的赔偿。一般地说，人民法院判决赔偿额时应当考虑的情节，包括侵权性质、侵权后果、侵权时间、侵权后是否采取补救措施等。在实践中，我国最高人民法院已对法定赔偿问题作出司法解释，待条件成熟后可在《著作权法》中予以正式确认。现有司法解释中，《最高人民法院关于审理著作权民事纠纷案件适用法律若干问题的解释》有相关规定的内容包括：

（1）权利人的实际损失，可以根据权利人因侵权所造成复制品发行减少量或者侵权复制品销售量与权利人发行该复制品单位利润乘积计算。发行减少量难以确定的，按照侵权复制品市场销售量确定。

（2）权利人的实际损失或者侵权人的违法所得无法确定的，人民法院根据当事人的请求或者依职权适用《著作权法》第54条第2款的规定确定赔偿数额。人民法院在确定赔偿数额时，应当考虑作品类型、合理使用费、侵权行为性质、后果等情节综合确定。当事人按照本条第1款的规定就赔偿数额达成协议的，应当准许。

（3）《著作权法》第54条第3款规定的制止侵权行为所支付的合理开支，包括权利人或者委托代理人对侵权行为进行调查、取证的合理费用。人民法院根据当事人的诉讼请求和具体案情，可以将符合国家有关部门规定的律师费用计算在赔偿范围内。

（二）行政责任

1. 确定侵犯著作权行政责任的依据

侵犯著作权的行政责任，是指国家著作权行政管理机关依法给予的、由侵权者对其侵犯著作权行为的法律后果应承担的法律责任。追究侵权人的行政责任是我国对著作权保护的一个重要特点。

《著作权法》明确规定侵犯著作权可承担行政责任，主要是基于以下理由：

第一，现实中很多性质比较严重的著作权侵权行为，不仅侵害了著作权人的权益，而且妨碍了国家文化市场管理秩序，触犯了国家行政管理法规，因而应对自己违反行政法律规范所规定的义务而造成的后果承担行政责任。

第二，从法理上讲，同一行为可以形成民事法律关系与行政法律关系，两者发生交叉、重叠，对交叉、重叠的一部分社会关系，既可以适用民事法律规范，也可以适用行政法律规范，两者并行不悖。

追究著作权侵权行政责任是对著作权侵权民事责任的补充，是从国家、社会和公共利益出发对著作权进行有效保障的手段。《著作权法》第53条对既应承担民事责任，又可以承担行政责任的侵权行为作了规定。与第52条规定的侵权行为相比，这类侵权行为具有以下特点：一是侵权动机和目的都是非法牟利；二是行为人主观上多表现为故意，并且是直接故意；三是这类侵权行为的侵权后果较为严重、侵权手段比较恶劣、侵权数额较大、侵权覆盖面广，它不仅对著作权人的权益造成损害，而且损害公共利益。

2. 承担著作权侵权行政责任的方式

对于《著作权法》第53条所列侵权行为，同时损害公共利益的，著作权行政管理部门可给予责令停止侵权行为，没收违法所得，没收、销毁侵权复制品及制作侵权复制品的材料、工具、设备和罚款等行政处罚。

其中，"没收非法所得"是指将侵权行为人的全部侵权非法利益收缴国库。"罚款"是对侵权人一种带有行政性质的经济上的处罚。罚款不得从给予没收的非法所得的财产中支付，而应先行没收，再予罚款。依照《著作权法实施条例》第36条的规定，罚款数额的标准是非法经营额5万元以上的，著作权行政管理部门可处非法经营额1倍以上5倍以下的罚款；没有非法经营额或者非法经营额5万元以下的，著作权行政管理部门根据情节轻重，可处25万元以下的罚款。

著作权行政管理部门作出上述行政处罚，与司法处理不同，它是一种主动的行为。依《著作权法实施条例》第37条、《著作权行政处罚实施办法》第3条、第5条、第6条的规定，《著作权法》第53条、《计算机软件保护条例》第24条列举的同时损害公共利益的侵权行为，以及其他法律、法规、规章规定的应予行政处罚的著作权违法行为，由侵权行为实施地、侵权结果发生地、侵权复制品储藏地或者依法查封扣押地的著作权行政管理部门负责查处。法律、行政法规另有规定的除外。国家版权局可以查处在全国有重大影响的违法行为，以及认为应当由其查处的其他违法行为。地方著作权行政管理部门负责查处本辖区发生的违法行为。

对于著作权行政管理部门能否处理著作权纠纷，《著作权法》没有明确规定，即没有赋予其著作权纠纷司法性质的裁决权。但从《著作权法》第60条的规定看，著作权行政管理部门可以对著作权侵权纠纷进行调解。只是这种调解应以当事人申请为前提，著作权行政管理部门不主动干预，而且达成的调解协议也没有强制执行力。

（三）刑事责任

《著作权法》第53条中规定，侵犯著作权构成犯罪的，依法追究刑事责任。侵犯著作权的刑事责任制度的建立，标志着我国著作权刑事保护的确立和著作权法制的进一步完善，我国对知识产权的保护进入了一个新的阶段，具有深远的意义。有关著作权刑事保护问题，前面已作阐述，在此不赘述。

第七节　计算机软件著作权的特殊规定

一、软件著作权的客体

我国对计算机软件的保护主要体现为《计算机软件保护条例》。该条例第1条规定，为了保护计算机软件著作权人的权益，调整计算机软件在开发、传播和使用中发生的利益关系，鼓励计算机软件的开发与应用，促进软件产业和国民经济信息化的发展，根据《著作权法》，制定本条例。

软件著作权的客体有计算机程序和文档。根据《计算机软件保护条例》的规定，计算机程序是指为了得到某种结果而可以由计算机等具有信息处理能力的装置执行的代码化指令序列，或者可以被自动转换成代码化指令序列的符号化指令序列或者符号化语句序列。同一计算机程序的源程序和目标程序为同一作品。文档是指用来描述程序的内容、组成、设计、功能规格、开发情况、测试结果及使用方法的文字资料和图表等，如程序设计说明书、流程图、用户手册等。

根据《计算机软件保护条例》第4条规定，受本条例保护的软件必须由开发者独立开发，并已固定在某种有形物体上。这是对软件著作权客体的要求。

二、软件著作权人的确定

（一）软件著作权人

根据《计算机软件保护条例》的规定，软件著作权人，是指依照本条例的规定，对软件享有著作权的自然人、法人或者其他组织。软件著作权主体的分类，和一般情况下作品著作权主体没有区别。同时，对于中国公民、法人或其他组织与外国人、无国籍人的软件，《计算机软件保护条例》在确定软件著作权的归属方面做了区分，即中国公民、法人或者其他组织对其所开发的软件，不论是否发表，依照本条例享有著作权。外国人、无国籍人的软件首先在中国境内发行的，依照本条例享有著作权。外国人、无国籍人的软件，依照其开发者所属国或者经常居住地国同中国签订的协议或者依照中国参加的国际条约享有的著作权，受本条例保护。

（二）软件著作权人的确定

1. 一般原则

在确定软件著作权人方面，《计算机软件保护条例》采取了和《著作权法》相同的原理，即软件著作权属于软件开发者，但另有规定的除外。并且，如无相反证明，在软件上署名的自然人、法人或者其他组织为开发者。所谓软件开发者，是指实际组织开发、直接进行开发，并对开发完成的软件承担责任的法人或者其他组织；或者依靠自己具有的条件独立完成软件开发，并对软件承担责任的自然人。

2. 不同情况下软件著作权的归属

（1）合作开发软件的著作权归属。

合作开发的软件属于《著作权法》中合作作品范畴。根据《计算机软件保护条例》第 10 条规定，由两个以上的自然人、法人或者其他组织合作开发的软件，其著作权的归属由合作开发者签订书面合同约定。无书面合同或者合同未作明确约定，合作开发的软件可以分割使用的，开发者对各自开发的部分可以单独享有著作权；但是，行使著作权时，不得扩展到合作开发的软件整体的著作权。合作开发的软件不能分割使用的，其著作权由各合作开发者共同享有，通过协商一致行使；不能协商一致，又无正当理由的，任何一方不得阻止他方行使除转让权以外的其他权利，但是所得收益应当合理分配给所有合作开发者。

（2）委托开发软件的著作权归属。

委托开发软件，相当于《著作权法》中受委托创作的作品。根据《计算机软件保护条例》第 11 条规定，接受他人委托开发的软件，其著作权的归属由委托人与受托人签订书面合同约定；无书面合同或者合同未作明确约定的，其著作权由受托人享有。

（3）国家项目开发软件的著作权归属。

国家项目开发软件，是为完成一定的国家项目计划而开发出的软件。这种软件与前述委托开发的软件不同，与下面阐述的职务软件也不相同。根据《计算机软件保护条例》第 12 条规定，由国家机关下达任务开发的软件，著作权的归属与行使由项目任务书或者合同规定；项目任务书或者合同中未作明确规定的，软件著作权由接受任务的法人或者其他组织享有。

（4）职务软件的著作权归属。

职务软件相当于《著作权法》中的职务作品。不过，《计算机软件保护条例》对职务软件著作权归属的规定与《著作权法》却存在较大的区别。根据《计算机软件保护条例》第 13 条规定，自然人在法人或者其他组织中任职期间所开发的软件有下列情形之一的，该软件著作权由该法人或者其他组织享有，该法人或者其他组织可以对开发软件的自然人进行奖励：

①针对本职工作中明确指定的开发目标所开发的软件；

②开发的软件是从事本职工作活动所预见的结果或者自然的结果；

③主要使用了法人或者其他组织的资金、专用设备、未公开的专门信息等物质技术条件所开发并由法人或者其他组织承担责任的软件。

三、软件著作权的内容

（一）软件著作权的人身权

《计算机软件保护条例》规定的软件著作权的人身权有发表权和署名权。发表权，即决定软件是否公之于众的权利；署名权，即表明开发者身份，在软件上署名的权利。对照《著作权法》的规定，该条例对发表权、署名权的定义与《著作权法》具有相同特点。

以上两种人身权，实际上与软件著作权的财产权之间也存在密切的联系。如署名权是确定软件开发者身份和权利归属的基本因素，对于软件开发者财产权的实现具有重要影响。

（二）软件著作权的财产权

《计算机软件保护条例》规定的著作财产权有以下几种。

1. 使用权

即以修改、复制、发行、出租、信息网络传播、翻译等方式使用其软件的权利。根据《计算机软件保护条例》的规定，修改权是对软件进行增补、删节，或者改变指令、语句顺序的权利；复制权是将软件制作一份或者多份的权利；发行权是以出售或者赠与方式向公众提供软件的原件或者复制件的权利；出租权是有偿许可他人临时使用软件的权利，但是软件不是出租的主要标的的除外；信息网络传播权是以有线或者无线方式向公众提供软件，使公众可以在其个人选定的时间和地点获得软件的权利；翻译权是将原软件从一种自然语言文字转换成另一种自然语言文字的权利。

在上述财产权中，值得注意的是，与《著作权法》将修改权纳入著作人身权不同，修改权被视为财产权。实际上，修改权在《著作权法》和《计算机软件保护条例》上的内涵不同。例如，《计算机软件保护条例》中涉及的修改，在很多情况下是根据用户的需要对已开发软件进行改动的权利，这种改动甚至构成实质性的改动。换言之，修改后的软件可能在功能和性能方面得到重要改进，甚至有独立著作权的软件产生。这种修改权的著作财产权的性质十分明显。显然，这与《著作权法》中修改权的含义不同。

2. 使用许可权和获得报酬权

使用许可权和获得报酬权即许可他人以使用权中规定的部分或全部方式使用其软件的权利和由此而获得报酬的权利。

3. 转让权

转让权即向他人转让前述使用权和使用许可权的权利。软件著作权人可以全部或者部分转让其软件著作权,并有权获得报酬。

(三)软件著作权的保护范围

依《计算机软件保护条例》第6条规定,对软件著作权的保护不延及开发软件所用的思想、处理过程、操作方法或者数学概念等。这一规定体现了著作权法中思想与表达二分法原理。该原理较早在国外有关的著作权立法和司法实践中都得到了体现。如在1785年的一个判例中,法院即确认了"确保了作者对其最初的表达的权利,但也鼓励其他的人自由地利用衍生于作品的思想和信息"。这种思想与表达的二分法既为著作权保护划出了一条明确的界限,也为公众自由接近知识与信息留存了必要的空间。该原则对于处理好软件著作权保护与公众自由接近信息的关系,也具有十分重要的意义。

(四)对软件著作权的限制

1. 软件的合法复制品所有人享有的权利

《计算机软件保护条例》第16条规定,软件的合法复制品所有人享有下列权利:

(1)根据使用的需要把该软件装入计算机等具有信息处理能力的装置内。

(2)为了防止复制品损坏而制作备份复制品。这些备份复制品不得通过任何方式提供给他人使用,并在所有人丧失该合法复制品的所有权时,负责将备份复制品销毁。

(3)为了把该软件用于实际的计算机应用环境或者改进其功能、性能而进行必要的修改。但是,除合同另有约定外,未经该软件著作权人许可,不得向任何第三方提供修改后的软件。

值得注意的是,2002年实施前的《计算机软件保护条例》适用的相应主体是"软件的合法复制品持有人"。复制品持有人的范围比复制所有人范围要大，如通过许可、租赁等合法形式获得软件的人是软件合法复制品的持有人，但并不是该复制品的所有人。为了防止从合法渠道获得软件复制品的持有人利用条例的上述规定规避法律，如将只能安装在一台计算机上的正版软件安装在多台计算机上，对此，2002年实施的《计算机软件保护条例》做了上述改变。

2. 为学习、研究目的的使用

《计算机软件保护条例》第17条规定，为了学习和研究软件内含的设计思想和原理的目的，通过安装、显示、传输或者存储软件等方式使用软件的，可以不经软件著作权人许可，不向其支付报酬。这一规定也是《计算机软件保护条例》新增的对软件著作权进行限制的内容。

3. 相似软件著作权侵权例外

《计算机软件保护条例》第29条规定，软件开发者开发的软件，由于可供选用的表达方式有限而与已经存在的软件相似的，不构成对已经存在的软件的著作权的侵犯。

上述规定体现了著作权法思想与表达二分法原则的例外——思想与表达的合并原则，又称为思想表达识别的例外原则。它只存在于特定的表达形式中，即表达与思想难以区分，甚至必须被认为混合在思想中，尽管在理论上将其从思想中区分是可能的。易言之，该原则并没有普遍性，而只是适用于某些特例，即作品的思想表达形式极其有限，甚至只有一种形式被表达。在这种情况下，即使表达具有独创性，该作品也不受著作权保护。这种情况即思想与表达被合并而使得作品作为一个整体不再受著作权保护。在实践中，不排除存在着思想与表达难以区分的情况。合并原则关心的是作品的表达性成分和作品表达附载或体现的思想是否难以区分，或者表达性成分很有限以致他人的相同或相似的表达不构成侵权。

在国外著作权司法判例中，与思想和表达合并原则相关的案例并不少见。例如，在蜜蜂造型的珠宝著作权侵权案件中，原告主张对蜜蜂造型的珠宝作为一个雕塑作品予以保护，被美国第九巡回法院驳回。法院认为，由于雕塑蜜蜂的思想只有有限的几种表达形式，给予其著作权保护将会在效果上赋予其对这种思想的垄断权。关于蜜蜂的抽象思想和蜜蜂造型珠宝的抽象思想智力上的差距是很小的，因为珠宝一般是根据物质或者动物的形状来设计的。由于蜜蜂造型的珠宝的表达形式很有限，特定的珠宝设计不足以给予著作权保护。

在软件著作权领域，同样存在适用合并原则的情形，这就是这里讨论的相似软件的著作权侵权例外。

4. 不承担赔偿责任的使用情形

《计算机软件保护条例》第 30 条规定，软件的复制品持有人不知道也没有合理理由应当知道该软件是侵权复制品的，不承担赔偿责任；但是，应当停止使用、销毁该侵权复制品。如果停止使用并销毁该侵权复制品将给复制品使用人造成重大损失的，复制品使用人可以在向软件著作权人支付合理费用后继续使用。

上述规定实际上是关于软件的善意使用的规定。根据该规定，善意使用软件的条件是：不知道软件是侵权复制品，也没有合理理由应当知道该软件是侵权复制品。从该条还可以看出，使用人被免除的仅仅为赔偿责任，而不包含停止使用、销毁该侵权复制品的其他侵权责任。同时，为体现公平原则，如果停止使用并销毁该侵权复制品将给复制品使用人造成重大损失，那么使用人在支付合理费用后可以继续使用。合理使用费数额可以参照该软件的许可证费用情况确定。

四、侵犯软件著作权行为

（一）损害著作权人利益的侵权行为

根据《计算机软件保护条例》第 23 条规定，除《著作权法》或者本条例另有规定外，有下列侵权行为的，应当根据情况，承担停止侵害、消除影响、赔礼道歉、赔偿损失等民事责任：

（1）未经软件著作权人许可，发表或者登记其软件的；

（2）将他人软件作为自己的软件发表或者登记的；

（3）未经合作者许可，将与他人合作开发的软件作为自己单独完成的软件发表或者登记的；

（4）在他人软件上署名或者更改他人软件上的署名的；

（5）未经软件著作权人许可，修改、翻译其软件的；

（6）其他侵犯软件著作权的行为。

（二）损害著作权人利益和社会公共利益的侵权行为

根据《计算机软件保护条例》第 24 条规定，除《著作权法》、本条例或者其他法律、行政法规另有规定外，未经软件著作权人许可，有下列侵权行为的，应当根据情况，承担停止侵害、消除影响、赔礼道歉、赔偿损失等民事责任；同时损害社会公共利益的，由著作权行政管理部门责令停止侵权行为，没收违法所得，没收、销毁侵权复制品，可以并处罚款；情节严重的，著作权行政管理部门并可以没收主要用于制作侵权复制品的材料、工具、设备等；触犯刑律的，依照刑法关于侵犯著作权罪、销售侵权复制品罪的规定，依法追究刑事责任：

（1）复制或者部分复制著作权人的软件的；
（2）向公众发行、出租、通过信息网络传播著作权人的软件的；
（3）故意避开或者破坏著作权人为保护其软件著作权而采取的技术措施的；
（4）故意删除或者改变软件权利管理电子信息的；
（5）转让或者许可他人行使著作权人的软件著作权的。

有前款第（1）项或者第（2）项行为的，可以并处每件 100 元或者货值金额 1 倍以上 5 倍以下的罚款；有前款第（3）项、第（4）项或者第（5）项行为的，可以并处 20 万元以下的罚款。

第五章 商标权制度

第一节　商标法基本原理

一、商标的概念与特征

商标是商品生产者或经营者为使自己生产或经营的商品或服务与市场上其他生产者或经营者的商品或服务相区别而使用的具有显著性的标志。它是区别不同商品生产者或经营者的一种专用标志，一般由文字、图形、字母、数字、三维标志和颜色组合及上述要素的组合构成，通常附注在商品或其包装上。传统的商标仅指商品商标，随着第三产业的发展，用于区别不同企业服务的服务标记也成为商标的一部分。

对于商标的含义，可从以下方面把握：①商标的所有者是商品的生产者、经营者或服务的提供者；②商标是商品或服务上使用的标记；③商标是用以标明商品或服务来源并区别同类商品或服务的标记；④商标构成要素可以是文字、图形、字母、数字、三维标志、颜色组合以及上述要素的组合。

商标的特征可以概括为：

（1）商标是商品或服务上使用的标记，具有从属性。

商标是附着于商品或服务之上的，有商品或服务才有商标。任何文字、图形、字母、数字、三维标志和颜色组合，都必须与特定的商品或服务相联系，方成为商标，才能起到区分商品或服务的来源的作用。

（2）商标具有财产属性，具有相对独立性。

企业的商标反映其商品的知名度和市场竞争能力，是一种重要的无形资产。其价值不仅可以用有形的财产去衡量，甚至更为重要。根据 TRIPS 协议

第 21 条规定，商标可以离开企业的经营作价转让。这也印证了商标本身具有独立的价值属性。

（3）商标是区别商品来源的标志，具有识别性。

这是商标最本质的特征。商品上的标志很多，只有用来区分此商品和彼商品的标志，才是商标。如果使用的商标是一种不具有区别功能的通用标志，就不能获得商标法的保护。

（4）商标具有表示商品质量的属性，具有表彰性。

现代商标制度发展表明，商标不仅能区别商品或服务的来源，更能代表某种商品的质量、信誉，从而起到质量保证功能。

二、商标的作用

商标的作用即商标在商品的生产和交换过程中所具有的价值。商标是商品经济的产物，对商品经济的发展起着积极的促进作用。商标的作用具体体现如下：

（1）区别产品出处，表示商品来源。

这是商标最基本的作用。现实中同类商品很多，正是靠着商标的指引，人们才能把众多的商品区别开来。从本质上说商标并不是区别商品，而是区别不同的商品生产者或经营者，区别商品的来源。

（2）标示和保证商品质量，以利于商品的销售。

商品信誉的好坏从根本上说是由商品质量决定的，而商品质量的优劣是通过商标作媒体传送给消费者和用户的。一个商标用于某种商品，经过长期反复的使用后，就会在生产者、经营者和消费者心目中成为一定质量的象征。

（3）便于进行广告宣传，引导消费者购买商品。

商标代表商品的质量和企业的信誉，而消费者往往以牌购货。利用商标进行广告宣传，可以起到画龙点睛的作用，使商品伴随商标而家喻户晓。所以，商品的广告总是同其商标联系在一起的，而且特定商标总是广告的核心。

（4）增强商品竞争能力，开展正当竞争。

在现代商品经营中，支配商品销路不仅要靠商品的质量，还要靠商标充当"急先锋"。商品质量再好,如果隐名埋姓,也是难以打开销路,从而难以取得竞争优势。企业之间利用商标手段进行公平竞争,无疑有利于增强自己的竞争能力和企业活力。

(5)有利于开展对外贸易,开拓国际市场,维护本国的经济利益。

在国际贸易中,商标的作用极其显著。要在竞争异常激烈的当代国际市场上占有一席之地,除了以质量取胜,还必须通过商标和商标广告宣传,使他人能够了解自己的商品。而且,出口商品的商标在国外及时获得注册保护,对于维护商品在当地的销售权益具有举足轻重的作用。

此外,商标还具有美化商品、美化人民生活等作用。

三、商标法的概念

商标法是调整因商标的注册、使用、管理和保护而产生的各种社会关系的法律规范的总和。商标法的核心内容是对商标权的保护,并以此为杠杆建立商标管理法律制度。

商标法调整的是因商标活动而产生的各种社会关系,包括国家机关、企事业单位、社会团体、个体工商户以及公民个人之间因商标的注册、使用、管理和保护发生的关系。具体地说包括:

一是调整商标管理机关因实施其管理职能而与商标注册人、使用人之间所发生的纵向关系,如商标注册申请中的审核关系、商标的使用管理关系;

二是调整商标注册人、使用人因商标注册、使用而发生的平等主体之间的社会关系,如注册商标争议人与被争议人之间因商标争议而发生的社会关系,注册商标转让人与受让人因注册商标转让而发生的社会关系;

三是调整各级商标管理机关商标管理方面发生的内部关系,主要表现为对各级商标管理机关的职责加以区分;

四是调整因侵犯商标权行为而发生在被侵权人(商标权人)与侵权人之间的社会关系。

商标法通过对这些社会关系的调整,保护商标专用权和消费者利益,积极地促进商品的生产和流通。

第二节　商标权的取得

一、商标注册的申请

商标注册有一定的法律程序。在我国，商标注册程序整体上可以分为必经程序和特别程序。必经程序包括申请、初步审定并公告、核准注册、注册公告并载入商标注册登记簿等。特别程序是在商标注册过程中发生矛盾和冲突时适用的补救程序，包括申请被驳回后的复审、异议及异议复审等。《商标法》第4条规定，自然人、法人或者其他组织在生产经营活动中，对其商品或者服务需要取得商标专用权的，应当向商标局申请商标注册。

（一）商标注册申请应遵循的原则

《商标法》第22条第2款规定："商标注册申请人可以通过一份申请就多个类别的商品申请注册同一商标。"

《商标法》第22条第1款规定："商标注册申请人应当按规定的商品分类表填报使用商标的商品类别和商品名称，提出注册申请。"据此，申请人在申请书中应当明确指定在哪些类商品的哪些商品上使用该注册商标。

（二）商标注册申请文件

商标注册的申请是一种要式法律行为。申请人应向商标局报送商标注册申请人资格证明、商标注册申请书、商标图样，附送有关证明文件，并缴纳申请费。

商标申请人应提供的申请文件有：

（1）商标注册申请书。申请人应按规定填写申请人的基本情况；

（2）商标图样；

（3）商标代理人委托书——申请注册如果是委托商标代理人办理的，应当附送这种委托书。

（三）有关证明文件

证明文件申请因类别而异。如申请注册的商标图样中有他人的肖像或姓名时，应提供许可证明文件等。

此外，申请商标注册和办理其他商标事宜，都必须按照规定缴纳费用。

（四）商标注册申请的申请日

根据《商标法实施条例》第18条规定，商标注册的申请日期以商标局收到申请文件的日期为准。第19条规定，两个或两个以上的申请人，在同一种商品或者类似商品上，分别以相同或者近似的商标在同一天申请注册的，各申请人应在自收到商标局通知之日起30日内提交其申请注册前在先使用该商标的证据。同日使用或者均未使用的，各申请人可以自收到商标局通知之日起30日内自行协商，并将书面协议报送商标局；不愿协商或协商不成立，商标局通知各申请人以抽签的方式确定一个申请人，驳回其他人的注册申请。商标局已经通知但申请人未参加抽签的，视为放弃申请，商标局应当书面通知未参加抽签的申请人。

（五）商标注册申请优先权

《巴黎公约》第4条规定了注册商标申请的优先权，时间为6个月；第11条要求成员国对在所有成员国内主办或者承认的国际展览会上展出的商品或者服务的商标予以临时保护，这些商标所有人可以要求优先权，时间也为6个月。《商标法》（1982年）没有关于优先权的规定。由国务院批准、国家工商行政管理总局1985年发布的《关于申请商标注册要求优先权的暂行规定》及《商标法实施细则》（1988年修正）第15条，对优先权作了规定，但是没有涉及展览会临时保护的规定。为了进一步完善注册商标申请优先权制度，《商标法》第25、第26条分别规定：

商标注册申请人自其商标在外国第一次提出商标注册申请之日起6个月内，又在中国就相同商品以同一商标提出商标注册申请的，依照该外国同中国签订的协议或者共同参加的国际条约，或者按照相互承认优先权的原则，可以享有优先权。依照前款要求优先权的，应当在提出商标注册申请的时候提出书面声明，并且在3个月内提交第一次提出的商标注册申请文件的副本；未提出书面声明或者逾期未提交商标注册申请文件副本的，视为未要求优先权。

商标在中国政府主办或者承认的国际展览会展出的商品上首次使用的，自该商品的展出之日起6个月内，该商标的注册申请人可以享有优先权。依照前款要求优先权的，应当在提出商标注册申请的时候提出书面声明，并且在 3 个月内提交展出其商品的展览会名称、在展出商品上使用该商标的证据、展出日期等证明文件；未提出书面声明或者逾期未提交证明文件的，视为未要求优先权。

二、商标注册的审查和核准

（一）初步审定和公告

《商标法》第 28 条规定，申请注册的商标，凡符合本法有关规定的，由商标局初步审定，予以公告。

商标局对申请注册的商标进行审查后，认为符合《商标法》的规定，作出初步核准的决定。商标局把初步审定的商标刊登在《商标公告》上，予以公告。初步审定的商标并非正式注册，因而此时申请人尚不享有商标专用权。对此商标还要进行第一次公告，以征询社会公众的意见，特别是与该商标有关联的人的意见。

（二）审查与驳回

1. 绝对审查

《商标法》第 10 条规定的不能作为商标使用的标志和第 11 条、第 12 条规定的不能作为商标注册的标志，都属于绝对不得注册的标志，又称为商标不得注册的绝对事由。第 11 条规定的是缺乏显著性的标志，如本商品的通用名称、图形、型号，直接表示商品的质量、主要原料、功能、用途、重量、数量和其他特点的，以及其他缺乏显著特征的。这些标志经过使用获得显著特征，并便于识别的，可以申请注册。商标审查实践中对显著性的审查遵循五个原则，即结合商品和服务审查的原则，结合相关公众审查的原则，结合实际使用审查的原则，整体审查的原则和考虑公共利益的原则。第 12 条规定由商品自身性质产生的形状、为获得技术效果需有的形状或者使商品具有实质性价值的形状，不得作为商标注册。禁止此类三维标志注册，是为了防止借商标注册垄断产品或技术，维护竞争自由。

2. 相对审查

（1）先申请原则商标注册申请的审查实行申请在先的原则，或者说注册在先的原则。即谁先申请，谁就可以获准注册。申请在先的原则是由商标注册原则直接引申而来的。采用这一原则有利于促使商标使用人尽早申请商标注册，及早获得商标权，并且有利于增强其商标法律意识。

《商标法》实行申请在先的原则，但同时以使用在先原则作必要补充。《商标法》第 31 条规定：两个或者两个以上的商标注册申请人，在同一种商品或者类似商品上，以相同或者近似的商标申请注册的，初步审定并公告申请在先的商标；同一天申请的，初步审定并公告使用在先的商标，驳回其他人的申请，不予公告。

（2）驳回申请的情形。

根据《商标法》第 4 条、第 30 条、第 31 条之规定，由商标局驳回申请的情形有：

①不以使用为目的的恶意商标注册申请；

②同他人在同一种商品或者类似商品上已经注册的商标相同或者近似的；

③同他人在同一种商品或者类似商品上初步审定的商标相同或者近似的；

④两个或者两个以上的商标注册申请人，同一天在同一种商品或者类似商品上，以相同或者近似的商标申请注册的，初步审定并公告使用在先的商标，驳回其他人的申请。

⑤申请注册商标不符合《商标法》有关规定的。

3. 注册申请的复审

（1）复审机构。

商标评审委员会（原商标评审委员会，2019 年由国家知识产权局商标局相关部门承担其职能，为与现行《商标法》保持统一，后文仍称"商标评审委员会"）是国家知识产权局设立的专门负责处理商标争议事宜的机构。商标评审委员会复审的范围包括：对商标局驳回的商标申请，应当事人请求进行复审；对商标局作出的异议裁定、商标撤销裁定，应当事人请求进行复审。

（2）复审期限。

商标局对申请注册的商标进行实质审查后，认为不符合《商标法》规定的，驳回申请，不予公告，并书面通知申请人。商标局认为商标注册的内容可以修正的，发给审查意见书，限期在收到通知之日起 15 日内予以修正；未作修改、超过期限修正或者修正后仍不符合《商标法》有关规定的，同样驳回申请，不予公告。如果申请人不服商标局的驳回理由和法律依据，可以在收到驳回通知之日起15日内向商标评审委员会申请复审，由商标评审委员会做出决定，并书面通知申请人。

（3）对复审决定不服的救济。

根据《商标法》第34条规定，当事人对商标评审委员会的决定不服的，可以自收到通知之日起30日内向人民法院起诉。

4.商标异议

（1）异议理由。

根据《商标法》的规定，提出异议的理由分为两类。一类是申请注册的商标损害他人的在先权利或权益，包括损害他人驰名商标权益的；代理人、代表人未经授权以自己名义将被代理人、被代表人的商标进行注册的；申请人与在先商标使用人具有上述关系以外的合同、业务往来关系或者其他关系，明知为他人的商标而申请注册的；商标标志中包含有商品的地理标志，但该商品并非来源于该标志所标示的地区，误导公众的；申请注册的商标与他人在同一种或者类似商品或服务上已经注册或初步审定公告的商标相同或者近似的；其他损害他人在先权利的以及以不正当手段抢先注册他人已经使用并有一定影响的商标的。另一类是任何人认为该商标存在违反《商标法》规定可以授予时商标权之规定的（即违反《商标法》第四条、第十条、第十一条、第十二条、第十九条第四款规定的）。

（2）提出商标异议的期限。

根据《商标法》第33条规定，对商标局初步审定公告的商标，自公告之日起3个月内，在先权利人、利害关系人认为违反本法第13条第2款和第3款、第15条、第16条第1款、第30条、第31条、第32条规定的，或者任何人认为违反本法第4条、第10条、第11条、第12条、第19条第4款规定的，可以向商标局提出异议。提出异议的理由与实质审查的内容一样。

（3）商标异议的决定。

《商标法》第35条第1款规定：对初步审定公告的商标提出异议的，商标局应当听取异议人和被异议人陈述事实和理由，经调查核实后，自公告期满之日起12个月内做出是否准予注册的决定，并书面通知异议人和被异议人。有特殊情况需要延长的，经国务院工商行政管理部门批准，可以延长6个月。

（4）对商标异议决定不服的复审。

根据《商标法》第 35 条第 3 款：商标局做出不予注册决定，被异议人不服的，可以自收到通知之日起 15 日内向商标评审委员会申请复审。商标评审委员会应当自收到申请之日起 12 个月内做出复审决定，并书面通知异议人和被异议人。

（5）对复审决定不服的救济。

根据《商标法》第 35 条第 3 款：被异议人对商标评审委员会的决定不服的，可以自收到通知之日起 30 日内向人民法院起诉。人民法院应当通知异议人作为第三人参加诉讼。

5. 核准注册

核准注册是商标注册申请人取得商标专用权的决定性环节，也是商标注册审核程序的最后一个阶段。核准注册有三种情况：一是商标注册申请经初步审定公告后 3 个月内无人提出异议，异议期届满后即由商标局直接核准注册；二是商标注册申请经初步审定公告后 3 个月内有人提出异议，经商标局裁定认为异议不成立，异议人未申请复审，商标局即核准注册；三是经商标局对异议裁定后，异议人或被异议人对裁定不服而申请复审，经商标评审委员会裁定异议不成立，30 日内不向人民法院起诉的，商标局依该决定核准注册。

商标获准注册后，商标局即向其注册人颁布商标注册证，在《商标公告》上刊登注册公告。商标注册申请人自其商标核准注册之日起成为商标权人，取得了商标专用权。

第三节　商标权的内容

一、注册商标专用权的内容

（一）商标专用权的内涵

商标权是商标所有人依法对其注册商标所享有的权利。这种权利是国家商标管理机关按照法定程序，通过核准注册赋予注册商标所有人一种排他性的权利，受到国家强制力的保护。

从工业产权的角度看，商标专用权具有以下法律特征。

1. 专有性

这是指商标注册人对注册商标享有专有使用的权利，其他任何单位或个人未经商标注册人的许可，不得使用该注册商标。《商标法》第3条规定：经商标局核准注册的商标为注册商标，包括商品商标、服务商标、集体商标和证明商标；商标注册人享有商标专用权，受法律保护。商标权的专有性主要体现在：

第一，商标注册人自己有完全的使用权，他人无权加以干涉。这也就是通常所说的商标权的积极效力。不过应注意，商标注册人使用自己的注册商标也应当符合法律规定，不得滥用或乱用。

第二，注册人享有"禁止权"，即商标注册人有权排除第三者擅自使用其注册商标。具体地说，商标注册人有权禁止他人未经许可在同一种商品或类似商品上使用与其注册商标相同或近似的商标，有权禁止他人擅自制造或销售其注册商标标识，还有权禁止将与注册商标相同文字、图形作商品名称或商品装潢使用。这也可以说是商标权的消极效力。

值得注意的是，商标使用权和禁止权的效力在范围上有所不同。商标使用权范围以核准注册的商标和核定使用的商品为限。但商标禁止权的范围却扩展到"类似商品"和"近似商标"上。禁止权之所以可以超出注册事项发生效力，是因为商标权作为一种无形财产权，其价值是通过注册商标的识别作用体现的。这种识别作用的发挥，又以消费者能否辨认为转移。鉴于类似商品和近似商标的使用会造成对注册商标的仿冒和影射，导致消费者的误认和混淆，有必要把商标权保护范围拓展至商标权人使用权范围之外。

2. 地域性

这是指商标所有人享有的商标权，只在授予该项权利的国家有效，在其他国家内不发生法律效力。

3. 时间性

商标权有一定的法定有效期限。有效期届满前可以申请续展注册，到期不续展则商标权的效力自行终止。从实际情况看，由于商标权可以不受次数限制地予以续展，商标权的保护期是可以无限的。

（二）商标专用权的内容

商标专用权是商标所有人在指定商品上独占性地使用其注册商标的权利。它是商标权区别于其他有形财产权最主要的法律特征。但应注意，商标专用权的排他效力只限于在同一种商品或类似商品的范围内。

商标专用权的内容至少涉及以下权利：

（1）标明"注册商标"或者注册标记的权利。

这种权利实际上是一种标记权。

（2）转让商标的权利。

也就是商标转让权，是商标所有人享有转移其商标所有权的权利。商标权的转让是商标权人行使处分权的表现。

（3）许可使用商标的权利。

也就是商标许可使用权，是商标所有人享有的许可他人使用其注册商标的权利。这也是商标权人行使其处分权的一种。这一权利的实质是商标权人对其专用权的自愿限制，但这种限制以获取许可使用费为前提。从世界上绝大多数国家商标立法和国际公约的规定看，商标权人行使这种权利是实现商标权财产价值的一个重要方面。

此外，一般认为，商标专用权还与以下两种权利相关：商标续展权和商标诉讼权。前者是指注册商标所有人向商标局申请延长商标保护期限的权利，商标法确认商标权人的这种权利有利于维护商标信誉的持续性，也有利于维护市场经济秩序，充分实现商标法的宗旨；后者是指商标所有人的注册商标受到他人不法侵害时，有权向法院起诉，要求侵权人承担相应的法律责任，它是实现商标权人权利的法律保障。

二、注册商标的有效期和期限起算

商标权的期限指商标权具有法律效力的期限，也称注册商标的有效期。商标权的期限与商标权的保护期是一致的。

各国商标法对商标权的期限都有规定，绝大多数在10～20年。如美国、菲律宾、意大利、厄瓜多尔、西班牙规定为20年。我国《商标法》（2013年修正）第39条规定，注册商标的有效期限为10年。2019年修正后的《商标法》维持了原有规定。

关于商标权有效期的起算日期，少数国家规定从申请日起算，大多数国家规定从注册之日起算。我国商标权的有效期从核准注册之日起计算。

三、注册商标的续展、转让和使用许可

（一）续展的期限和宽限期

商标权的续展是指延长注册商标的有效期，即注册商标有效期延续。注册商标有效期届满之际，当事人需要继续使用该注册商标的，商标所有人可依商标法规定提出续展注册申请。

商标权的续展是商标法的一项重要制度。注册商标是区别企业商品的标志，是企业参与竞争，占领市场的有力武器，但商标信誉在大多数情况下不是短期内所能形成的，它需要商品生产者或经营者长期不懈的努力，这就需要在较长时间内保持商标权的效力。要做到这点，唯有延长商标权的有效期。所以商标法应授予商标权人之注册续展权。从商标管理的角度看，实行这一制度可使那些未申请续展注册的商标自动失效，从而可以清除一批不符合商标法宗旨的商标。

根据《商标法》的规定，商标权的续展应依法提出续展注册申请。该申请一般应在注册商标有效期届满前12个月内办理。如果在这个期限内未提出申请，则可以给予6个月的宽展期。宽展期满仍未提出续展注册申请的，注销其注册商标。每次续展注册的有效期为10年。《商标法》对注册商标续展的次数没有限制，从这个意义上说，商标保护没有期限，因而不具时间性，这一点与专利权和著作权不同。

（二）转让

1. 注册商标转让的含义

注册商标的转让又称商标权的转让，是指注册商标所有人依法定程序根据一定的条件将其注册商标转让给他人所有的一种法律行为。注册商标的转让是商标权主体的变更，在商标权转让后，原商标注册人即丧失了对该商标的所有权。

注册商标是一种无形财产，它与有形财产一样可以被依法转让。注册商标转让是商标权人依法处置其商标权的行为，是商标权人行使权利的体现。

2. 注册商标转让的申请与核准公告

根据《商标法》第 42 条和《商标法实施条例》第 31 条的规定，转让注册商标，转让人和受让人应当签订协议，并共同向商标局提出申请。商标局收到转让注册商标申请后进行审查，经审查后认为符合要求，即核准注册，并予以公告。对可能产生误认、混淆或者其他不良影响的转让注册商标的申请，商标局不予核准，书面通知申请人并说明理由。

3. 受让人义务

根据《商标法》第 42 条第 1 款条规定，受让人应保证使用该注册商标的商品质量。

4. 注册商标转让的限制

注册商标转让是一种自愿行为，但并不是可以随意进行的。转让的限制体现在转让以公众不致发生误认为条件。

（1）注册商标的转让属于要式法律行为，商标所有人不得自行转让注册商标，必须依法定程序办理。

（2）属于类似商品的商标，不得单独转让。

即在同一种或者类似商品上注册的相同或者近似的商标必须同时全部转让，不得部分转让。《商标法》第 42 条第 2 款明确规定：转让注册商标的，商标注册人对其在同一种或者类似商品上注册的相同或者近似的商标，必须一并转让。例如，某注册商标为"雪山"，核定使用于皮包、皮箱上，商标权人转让"雪山"商标时，不得只转让其中皮包一个商品商标，而应把皮包和皮箱两个类似商品的商标权一并转让。不过应注意，类似商品商标的全部转让不得超越商标注册时所限定的商品种类。非同种也非类似商品分别申请同一注册商标或近似商标并获得专用权的，则可以分开转让或部分转让。

（3）属于共同所有的注册商标，未经其他共有人的同意，不得自行转让。

共有人转让属于自己那一部分份额时，必须取得其他共有人的同意，而且其他共有人有优先受让的权利。

此外，受让人还必须保证商品的质量。使用转让商标，其商品粗制滥造，以次充好，欺骗消费者的，其受让的注册商标就会被撤销。这一限制在前述受让人义务方面已经提及。

至于对转让已经许可他人使用的注册商标，是否应当受到原许可使用合同的限制，我国《商标法》并未从立法上作出明确规定。《最高人民法院关于审理商标民事纠纷案件适用法律若干问题的解释》（2020年修正）第20条对注册商标转让前有关商标使用许可合同的效力作出了规定。注册商标的转让不影响转让前已经生效的商标使用许可合同的效力，但商标使用许可合同另有约定的除外。该条司法解释的规定，肯定了注册商标转让前合法订立的使用许可合同的效力，不能因为注册商标权人的变更而否定其效力，应当依照合同的约定继续履行。该条司法解释也规定了除外的情况，即商标使用许可合同对此另有约定的，依照该约定执行。也就是说，原来的商标使用许可合同约定商标转让终结商标使用合同等条款的，应当按照该约定处理，充分体现了当事人约定优先的原则。

（三）使用许可

1. 注册商标使用许可的含义

注册商标的使用许可又称商标权的使用许可，是指商标注册人将其注册商标通过签订使用许可合同，允许被许可人在一定的条件下使用其注册商标，被许可人获得商标使用权的一种法律行为。注册商标的使用许可与转让具有本质上的不同，它不是商标所有权的转移，只是商标使用权的转移。

注册商标的使用许可属于许可证贸易范畴。过去我国对商标专用权的概念囿于商标注册人对其注册商标的独占和使用的权利的理解上，商标许可使用制度的实行无疑大大丰富了商标专用权的内容。

2. 注册商标使用许可的类型

根据《商标法》第43条规定与《最高人民法院关于审理商标民事纠纷案件适用法律若干问题的解释》（2020年修正）的第3条的规定，注册商标使用许可包括以下三类。

（1）独占使用许可。

这是指商标注册人在约定的期间、地域和以约定的方式，将该注册商标仅许可一个被许可人使用，商标注册人依约定不得使用该注册商标。商标所有人承担在一定时间、地域范围内就相同商品不再许可第三人使用该注册商标的义务，在许可证范围内也不得使用自己的注册商标。被许可人根据这种许可使用的方式可以行使禁止权。

（2）排他使用许可。

这是指商标注册人在约定的期间、地域和以约定的方式，将该注册商标仅许可一个被许可人使用，商标注册人依约定可以使用该注册商标但不得另行许可他人使用该注册商标。排他使用许可与独占使用许可的区别在于商标注册人是否有权使用被许可的商标。

（3）普通使用许可。

这是指商标注册人在约定的期间、地域和以约定的方式，许可他人使用其注册商标，并可自行使用该注册商标和许可他人使用其注册商标。被许可人不享有禁止其他被许可人使用的权利，许可人本人也可以继续使用其注册商标。在使用权范围内，各被许可人间不得相互排斥。

3. 注册商标使用许可合同

注册商标使用许可一般是通过签订使用许可合同的方式实现的，以此规定合同双方的权利和义务。

一般地说，许可人的权利主要是收取许可使用费，被许可人的主要权利为在规定的范围内使用许可人的注册商标。

4. 备案

根据《商标法》第43条第3款规定，注册商标使用许可合同应当报商标局备案。

5. 许可人和被许可人的义务

依《商标法》第43条第1、2款规定，商标注册人可以通过签订商标使用许可合同，许可他人使用其注册商标。许可人的义务是监督被许可人使用其注册商标的商品质量。被许可人的义务是：①保证使用该注册商标的商品质量；②在使用该注册商标的商品上标明被许可人的名称和商品产地。

第四节　商标权的消灭

一、注册商标的注销

商标权的终止也称注册商标的终止或注册商标的失效，是指注册商标权人由于法定原因导致商标权的丧失，不再受法律保护。商标权的终止包括注册商标被注销和被撤销两种情况。

注册商标的注销指的是商标局依据商标注册人的申请或期满不请求续展注册商标等事宜，依照《商标法》的规定以注销的形式终止其商标权的行为。注册商标的注销一般是注册商标人自愿放弃其商标权的结果。注册商标注销的情形有：

其一，商标注册人向商标局书面声明放弃注册。需要指出，如果商标权人已与他人签订了商标使用许可合同，他应该在取得被许可人同意后才能放弃自己的商标权，否则应承担违约责任。

其二，注册商标有效期届满，宽展期已过，商标注册人仍未提出续展注册申请，或者在宽展期以内提出申请而被商标局驳回的，商标权自行终止。

其三，商标注册人消灭，无继受人或在法律规定的时间内，其注册商标未办理转让注册的，该商标权归于消灭。

二、注册商标的撤销

注册商标的撤销是指商标局对注册商标人违反商标法的有关规定以行政强制手段终止其商标权效力的法律行为，是对注册商标人采取的一种行政处罚手段。撤销注册商标后，原商标所有人就丧失了商标所有权。不难看出，注册商标的撤销和注销的性质不同，前者是由于商标注册人违反了法律的规定而招致的法律后果，是商标主管部门对其采取的行政惩罚手段或强制行政手段，后者则是由于法律条件的发生或商标注册人自愿放弃商标权的结果。

根据我国《商标法》的规定，注册商标的撤销主要有商标局依职权的撤销和当事人请求的撤销两种。

（一）商标局依职权的撤销

1.撤销事由与程序

《商标法》第49条第1款规定了工商行政管理部门依职权对商标进行撤销的事由：商标注册人在使用注册商标的过程中，自行改变注册商标、注册人名义、地址或者其他注册事项的，由地方工商行政管理部门责令限期改正；期满不改正的，由商标局撤销其注册商标。

2. 对撤销决定不服的救济

对商标局撤销注册商标的决定，当事人不服的，可以自收到通知之日起 15 日内向商标评审委员会申请复审，由商标评审委员会做出决定，并书面通知申请人。当事人对商标评审委员会的决定不服的，可以自收到通知之日起 30 日内向人民法院起诉。这里的"撤销"除商标注册无效导致的商标局依职权的撤销外，也包括使用和不使用导致的撤销。

（二）当事人请求的撤销

1. 撤销事由

《商标法》第 49 条第 2 款规定了由当事人申请而进行商标撤销的事由：注册商标成为其核定使用的商品的通用名称或者没有正当理由连续三年不使用的，任何单位或者个人可以向商标局申请撤销该注册商标。商标局应当自收到申请之日起 9 个月内做出决定。有特殊情况需要延长的，经国务院工商行政管理部门批准，可以延长 3 个月。

2. 撤销机构

上述注册商标的撤销机构为商标局。

3. 撤销程序

经当事人请求而商标撤销的情形所适用的程序应分情况讨论：

《商标法实施条例》第 65 条第 1 款规定：有《商标法》第 49 条规定的注册商标成为其核定使用的商品通用名称情形的，任何单位或者个人可以向商标局申请撤销该注册商标，提交申请时应当附送证据材料。商标局受理后应当通知商标注册人，限其自收到通知之日起 2 个月内答辩；期满未答辩的，不影响商标局作出决定。

《商标法实施条例》第 66 条规定：有《商标法》第 49 条规定的注册商标无正当理由连续 3 年不使用情形的，任何单位或者个人可以向商标局申请撤销该注册商标，提交申请时应当说明有关情况。商标局受理后应当通知商标注册人，限其自收到通知之日起 2 个月内提交该商标在撤销申请提出前使用的证据材料或者说明不使用的正当理由；期满未提供使用的证据材料或者证据材料无效并没有正当理由的，由商标局撤销其注册商标。

4. 对撤销裁定不服的救济

当事人对商标评审委员会的裁定不服的，可以自收到通知之日起 30 日内向人民法院起诉。

需要注意的是，注册商标因注册不当和使用不当而被撤销的，其效力是不同的。注册不当商标被撤销后，其商标权视为从开始就不存在，即该注册商标从核准注册之日起就不具有法律效力。不过，这种追溯效力也有例外：撤销不当注册商标的裁定或决定，对在撤销前人民法院做出并已执行的商标侵权案件的判决、裁定，工商行政管理机关做出并已执行的商标侵权案件的处理决定，以及已经履行的商标转让或使用许可合同不具有追溯力。但因商标注册人的恶意给他人造成损失的应予以赔偿。使用不当的注册商标被撤销后，商标权则只是因使用不当而提前终止，并不导致自始无效的后果。

注册商标无论是因注销还是因撤销而终止的，都不再受法律保护。为维护消费者利益，避免商标混同，《商标法》第 50 条规定：注册商标被撤销、被宣告无效或者期满不再续展的，自撤销、宣告无效或者注销之日起一年内，商标局对与该商标相同或者近似的商标注册申请，不予核准。

三、注册商标的无效宣告

（一）无效宣告的事由

根据《商标法》第 44 条第 1 款的规定，商标无效宣告的一般事由有以下 6 项：

（1）不以使用为目的，恶意注册申请的商标。

（2）使用了《商标法》第 10 条规定的不得作为商标使用的标志。

（3）使用了《商标法》第 11 条规定的不得作为商标注册的标志。

（4）商标中的三维标志为仅由商品自身的性质产生的形状、为获得技术效果而需有的商品形状或者使商品具有实质性价值的形状。

（5）商标代理机构除对其代理服务申请商标注册外，申请注册的其他商标。

（6）以欺骗手段或者其他不正当手段取得注册的商标。

值得注意的是，根据《商标法》第 45 条第 1 款的规定，以下 7 项事由自商标注册之日起 5 年内，在先权利人或者利害关系人可以请求商标评审委员会宣告该注册商标无效，但对恶意注册的，驰名商标所有人不受 5 年的时间限制。

（1）就相同或者类似商品申请注册的商标是复制、摹仿或者翻译他人未在中国注册的驰名商标，容易导致混淆的。

（2）就不相同或者不相类似商品申请注册的商标是复制、摹仿或者翻译他人已经在中国注册的驰名商标，误导公众，致使该驰名商标注册人的利益可能受到损害的。

（3）未经授权，代理人或者代表人以自己的名义将被代理人或者被代表人的商标进行注册，被代理人或者被代表人提出异议的。

（4）商标中有商品的地理标志，而该商品并非来源于该标志所标示的地区，误导公众的。

（5）与在先注册或初步审定的商标相同或近似的。

（6）违反以先使用为补充的先申请原则的。

（7）侵犯在先权利，以不正当手段抢注知名未注册商标的。

（二）无效宣告的程序

根据《商标法》第 44 条第 2、第 3 款的规定，商标局依职权做出宣告商标无效的决定与其他单位或者个人请求商标评审委员会宣告注册商标无效分别适用不同的程序。

商标局做出宣告注册商标无效的决定，应当书面通知当事人。当事人对商标局的决定不服的，可以自收到通知之日起 15 日内向商标评审委员会申请复审。商标评审委员会应当自收到申请之日起 9 个月内做出决定，并书面通知当事人。有特殊情况需要延长的，经国务院工商行政管理部门批准，可以延长 3 个月。当事人对商标评审委员会的决定不服的，可以自收到通知之日起 30 日内向人民法院起诉。

其他单位或者个人请求商标评审委员会宣告注册商标无效的，商标评审委员会收到申请后，应当书面通知有关当事人，并限期提出答辩。商标评审委员会应当自收到申请之日起 9 个月内做出维持注册商标或者宣告注册商标无效的裁定，并书面通知当事人。有特殊情况需要延长的，经国务院工商行政管理部门批准，可以延长3个月。当事人对商标评审委员会的裁定不服的，可以自收到通知之日起30日内向人民法院起诉。人民法院应当通知商标裁定程序的对方当事人作为第三人参加诉讼。

而根据《商标法》第45条第2、第3款的规定：对于以上7种需要在商标注册之日起5年内提出无效宣告申请的，商标评审委员会收到宣告注册商标无效的申请后，应当书面通知有关当事人，并限期提出答辩。商标评审委员会应当自收到申请之日起12个月内做出维持注册商标或者宣告注册商标无效的裁定，并书面通知当事人。有特殊情况需要延长的，经国务院工商行政管理部门批准，可以延长6个月。当事人对商标评审委员会的裁定不服的，可以自收到通知之日起30日内向人民法院起诉。人民法院应当通知商标裁定程序的对方当事人作为第三人参加诉讼。商标评审委员会在依照前款规定对无效宣告请求进行审查的过程中，所涉及的在先权利的确定必须以人民法院正在审理或者行政机关正在处理的另一案件的结果为依据的，可以中止审查。中止原因消除后，应当恢复审查程序。

根据《商标法》第46条的规定：法定期限届满，当事人对商标局宣告注册商标无效的决定不申请复审或者对商标评审委员会的复审决定、维持注册商标或者宣告注册商标无效的裁定不向人民法院起诉的，商标局的决定或者商标评审委员会的复审决定、裁定生效。

（三）无效宣告的法律效果

根据《商标法》第47条的规定：

（1）依照本法第44条、第45条的规定宣告无效的注册商标，由商标局予以公告，该注册商标专用权视为自始即不存在。

（2）宣告注册商标无效的决定或者裁定，对宣告无效前人民法院做出并已执行的商标侵权案件的判决、裁定、调解书和工商行政管理部门做出并已执行的商标侵权案件的处理决定以及已经履行的商标转让或者使用许可合同不具有追溯力。但是，因商标注册人的恶意给他人造成的损失，应当给予赔偿。

（3）依照前款规定不返还商标侵权赔偿金、商标转让费、商标使用费，明显违反公平原则的，应当全部或者部分返还。

第五节　商标使用的管理

商标管理有广义与狭义之分。广义的商标管理是指国家商标主管机关和商标的使用人对于商标注册和商标使用所依法进行的管理。狭义的商标管理则是指国家商标主管机关对注册商标和未注册商标使用的管理。这里所指的是狭义的商标管理。

商标是商品经济的产物，也是商品竞争和服务竞争的武器，在市场经济条件下成为使用者的一种财富，对商标使用的管理因此成为商标法制的一项重要内容。商标使用管理的作用包括：监督商标人依法正确使用商标，维护商标声誉；预防未注册商标使用人未经商标权人许可冒充注册商标，维护正常的竞争秩序；有效防止商标标识的非法印刷，以保护商标权人的合法权益；有效防止违法行为产生，同时也能更好地保护消费者的合法权益。

一、注册商标的使用

1. 对使用注册商标的商品质量的管理

《商标法》第 7 条、第 42 条、第 43 条明确规定，商标所有人应对自己的商品质量负责，同时在第 2 条、第 49 条、第 52 条中规定了工商行政管理部门有对商品质量监督之责。

通过商标管理监督商品质量，可以促进企业重视和保持商品质量，维护商标信誉，为企业创名牌和保名牌形成良好的外部条件，同时也是保障消费者利益所必需的。工商行政管理机关对商品质量的监督，主要体现于商品流通领域中对使用注册商标的商品进行检查、管理。

2. 注册商标使用的管理

注册商标的使用管理是指工商行政管理机关监督注册商标使用人在商标的商业使用中，依法在核定使用的商品上正确使用核准注册的商标的行为。主要内容如下：

（1）检查是否按规定使用注册商标标记。

使用注册商标，应当表明"注册商标"字样或注册标记"注"或"R"，标示应当规范且位置应该适当。商标上能够标明的，应标在商品上，只有商品上不便标明的，才标在商品包装或说明书及其他附着物上。工商行政管理部门应监督与检查注册商标人及其被许可人履行标记手续，特别是要防止在未注册商标上使用"注册商标"字样或标记。一旦发现商标标记使用不当，应予以纠正和处理。

（2）检查注册商标人是否擅自改动注册商标或改变注册人名义、地址，或把商标搁置不用等情况。

《商标法》第49条第1款规定，自行改变注册商标的；自行改变注册人名义、地址或者其他注册事项的，由商标局责令限期改正或者撤销其注册商标。

《商标法》第49条第2款规定，注册商标成为其核定使用的商品的通用名称或者没有正当理由连续三年不使用的，任何单位或者个人可以向商标局申请撤销该注册商标。

（3）检查商标使用是否符合核定的商品范围。

注册商标专用权，只有在核定的商品上使用，才具有法律效力。这样能保持商标与核定商品范围的一致性。如果超出核定的使用范围使用注册商标，就会损害消费者利益，产生商标使用上的混乱，商标专用权将得不到法律的保护。发现有不一致的情况，商标管理部门将责令改正，或者令其另行申请注册。如注册商标确需在同一类别的其他商品上使用时，应当另行提出申请。

（4）加强对已被注销或撤销的商标的管理。

为了维护消费者的利益，避免市场上出现混同商标，导致消费者误认，《商标法》第50条规定：注册商标被撤销、被宣告无效或者期满不再续展的，自撤销、宣告无效或者注销之日起一年内，商标局对与该商标相同或者近似的商标注册申请，不予核准。

（5）及时补发商标注册证。

商标注册证是商标注册人拥有商标专用权的凭证，也是解决商标权属纠纷的依据。商标注册人应当妥善保管其商标注册证，不得外借、转让、涂改、伪造。商标注册证如发生遗失，应及时报告发证机关，按《商标法实施条例》第64条规定办理补证手续。

（6）检查许可他人使用注册商标时是否签订商标使用许可合同。

商标使用许可合同必须采用书面形式，并应报工商行政管理局存查和报商标局备案。商标注册人违反使用许可规定的，工商行政管理机关有权责令其改正；拒不改正的，报请商标局撤销其注册商标，并收缴被许可人的商标标识。

二、未注册商标的使用

(一) 未注册商标的使用规定

未注册商标是未经商标局核准注册而直接投放市场使用的商标。未注册商标没有取得商标专用权，因而不受商标法的保护。但它是商标的组成部分，加强对未注册商标使用的管理，是保护注册商标专用权和维护消费者利益所必需。一般地说，未注册商标不受法律保护，并非不受法律约束，因为未注册商标的不当使用，可能侵害注册商标专用权、损害消费者的正当权益，影响正常的经济秩序。对未注册商标使用的管理，主要包括以下内容：

(1) 对必须注册的商标，应责令商标使用人及时进行商标注册。

《商标法》第6条规定：法律、行政法规规定必须使用注册商标的商品，必须申请商标注册，未经核准注册的，不得在市场销售。

(2) 对未注册商标的监督检查。

由于使用未注册商标的商品大多是市场上较为次要的产品，所以对这一部分商标的管理一般易被忽视。然而，违法、违章和侵犯注册商标专用权的，往往都是这些未注册商标的使用者。所以，加强对他们的监督、检查十分重要。《商标法》第7条规定，商标使用人应当对其使用商标的商品质量负责。各级工商行政管理部门应当通过商标管理，制止欺骗消费者的行为。

(3) 检查商品或包装上是否标明企业名称和地址。

为便于对商品质量进行监督，保护消费者利益，要求商品使用未注册商标的，应当在商品上和包装上标明企业名称或地址。有些在商品上不便标明的，应在包装上标明。

(4) 使用未注册商标的企业应保证质量。

不论企业使用注册商标还是未注册商标，都应当保证其商品质量。这是维护消费者权益的必然要求。

(二) 违反规定的处罚

根据《商标法》第52条规定，将未注册商标冒充注册商标使用的，或者使用未注册商标违反本法第十条规定的，由地方工商行政管理部门予以制止，限期改正，并可以予以通报，违法经营额五万元以上的，可以处违法经营额百分之二十以下的罚款，没有违法经营额或者违法经营额不足五万元的，可以处一万元以下的罚款。

第六节　商标权的保护

一、侵犯注册商标专用权的行为

（一）侵犯注册商标专用权的行为的概念与构成条件

通常认为，商标侵权行为是侵犯注册商标专用权的行为，即未经商标注册人的许可或违反法律规定从事的使商标注册人的商标专用权受到损害的违法行为。

商标侵权行为是侵权行为的一种。一般地说，商标侵权行为的构成条件与一般侵权行为的构成条件相同。但商标侵权与一般侵权相比也有其特殊性，具体地说，商标侵权行为的构成条件是：

（1）有注册商标专用权受到损害的事实发生。

这种损害既可以是物质损害，也可以是无形损害；既可以是直接损害，也可以是间接损害。这里的直接损害即因侵权引起受害人现有财产的直接减少（物质损害）和精神损害（无形损害的一种），间接损害即因侵权使商标权人可得利益的损失。无论哪种形式的损害，都构成对商标专用权的损害。

（2）损害行为具有违法性。

这是指行为人实施了侵害他人商标专用权保护范围和保护期限内的注册商标专用权的行为，这种行为必然是违反商标法的行为，具有违法性。

（3）违法行为与损害事实之间具有因果关系，即损害事实是由违法行为所造成的。

（4）行为人主观上有过错。

只是商标侵权实行过错推定原则。侵害人只要违反了《商标法》第 57 条及其他相关规定，实施了侵害商标权的行为，即使不是出于主观上的故意，也应推定其主观上的过失,因为商标获准注册后要公告,任何人都可以公开查阅,行为人应当预见到其行为可能损害他人注册商标专用权,不能以不知情为由推卸责任。实行过错推定原则对于保护商标专用权是有利的,也是公平和合理的。

(二)侵犯注册商标专用权的行为的表现形式

根据《商标法》第 57 条、《商标法实施条例》第 75、第 76 条的规定,商标侵权行为主要有以下几种表现形式。

(1)未经注册商标所有人的许可,在同一种商品上使用与其注册商标相同或者近似的商标的行为;或者在类似商品上使用与其注册商标相同或者近似的商标,容易导致混淆的。

这是在实践中出现最多的一种商标侵权行为。例如,在相同或类似商品上,"WANBORO"和"MARBORO"商标构成近似,则在后一个商标的使用对在先商标构成侵权。

具体地说,上述侵权行为分为四种情况:未经注册商标所有人许可,在同一种商品上使用与其注册商标相同的商标;在同一种商品上使用与其注册商标近似的商标;在类似商品上使用与其注册商标相同的商标,达到容易混淆的程度;在类似商品上使用与其注册商标近似的商标,达到容易混淆的程度。

以上情况有两个共同特点,一是商标相同或近似,二是商标标识的商品相同或类似。对于商标的相同与近似、相同商品或相似商品的判断,在前述商标注册的相对条件中已有专门阐述,这里不再复述。

(2)销售侵犯商标专用权的商品。

假冒注册商标的商品只有进入市场后才会对商标权人的利益产生现实危害。假冒者往往要借助他人的销售活动才能实现其非法牟利的目的。将上述行为列为商标侵权,就可以在流通环节设置一道法律屏障,使假冒者的非法目的不能得逞。

(3)伪造、擅自制造他人注册商标标识,或者销售伪造、擅自制造的注册商标标识的行为。

伪造他人注册商标标识指仿照他人注册商标的图样及其物质实体制作假注册商标的行为。擅自制造他人注册商标标识指未经注册商标所有人委托授权制造或者超出授权范围在数量上多加制造他人注册商标标识的行为。销售伪造、擅自制造的注册商标标识是指以这种商标标识为标的进行买卖。实践中这几类行为人往往是互相勾结，因而都应依法惩处。

（4）未经商标注册人同意，更换其注册商标并将该更换商标的商品又投入市场的行为。

反向假冒与假冒是相对而言的。未经商标权人的许可，以商标权人的商品来标示自己的商品或者服务，这是商标假冒行为。反过来，未经许可将他人的商标去除，换上自己的商标，使消费者对产品或者服务的来源产生误认，这就是商标的反向假冒行为。商标的反向假冒行为在中国以前的商标法律、法规中都没有任何规定，以至在实践中当出现这类行为时法院感到无所适从。对于反向假冒是否合法，在中国过去理论上也存在一定的分歧。例如，有些人认为，商品合法到手之后，怎样改换成自己的商标再卖，与原来的经营者没有关系。

实际上，从商标法原理出发，商标的专有权是一种包含了商标标示权在内的完整的权利。所谓商标标示权，是指商标权人有权在商品经营活动中自主决定在自己的某种商品或者服务上标示或者不标示自己的注册商标，任何人都不得基于营利目的撤换、去除、覆盖该商标标识。如果将他人的商标去掉然后换上自己的商标标识，将原商标权人的商品冒充为自己的商品销售，使消费者对商品的生产者、经销者发生误认，这就侵犯了商标权人享有的商标标示权。

（5）在同一种或类似商品上，将他人注册商标相同或近似的标志作为商品名称或商品装潢使用，误导公众。

这种行为违反了诚实信用原则，有混淆之虞，并且在客观上会冲淡注册商标的识别功能，使商标丧失其作用，甚至成为商品的通用名称，实质上是一种以不公平手段侵犯商标权的行为。

（6）故意为侵犯他人注册商标专用权行为提供仓储、运输、邮寄、隐匿等便利条件的行为。

实施商标侵权行为往往需要一定的物质条件，但侵权人并非都能具备，需要由他人为其侵权提供仓储、运输、邮寄、隐匿等便利条件。但也应该注意，这种侵权应以主观上的故意为前提，以免影响仓储、运输、邮寄等正常业务的开展。

另外，根据人民法院审理商标侵权案件的实践经验，对于现实生活中某些比较突出的侵害商标权的行为还需要予以明确规定出来，以保证人民法院执法统一，更有效地对商标权进行保护。为此，《最高人民法院关于审理商标民事纠纷案件适用法律若干问题的解释》（2020年修正）第1条明确了三种侵犯注册商标专有权的行为，以作为适用《商标法》及《商标法实施条例》相关规定内容的补充。这三种情形包括：

①将与他人注册商标相同或者相近似的文字作为企业的字号在相同或者类似商品上突出使用，容易使相关公众产生误认的；

②复制、摹仿、翻译他人注册的驰名商标或其主要部分在不相同或者不相类似的商品上作为商标使用，误导公众，致使该驰名商标注册人的利益可能受到损害的；

③将与他人注册商标相同或者相近似的文字注册为域名，并且通过该域名进行相关商品交易的电子商务，容易使相关公众产生误认的。

人民法院在审判商标权纠纷案件中对认定商标侵权的行为，以上《商标法》《商标法实施条例》以及司法解释中规定的行为，都应当依法认定为侵犯商标权行为，追究行为人的民事责任和行政责任。已经有了以下几种具体行为标准：《商标法》第57条规定的七种行为，《商标法实施条例》规定的两种行为、司法解释规定的三种行为。对这些行为，都应当依法认定为侵犯商标权行为，追究行为人的民事责任和行政责任。

案例12

南海油脂工业（赤湾）有限公司诉国家工商行政管理总局商标评审委员会商标注册纠纷案

"金龙鱼 ARAWANA 及图"商标（引证商标）由郭兄弟粮油私人有限公司于1990年11月27日向国家工商行政管理总局商标局提出注册申请，于1991年11月10日被核准注册，核定使用商品为第29类中的食用油和食用油脂等。该商标注册专用权到期后已进行续展注册，续展后专用期至2011年11月9日。南海油脂公司为引证商标的一般被许可人。1999年7月12日，南宁市粮油购销储运公司第三仓库向商标局提出了"金桂鱼"商标（被异议商标）的注册申请。商标局在第756期商标公告中对被异议商标进行了初步审定公告，被异议商标指定使用的商品为第29类，具体包括食用葵花籽油、食用油脂、食用油、食用菜籽油、玉米油、芝麻油、食用棕榈油、食用猪油、制食用脂肪用脂肪物、涂面包片用脂肪混合物。在被异议商标被初审公告后，南海油脂公司对该商标提出异议。商标局在2003年1月20日作出（2003）商标异字第00110号《"金桂鱼"商标异议裁定书》，认为引证商标不具有独创性，南海油脂公司提出的商标异议不予支持。

法院认为，本案中，引证商标"金龙鱼ARAWANA及图"被核定使用在第29类中的食用油和食用油脂等商品，被异议商标"金桂鱼"申请也指定在第29类的食用油脂、食用油等商品上，故二者同属于商品分类相同的同一种商品。在被异议商标的指定商品与引证商标核准注册商品相同的情况下，能否给予被异议商标注册的关键在于被异议商标与引证商标是否近似。虽然引证商标具有较高的市场知名度，但其受保护的范围应限定在注册的类别和使用的商品上，不应任意扩大到"金×鱼"的范围，否则对社会公众权利会造成损坏。经审理查明，由于被异议商标与引证商标的含义不同，指向两种不同的鱼类，且被异议商标中的"桂"字与引证商标中的"龙"字之间读音不同，字形不同，因此，本院认为普通消费者施以一般注意力即可将被异议商标与引证商标所区分，不会造成相关公众的混同，故被异议商标与引证商标不构成在同一种商品上的近似商标。商标评审委员会据此对被异议商标予以注册是正确的。原告南海油脂公司的诉讼请求缺乏事实与法律依据，本院不予支持。

案例资料来源：【法宝引证码】CLI.C.26290

二、商标侵权的救济

（一）协商、请求工商行政管理部门处理、诉讼等解决途径

根据《商标法》第 60 条、第 61 条、第 67 条的规定，注册商标专用权一旦受到商标侵权的侵害，被侵权人可通过以下四种途径获得保护：第一，当事人自行协商解决；第二，可以向人民法院提起民事诉讼，追究侵权人的民事责任；第三，可以请求工商行政管理部门处理，对商标侵权行为进行行政处罚，对处罚决定不服的，可以向人民法院提起行政诉讼；第四，对商标侵权行为情节严重，构成犯罪的，可以向人民检察院检举、控告、要求司法机关依法追究侵权人的刑事责任。由上看出，实施商标侵权行为可承担民事责任、行政责任乃至刑事责任。以下将主要对民事诉讼解决途径的有关问题做出探讨。

（二）商标民事诉讼有关问题

商标民事案件的诉讼简称商标民事诉讼。它是人民法院按照司法程序解决商标民事纠纷，保护注册商标专用权，制止、制裁一般违法的商标侵权行为的措施和活动。主要包括人民法院对商标民事侵权案件和商标合同纠纷案件的依法受理和裁判等活动。

商标民事诉讼是对商标专用权最主要、最有效的一种救济途径，也是商标法律保护的核心问题。但在实践中，一方面，我国对商标侵权的处理有重行政措施轻诉讼保护的倾向。另一方面，在商标诉讼中则又有"重刑轻民"的倾向。我们认为完善商标诉讼应在平衡兼顾三大诉讼的前提下，改变目前"重刑轻民"的倾向，使不同商标诉讼机制的价值和功能及整体合力得以实现。

1. 诉讼当事人

诉讼当事人是侵权人和被侵权人。其中被侵权人是注册商标所有人，是商标侵权诉讼的原告，侵权人则是被告。值得注意的是，商标侵权具有动态侵权的性质，它既可以发生在生产领域，也可发生在流通环节。若同一注册商标在生产和流通环节都受到侵犯，如果是生产、运输、销售"一条龙服务"，则应将生产和流通环节的侵权人列为共同被告。

2. 受案范围

人民法院受理的商标民事案件有商标侵权案件和商标合同纠纷案件，不包括商标确权纠纷案件。商标确权纠纷案件由国家知识产权局负责。当事人对工商行政管理机关责令赔偿损失的决定不服而提起诉讼的，依照《商标法》第60条的规定，可以依照《民事诉讼法》的规定起诉。

3. 诉讼管辖

商标侵权纠纷案件的诉讼管辖，分为级别管辖和地域管辖。关于级别管辖，最高人民法院于2020年12月修订的《关于审理商标案件有关管辖和法律适用范围问题的解释》第2条第3、4款作了明确规定。商标民事纠纷一审案件，由中级以上人民法院管辖。各高级人民法院根据本辖区的实际情况，经最高人民法院批准，可以在较大城市确定1～2个基层人民法院受理第一审商标民事纠纷案件。目前全国400余个中级人民法院都可以依法受理商标民事纠纷案件。由于级别管辖的规定明确具体，实践中一般不会因级别管辖发生争议。但商标侵权纠纷案件的地域管辖，常常成为诉讼管辖权争议的焦点。《民事诉讼法》第29条规定了因侵权行为提起的诉讼，由侵权行为地或者被告住所地人民法院管辖。《最高人民法院关于适用〈中华人民共和国民事诉讼法〉的解释》第24条规定，《民事诉讼法》第29条规定的侵权行为地，包括侵权行为实施地、侵权结果发生地。多年的审判实践说明，侵权行为实施地比较容易确定和判断，不易发生争议。由于商标权等知识产权案件涉及无形财产的保护，具有不同于一般民事纠纷案件的特殊性；商品商标附着于商品上，而商品又具有在全国范围的可流通性，使得实践中对民事诉讼法司法解释的侵权结果发生地的理解存在一定程度的混乱。多数管辖权争议都发生在侵权案件的地域管辖上，争议的焦点在于如何理解和确定"侵权结果发生地"。

依2020年12月最高人民法院修订的《关于审理商标权民事纠纷案件适用法律的若干问题的解释》第6条规定，对侵权行为实施地具体解释为商标法第13条、第57条所规定的侵权行为的实施地。同时考虑实践中新出现的涉及大量侵权商品储存、隐匿，以及海关等行政机关对侵权复制品查封扣押的案件，管辖上尚不明确的情形，明确规定侵权商品的储藏地、或者海关、工商等行政机关依法查封、扣押侵权商品的所在地，被告的住所地，可以作为确定管辖的依据，而对侵权结果地不再另行规定。地域管辖的另一个重要问题，是涉及共同诉讼的商标侵权纠纷案件的管辖问题。上述司法解释第7条规定了对涉及不同侵权行为实施地的若干被告提起的共同诉讼，原告可以选择其中一个被告的侵权行为实施地人民法院管辖；仅对其中某一被告提起的诉讼，该被告侵权行为实施地的人民法院有管辖权。

4. 举证责任

我国民事诉讼中强调"谁主张，谁举证"的原则。但这不意味着在商标侵权诉讼中举证责任都由注册商标所有人承担。特别值得指出的是，在工业产权诉讼中，举证责任由原被告双方均衡分配，已成为国际工业产权诉讼的趋势。在很多时候，法律加重了被告人的举证义务，使举证责任合理地由双方当事人共同分担。如日本《商标法》即有这方面规定。

由于商标侵权的特殊性，原告不可能全部占有侵权事实的证据，而只能就已知的侵权事实提供证据。而被告对侵权事实可能更了解。因此，"均衡分配"举证责任是可取的。具体地说，原告提供的证据主要有：①商标权有效证明文件；②商标权遭受不法侵害的证据材料；③因被告侵权使原告遭受损失的证据等。至于被告侵权主观上有无过错、侵权过程、生产和销售侵权物品的数量、分配地域、非法获利等方面的证据，应主要由被告承担。

还应指出，侵犯注册商标专用权的诉讼时效为3年，自商标注册人或者利害关系人知道或者应当知道侵权行为之日起计算。商标注册人或者利害关系人超过3年起诉的，如果侵权行为在起诉时仍在持续，在该注册商标专用权有效期限内，人民法院应当判决被告停止侵权行为，侵权损害赔偿数额应当自权利人向人民法院起诉之日起向前推算3年计算。

（三）诉前临时措施

《商标法》规定了诉前禁令、诉前财产保全和诉前证据保全等三项诉前临时措施。

1. 诉前的责令停止侵权行为

TRIPS协议第50条规定，司法当局有权采取有效的临时措施，防止任何延误给权利人造成不可弥补的损害或者证据灭失。该条规定的要旨在于，要求成员能够禁止"即发侵权"，把侵权活动制止在进入流通渠道之前，而不是之后。即发侵权的制止，在许多国家的知识产权法中都有明文规定。从知识产权侵权的特殊性来看，把即发行为认定为侵权，把侵害制止在实际"损害"前，对知识产权权利人来讲确实是十分重要的。据此，《商标法》第65条规定，商标注册人或者利害关系人有证据证明他人正在实施或者即将实施侵犯其注册商标专用权的行为，如不及时制止，将会使其合法权益受到难以弥补的损害的，可以依法在起诉前向人民法院申请采取责令停止有关行为和财产保全的措施。人民法院处理前款申请，适用《民事诉讼法》第101～第105条和第108条的规定。

2. 诉前的财产保全

最高人民法院于2020年12月29日修订了《关于人民法院对注册商标权进行财产保全的解释》。根据该司法解释，人民法院根据《民事诉讼法》有关规定采取财产保全措施时，需要对注册商标权进行保全的，应当向商标局发出协助执行通知书，载明要求商标局协助保全的注册商标的名称、注册人、注册证号码、保全期限以及协助执行保全的内容，包括禁止转让、注销注册商标、变更注册事项和办理商标权质押登记等事项。对注册商标权保全的期限一次不得超过一年，自商标局收到协助执行通知书之日起计算。如果仍然需要对该注册商标权继续采取保全措施，人民法院应当在保全期限届满前向商标局重新发出协助执行通知书，要求继续保全。否则，视为自动解除对该注册商标权的财产保全。人民法院对已经进行保全的注册商标权，不得重复进行保全。

3. 诉前的证据保全

证据保全也是保障权利人合法权益的重要司法措施，属于诉讼程序中的问题。为了使权利人及时主张权利，及时获得充分的证据材料，有时在起诉前也有必要进行证据保全。特别是，商标侵权是一种对无形财产权的侵害，在诉前保全证据有更加重要的意义。因此，《商标法》第66条规定，为制止侵权行为，在证据可能灭失或者以后难以取得的情况下，商标注册人或者利害关系人可以依法在起诉前向人民法院申请证据保全。人民法院接受申请后，必须在48小时内做出裁定；裁定采取保全措施的，应当立即开始执行。人民法院可以责令申请人提供担保，申请人不提供担保的，驳回申请。申请人在人民法院采取保全措施后30日内不起诉的，人民法院应当解除保全措施。通过这些新增的规定，《商标法》进一步完善了商标诉讼制度，必将为人民法院有效打击商标侵权行为、维护当事人的合法权益提供有力的法律保障。

案例 13

涉"双飞人"商标侵权及不正当竞争纠纷案

双飞人制药股份有限公司与广州赖特斯商务咨询有限公司等侵害商标权及不正当竞争纠纷案〔最高人民法院（2020）最高法民再23号民事判决书〕

【案情摘要】双飞人制药股份有限公司（以下简称"双飞人公司"）是"双飞人"注册商标权利人，该商标核定使用商品为第3类的花露水、化妆品等。同时，双飞人公司还是两个核定使用在爽水产品上的"双飞人"立体商标的权利人。法国利佳制药厂拥有指定使用在第3类商品上的"利佳"注册商标，广州赖特斯商务咨询有限公司（以下简称"赖特斯公司"）独家代理在中国境内宣传、推广、分销和销售利佳薄荷水等"利佳"品牌化妆品。双飞人公司以赖特斯公司等生产、销售利佳薄荷水侵害其注册商标专用权，并同时以实施了不正当竞争行为为由，向法院提起诉讼。一审法院认为，利佳薄荷水与"双飞人"商标核定使用的"双飞人爽水"属于相同商品。经对比，被诉侵权产品包装与双飞人公司的立体商标构成近似并可能导致相关公众混淆误认，赖特斯公司侵害了双飞人公司的立体商标专用权。同时，赖特斯公司为实现商业目的，在产品宣传中强调其产品为"双飞人"产品（双飞人药水），构成对"双飞人"文字商标的侵权。此外，利佳薄荷水的包装装潢与双飞人公司知名商品的包装装潢近似，赖特斯公司的行为构成不正当竞争。赖斯特公司等不服提起上诉，二审法院判决驳回上诉、维持原判。赖特斯公司向最高人民法院申请再审。最高人民法院再审认为，赖特斯公司提交的证据可以证明，法国利佳制药厂自20世纪90年代起在中国大陆部分地区的报纸上刊登"双飞人药水"广告，持续时间较长、发行地域和发行量较大，可证明法国利佳制药厂在先使用的"双飞人药水"所采用的"蓝、白、红"包装有一定影响。双飞人公司明知"双飞人药水"存在于市场,却恶意申请注册与"双飞人药水"包装近似的立体商标并行使权利,其行为难言正当,赖特斯公司的在先使用抗辩成立。双飞人公司关于赖特斯公司构成侵害注册商标专用权及不正当竞争的主张均不能成立。最高人民法院遂判决撤销一审、二审判决,驳回双飞人公司的诉讼请求。

【典型意义】本案涉及商标先用权抗辩的审查问题。先用权抗辩制度的目的,是保护善意的在先使用者在原有范围内继续使用其有一定影响的商业标识的利益,是诚实信用原则在商标法领域的重要体现。再审判决有效保护了诚信经营带来的使用权益,是人民法院加强知识产权诉讼诚信体系建设的有益探索。

案例资料来源:https://www.cnipa.gov.cn/art/2022/4/22/art_2863_174920.html,2022-04-22

三、商标权侵权的法律责任

(一)民事责任

1. 损害赔偿

根据我国《民法典》第123、第179条的规定,商标作为权利人享有知识产权的客体,专用权受到侵害时,责任人应以停止侵害、排除妨碍、恢复原状、赔偿损失等方式承担民事责任。根据《商标法》第60条、第63条规定,商标侵权行为的民事责任承担方式为:停止侵害、消除影响、赔偿损失等形式。其中赔偿损失涉及的损害赔偿是承担侵犯注册商标专用权民事责任的主要形式。

就损害赔偿而言,它指侵权人以自己相应价值的财产弥补被侵权人的损失,是商标侵权人承担民事责任的一种主要方式。由于商标权是一种无形的财产权,侵害商标权造成的无形损害很难计算。各国商标立法及诉讼实践对商标权赔偿责任的确定都深感棘手,对此规定也不一致。

2. 赔偿数额的确定

《商标法》规定，赔偿被侵权人损失的赔偿额为侵权人在侵权期间因侵权所获得的利润或者被侵权人在侵权期间因被侵权所受到的损失。这种赔偿包括为制止侵权行为所支付的合理开支，如权利人或者委托代理人对侵权行为进行调查、取证的合理费用。根据我国有关司法解释，人民法院依据《商标法》第 63 条第 1 款的规定确定侵权人的赔偿责任时，可以根据权利人选择的计算方法计算赔偿数额。

（1）以侵权人在侵权期间所获利润作赔偿额。

被侵权人因侵权损失数额的大小由于被侵权期间商品市场供求关系的变化、企业自身经营好坏、资金周转情况及其他因素的影响，很难举证予以证明。很多国家商标法即采用推定原则确定损失数额，即侵权人在侵权期间所获得的除成本以外的所有侵权利润被推定为损失赔偿额。在我国，也是采用法律推定的方法予以计算。《最高人民法院关于审理商标民事纠纷案件适用法律若干问题的解释》中规定，侵权人侵权所获得的利益，可以根据侵权商品销售量与该商品单位利润乘积计算；该商品单位利润无法查明的，按照注册商标商品的单位利润计算。

采用这种方法计算起来相对来说容易些，但它并不能准确反映商标权人因被侵权所受到的损失。这种计算方法确实有些不足，例如，它没有考虑商标侵权人的主观过错程度和侵权行为严重性如何，隔离了商标侵权行为与被侵权人所受到的直接因果关系，再有，如果侵权人所获利润大大超过了被侵权人的损失，或者侵权人给被侵权人造成了很大的损失而自己并未获得多少利润，以这种方法计算就是不公平的，特别是在后一种情况下，被侵权人因侵权所受到巨额损失将得不到有效补偿。只有在被侵权人因被侵权所受损失与侵权人因侵权所获利润大致相同时，这种方法才是比较合适的。

（2）以被侵权人在被侵权所受到的损失作损失赔偿额。

从理论上讲，应该以这种方式计算。但要确定被侵权人在被侵权期间因被侵权所受损失是不容易的。因为被侵权所受损失的原因有多种，以上述方式计算，必须排除市场供求关系变化、企业经营状况变化资金周转和自然条件等的变化对商品销售所受损失的影响。这是不容易做到的。根据有关司法解释，因被侵权所受到的损失，可以根据权利人因侵权所造成商品销售减少量或者侵权商品销售量与该注册商标商品的单位利润乘积计算。

基于此,《商标法》对赔偿数额的确定作了较完整的规定,《商标法》第63条规定,侵犯商标专用权的赔偿数额,按照权利人因被侵权所受到的实际损失确定;实际损失难以确定的,可以按照侵权人因侵权所获得的利益确定;权利人的损失或者侵权人获得的利益难以确定的,参照该商标许可使用费的倍数合理确定。权利人因被侵权所受到的实际损失、侵权人因侵权所获得的利益、注册商标许可使用费难以确定的,由人民法院根据侵权行为的情节判决给予五百万元以下的赔偿。人民法院在确定赔偿数额时,应当考虑侵权行为的性质、期间、后果,商标的声誉,商标使用许可费的数额,商标使用许可的种类、时间、范围及制止侵权行为的合理开支等因素综合确定。从而建立了科学合理、有序的"损失赔偿—获利赔偿—法定赔偿"的责任制度。

值得注意的是,《商标法》在赔偿制度中规定了赔偿豁免制度。第64条第2款规定,销售不知道是侵犯注册商标专用权的商品,能证明该商品是自己合法取得并说明提供者的,不承担赔偿责任。这在理论上称之为"善意侵权"。善意侵权的确立,有利于充分实现和保护商标权人利益,同时也实现了商标权人与被动(善意)侵权人之间的平衡。

3.侵犯知识产权民事案件的惩罚性赔偿措施

侵犯知识产权民事案件的惩罚性赔偿措施是2013年《商标法》修订的创新之处,该措施在2019年的修订中予以保留。《商标法》第63条第1款规定:对恶意侵犯商标专用权,情节严重的,可以在按照上述方法确定数额的一倍以上五倍以下确定赔偿数额。赔偿数额应当包括权利人为制止侵权行为所支付的合理开支。由此该措施的适用条件为以下两点。

(1)侵犯商标权的行为具有主观故意。根据最高人民法院《关于审理侵害知识产权民事案件适用惩罚性赔偿的解释》(以下简称《解释》)第3条的规定,以下情形可认定为被告具有主观故意:

①被告经原告或者利害关系人通知、警告后,仍继续实施侵权行为的;

②被告或其法定代表人、管理人是原告或者利害关系人的法定代表人、管理人、实际控制人的;

③被告与原告或者利害关系人之间存在劳动、劳务、合作、许可、经销、代理、代表等关系,且接触过被侵害的知识产权的;

④被告与原告或者利害关系人之间有业务往来或者为达成合同等进行过磋商，且接触过被侵害的知识产权的；

⑤被告实施盗版、假冒注册商标行为的；

⑥其他可以认定为故意的情形。

（2）侵犯商标权的行为情节严重。据《解释》第 4 条规定：人民法院应当综合考虑侵权手段、次数，侵权行为的持续时间、地域范围、规模、后果，侵权人在诉讼中的行为等因素。而《解释》也对认定为情节严重的情形作出列举：

①因侵权被行政处罚或者法院裁判承担责任后，再次实施相同或者类似侵权行为；

②以侵害知识产权为业；

③伪造、毁坏或者隐匿侵权证据；

④拒不履行保全裁定；

⑤侵权获利或者权利人受损巨大；

⑥侵权行为可能危害国家安全、公共利益或者人身健康；

⑦其他可以认定为情节严重的情形。

4. 赔偿数额的行政调解

根据《商标法》第 60 条第 3 款之规定：对侵犯商标专用权的赔偿数额的争议，当事人可以请求进行处理的工商行政管理部门调解，也可以依照《民事诉讼法》向人民法院起诉。经工商行政管理部门调解，当事人未达成协议或者调解书生效后不履行的，当事人可以依照《民事诉讼法》向人民法院起诉。

（二）行政责任

依照《商标法》第 60 条、第 62 条规定，对于侵犯商标专用权的行为，商标注册人或利害关系人可以请求工商行政管理部门处理。工商行政管理机关依照《商标法》《商标法实施条例》及其他相关规定查处商标侵权行为。

1. 工商行政管理部门的行政查处

县级以上工商行政管理部门根据已经取得的违法嫌疑证据或举报，对涉嫌侵犯他人注册商标专用权的行为进行查处时，可行使下列职权：

（1）询问有关当事人，调查与侵犯他人注册商标专用权有关的情况；

（2）查阅、复制当事人与侵权活动有关的合同、发票、账簿及其他资料；

（3）对当事人涉嫌从事侵犯他人注册商标专用权活动的场所实施现场检查；

（4）检查与侵权活动有关的物品，对有证据证明是侵权物品的，可以查封或者扣押。

工商行政管理部门依法行使上述职权时，当事人应协助、配合，不得拒绝、阻挠。另外，工商行政管理机关查处的商标侵权行为，涉嫌商标犯罪的，应当依法移送公安机关立案侦查。

2. 责令停止侵权行为，没收、销毁侵权商品和侵权工具与罚款

根据《商标法》第60条之规定，有本法第57条所列侵犯注册商标专用权行为之一，引起纠纷而由工商行政管理部门处理，认定侵权行为成立的，责令立即停止侵权行为，没收、销毁侵权商品和专门用于制造侵权商品、伪造注册商标标识的工具，违法经营额五万元以上的，可以处违法经营额五倍以下的罚款，没有违法经营额或者违法经营额不足五万元的，可以处二十五万元以下的罚款。对五年内实施两次以上商标侵权行为或者有其他严重情节的，应当从重处罚。销售不知道是侵犯注册商标专用权的商品，能证明该商品是自己合法取得并说明提供者的，由工商行政管理部门责令停止销售。

需要注意的是，2004年国家工商行政管理总局公布的对当事人协商解决后如何追究侵权责任做出批复指出，根据《商标法》和《行政处罚法》的有关规定，对工商行政管理机关已经立案但尚未做出行政处理决定的商标侵权案件，当事人协商解决后商标注册人或者利害关系人申请撤诉的，工商行政管理机关可以根据侵权行为是否侵害社会公众利益和消费者权益以及情节轻重等具体情况依法追究侵权人的行政法律责任。侵权人主动减轻或者消除违法行为危害后果的，应当从轻处罚或者不予行政处罚。

（三）刑事责任

我国《商标法》第 67 条、第 68 条和《刑法》对侵犯他人注册商标构成犯罪的行为作了规定。这些犯罪行为都侵犯了注册商标专用权，可以将其统称为假冒注册商标犯罪。

为了加大知识产权保护的力度，进一步完善保护知识产权的法律体系，最高人民法院和最高人民检察院在 2020 年 9 月 12 日联合颁布实施了《最高人民法院、最高人民检察院关于办理侵犯知识产权刑事案件具体应用法律若干问题的解释》（三），该司法解释对假冒商标犯罪中"情节""数额"，以及相关概念的界定等问题做了明确的规定。对此前面已作阐述，在此不赘述。

第七节　驰名商标

一、驰名商标的含义及认定

商标作为知识产权的重要组成部分，在我国社会主义市场经济中正发挥越来越重要的作用。驰名商标作为商标王国中的"龙头老大"，是一个国家经济实力的体现，代表着其国际竞争中的优势地位。每一个驰名商标都是一个国家的巨额财富。正因如此，当今世界上绝大多数国家都对驰名商标给予特殊保护。

驰名商标是一个国际通用的法律概念，它的英文对译为"Well-Known Trade Mark"。对驰名商标的保护，早在《巴黎公约》中就做了规定。该公约所指的驰名商标是在广大公众中享有较高声誉，有较高知名度的商标。根据《最高人民法院关于审理涉及驰名商标保护的民事纠纷案件应用法律若干问题的解释》第 1 条的规定：驰名商标，是指在中国境内为相关公众所熟知的商标。而 2014 年修订的《驰名商标认定与保护规定》中对"相关公众"作出解释：相关公众包括与使用商标所标示的某类商品或者服务有关的消费者，生产前述商品或者提供服务的其他经营者以及经销渠道中所涉及的销售者和相关人员等。

但是，具备什么条件才能成为驰名商标，在主要的知识产权国际公约如《巴黎公约》及 TRIPS 协议中都未做出明文规定。在一些地区性的公约和协定中，则有较为详细的规定。如拉丁美洲安第斯组织的《卡拉赫那协定》。我国在遵守《巴黎公约》和 TRIPS 协议的立法精神和保护要求下，参考了其他国家和地区的相关立法，在现行《商标法》中对驰名商标的认定做出了明确规定。

根据《商标法》第 14 条的规定，驰名商标应当根据当事人的请求，作为处理涉及商标案件需要认定的事实进行认定，认定驰名商标应当考虑下列因素。

1. 相关公众对该商标的知晓程度

是否享有较高的知名度是衡量驰名商标的重要标准。一个知名度越高的商标，其信誉就越高，对顾客的吸引力就越大，该商标就越驰名。要指出的是，这里说的"公众"并不是指一切公众，而是指有关领域的公众，或与该商标有正常联系的公众。不能根据不接触、不使用该商标标识的相关商品或与此无关的人对该商标的熟悉情况，来判断一个商标是否驰名。驰名商标因为被特定消费阶层中的多数所熟知，具有普遍的社会影响性。

2. 该商标使用的持续时间

为防止企业短期行为，使驰名商标所标识的商品质量长期优质稳定，驰名商标使用必须达到法定的期限。商标所标识的商品使用的时间越长，就越能证明该商标及其所标识的商品的质量是久经考验的，是广大公众长期信任的，应认定为驰名商标。

3. 该商标的任何宣传工作的持续时间、程度和地理范围

宣传工作的质量直接影响该商标所标识的商品的知名度和销售额。宣传工作持续时间的长短、程度的深浅、范围的大小决定了该商标所标识的商品在某一领域为公众熟悉的程度。如果某一商标所标识的商品在大范围内作长时间细致深入的宣传，可以断定其在这一范围内具有广泛的影响，可以认定为驰名商标。

4. 该商标作为驰名商标受保护的记录

如果该商标曾以驰名商标被保护过，那么就更有可能被认定为驰名商标。

5. 该商标驰名的其他因素

例如，该商标所含的经济价值等因素。

二、对驰名商标的特殊保护

（一）《巴黎公约》对驰名商标的保护

《巴黎公约》对于驰名商标的保护，主要体现在其第 6 条之二中：

（1）本联盟各国承诺，当某一商标已经为本公约受益人所有，且已被有关注册或者使用国主管部门视为在该国驰名时，若另一商标构成对此商标之复制、模仿或者翻译，并足以造成误认，在其本国立法允许之情况下依职权，或者应有关当事人之请求，驳回或者撤销后一商标注册，并禁止其使用于相同或者相似之商品上。当商标之基本部分构成对任何此种驰名商标之复制或者模仿，并注意造成误认时，此等规定亦应适用。

（2）商标注册之日期至少 5 年内，应允许提出撤销此种商标注册之请求。允许提出禁止使用之期限由本联盟各成员国规定。

（3）商标的注册或者使用有恶意时，此种撤销注册或禁止使用的请求不应有时间限制。

（二）TRIPS 协议对驰名商标的保护

《巴黎公约》虽然引入对驰名商标的保护机制，但因其缺乏对驰名商标的明确界定，各成员国的解释出入很大。TRIPS 协议在驰名商标保护问题上比《巴黎公约》的规定更进了一步，这表现在：

（1）TRIPS 协议第 16 条第 2 款规定：《巴黎公约》（1967 年文本）第 6 条之二，原则上适用于服务。确定一项商标是否系驰名商标，应考虑相关行业公众对其知晓程度，包括在该成员国地域内宣传该商标而使公众知晓的程度。也就是说，TRIPS 协议要求各成员在决定商标是否驰名时，应当考虑商标促销（而不一定是使用）在该国产生的知名度；而且，驰名商标也适用于服务商标。

（2）TRIPS 协议第 16 条第 3 款规定：《巴黎公约》（1967 年文本）第 6 条之二原则上适用于与注册商标的商品或服务不相类似的商品或服务，其前提条件是，在类似商品或服务上使用该商标将暗示这些商品或服务与注册商标所有人之间存在着某种联系，而且注册商标所有人的利益有可能因此种使用而受损。这表示，该协定引入了广义混淆和反淡化规则，认为即使是在与注册商标所标示的商品或服务不相类似的商品或服务上，也不能使用该驰名商标。

此外，对驰名商标的高水平保护还表现在，如国际商标协会《商标法指南范本》所规定的，如果一商标在某个国家和地区已有足够的名声而被认为驰名，则对该驰名商标的保护不以在当地注册和（或）以销售带有该商标的商品或服务的形式进行实际使用为前提。

（三）我国对驰名商标的保护

2020年修订的《最高人民法院关于审理涉及计算机网络域名民事纠纷案件适用法律若干问题的解释》第6条明确规定，人民法院审理域名纠纷案件，根据当事人的请求以及案件的具体情况，可以对涉及的注册商标是否驰名依法作出认定。《最高人民法院关于审理商标民事纠纷案件适用法律若干问题的解释》第22条第1款进一步规定，人民法院在审理商标纠纷案件中，根据当事人的请求和案件的具体情况，可以对涉及的注册商标是否驰名依法做出认定。这就使人民法院在审理各类商标权纠纷案件中，有权力和责任对驰名商标进行认定，为人民法院在审判中对驰名商标权进行有效保护奠定了基础。

1. 驰名商标的认定

目前，我国对驰名商标的认定采取"双轨制"，以及"被动认定"和"个案认定"的原则。"双轨制"是指商标行政机关和司法机关都可以认定驰名商标。商标局在商标注册、商标评审或者查处商标违法案件过程中，可以根据当事人的请求对所涉商标是否为驰名商标进行认定。《商标法》第14条第2款规定："在商标注册审查、工商行政管理部门查处商标违法案件过程中，当事人依照本法第13条规定主张权利的，商标局根据审查、处理案件的需要，可以对商标驰名情况作出认定。在商标争议处理过程中，当事人依照本法第13条规定主张权利的，商标评审委员会根据处理案件的需要，可以对商标驰名情况作出认定。"同时，人民法院在审理商标纠纷案件中，可以根据当事人的请求对所涉商标是否为驰名商标进行认定。《商标法》第14条第4款规定："在商标民事、行政案件审理过程中，当事人依照本法第13条规定主张权利的，最高人民法院指定的人民法院根据审理案件的需要，可以对商标驰名情况作出认定。"

"被动认定"是指商标局和人民法院不能在当事人没有提出请求的情况下，主动依职权去认定驰名商标。《商标法》第 14 条第 1 款规定："驰名商标应当根据当事人的请求，作为处理涉及商标案件需要认定的事实进行认定。"

"个案认定"是指对驰名商标的认定效力应仅限于个案，即认定驰名商标的目的是判断在具体案件中他人的使用是否构成侵权。如果在日后商标权人又对他人提起诉讼，之前法院或商标局对驰名商标的认定没有当然效力。因此，《商标法》第 14 条第 5 款规定："生产、经营者不得将'驰名商标'字样用于商品、商品包装或者容器上，或者用于广告宣传、展览以及其他商业活动中。"

2. 驰名商标的保护范围

第一，未注册的驰名商标禁止同类。《商标法》第 13 条第 2 款规定："就相同或者类似商品申请注册的商标是复制、摹仿或者翻译他人未在中国注册的驰名商标，容易导致混淆的，不予注册并禁止使用。"这意味着未在中国注册的商标只要已经在中国驰名，而他人对该驰名商标进行复制、摹仿或者翻译，并在相同或类似商品或服务上进行使用，容易导致混淆的，该驰名商标所有者有权阻止他人使用，商标局对他人在相同或类似商品或服务上的注册申请不予核准。

第二，已注册的驰名商标禁止全类。《商标法》第 13 条第 3 款规定："就不相同或者不相类似商品申请注册的商标是复制、摹仿或者翻译他人已经在中国注册的驰名商标，误导公众，致使该驰名商标注册人的利益可能受到损害的，不予注册并禁止使用。"这样，已注册驰名商标权利人就可以阻止他人在不相同或不相类似商品上使用相同或近似的驰名商标，以免导致消费者发生混淆的可能。

第三，恶意注册驰名商标请求宣告无效不受期限限制。根据《商标法》第 45 条第 1 款的规定，驰名商标所有人对于他人恶意注册自己驰名商标的行为请求商标评审委员会宣告该注册商标无效不受 5 年期限限制。这条规定承认了驰名商标因凝集了较高的商誉，应当受到比普通商标更强的保护。而恶意抢注人是无法依靠争议期限将他人驰名商标据为己有的。

案例 14

福建正山堂茶业有限责任公司与叶庆奇、
三分之二（武夷山）包装制品有限公司侵害商标权纠纷案

福建正山堂茶业有限责任公司（以下简称"正山堂公司"）由正山小种红茶第二十四代传承人江元勋先生创立，正山堂公司于2014年5月7日申请注册了第9995129号"图片"商标，核定使用商品为：茶、茶饮料、茶叶代用品等，有效期至2024年5月6日，法律状态稳定。2018年4月17日，国家工商行政管理总局商标局认定"图片"注册商标为驰名商标，"图片"系茶行业十分具有影响力的品牌。叶庆奇为使中秋送茶礼档次提升，未经"图片"注册商标专用权人许可，于2021年9月3日、4日委托三分之二（武夷山）包装制品有限公司（以下简称三分之二公司）定制生产"图片"正岩肉桂、牛栏坑肉桂茶叶礼盒近百套，后被他人举报，武夷山市市场监督管理局经核查对叶庆奇、三分之二公司分别作出行政处罚，各方未能就民事赔偿达成一致意见，后正山堂公司诉至法院。

武夷山法院经审理后认为，叶庆奇为了攀附"图片"商标商誉，未经正山堂公司许可，委托三分之二公司定制茶叶礼盒，礼盒上使用与"图片"注册商标相同的文字，且侵权商品与该注册商标核定使用的商品属同一种类，叶庆奇明知"图片"商标商誉影响力，故意侵犯正山堂公司的商标专用权，叶庆奇的主观恶意较大，其行为符合《中华人民共和国商标法》第五十七条规定，侵犯了正山堂公司注册商标专用权。三分之二公司作为茶叶礼盒销售商，未对委托定作人叶庆奇身份进行审核，即将正山堂公司享有专用权的商标刻制在礼盒上销售，三分之二公司的行为为叶庆奇侵犯他人商标专用权提供了便利，亦符合《中华人民共和国商标法》第五十七条规定，侵犯了正山堂公司注册商标专用权。

案例资料来源：【法宝引证码】CLI.C.504739685

第六章 其他知识产权制度

第一节 反不正当竞争与商业秘密

一、反不正当竞争法基本原理

（一）我国的反不正当竞争法

1. 反不正当竞争法的特点

《中华人民共和国反不正当竞争法》（以下简称《反不正当竞争法》）是为了促进社会主义市场经济健康发展、鼓励和保护公平竞争、制止不正当竞争行为、保护经营者和消费者的合法权益制定的法律，是在充分研究中国国情的基础之上制定的一部规范市场经济运行的法律，是一部具有中国特色的竞争法律。《反不正当竞争法》的特点主要有：

（1）立法采用定义加列举式。

各国反不正当竞争法对不正当竞争概念的界定有定义式、列表式、定义加列举相结合等模式，其中第三种是《巴黎公约》采用的模式。《反不正当竞争法》采用定义加列举式模式，既可以避免挂一漏万，又可以使一些突出的、特定的不正当竞争行为有明确的含义，这是一种较为科学的界定模式。

（2）调整对象具有广泛性。

《反不正当竞争法》从我国市场经济发展的现状出发，对现实生活中比较典型的不正当竞争行为进行了规范，对以排挤竞争对手为目的，在一定交易领域内的限制竞争行为做出了禁止性规定。

（3）采取了政府主动干预的手段。

我国《反不正当竞争法》实行政府主动干预原则，在赋予不正当竞争受害者司法救济权利的同时，侧重通过行政手段进行干预。这种侧重行政救济手段的特色是由我国的现实国情决定的。

（4）以现有的经济监督部门作为主管机关。

《反不正当竞争法》没有设立查处不正当竞争行为的专门机构，而是赋予县级以上行政管理机关等以监督检查权力。国家工商行政管理总局已经国务院批准成立了公平交易局，作为监督检查和查处不正当竞争行为的职能机构。

（5）基本上与国际贸易规则接轨。

《反不正当竞争法》基本上能与国际惯例相衔接，有利于发展国际贸易。

2. 反不正当竞争法的调整范围

（1）反不正当竞争法适用的主体。

此即反不正当竞争法调整的主体范围。如前所述，根据我国《反不正当竞争法》的规定，该法的主体是指在我国境内从事市场交易的经营者，包括从事商品经营或者营利性服务的法人、其他经济组织和个人。这里的法人包括企业法人和实行企业化经营的事业单位法人以及取得经营资格从事营利性活动的社团法人。其他经济组织是不具备法人资格的从事经济活动的组织。个人指从事商品经营或服务的自然人，如个体工商户。

（2）反不正当竞争法的调整对象。

反不正当竞争法调整的是商品生产经营者之间、经营者与消费者之间因市场交易活动中的行为所引起的社会关系，是生产与市场交易活动中因竞争行为所产生的社会关系。这种社会关系是由反不正当竞争法所保护而为不正当竞争行为所损害的一种法律关系。

（二）反不正当竞争法与知识产权法的关系

制止不正当竞争是《成立世界知识产权组织公约》列为智力劳动者应享有的知识产权中的一项，也是《巴黎公约》作为对成员国国内立法的一项最低要求。知识产权法不仅要维护权利所有人的利益，而且要服务于维护公平竞争的目标。作为规制不正当竞争行为的反不正当竞争法也就与知识产权具有密切的联系。从全球经济形势看，当前世界贸易的重心已转向知识产权。这一领域的竞争也日趋激烈。不正当竞争在知识产权领域大有泛滥之势，并且在很大程度上表现为侵害知识产权，如形形色色的假冒和仿冒行为。现实生活中的不正当竞争行为也以侵害知识产权最为显著。反不正当竞争法把侵害专利权、商标权等知识产权的行为列为其禁止对象，这就进一步强化和拓宽了知识产权保护。对于知识产权其他专项法律保护不够的地方，如商业秘密等，反不正当竞争法从制止不正当竞争的角度予以弥补，这就能使知识产权人权益得到充分保障。如果出现法条竞合的现象，优先适用知识产权法专门法律。

1. 反不正当竞争法与专利法的关系

专利法是保障专利权人对其所有的发明创造享有专有权利的法律。授予专利权实质上是对专利涉及的技术领域里的一种合法垄断，这种合法垄断为市场公平竞争环境创造了条件。专利法本身具有鼓励创新、鼓励公平竞争的作用。专利法对假冒他人专利、冒充专利、以营利为目的的仿制他人专利产品等不正当竞争行为予以制裁，有利于维护整个社会的公平竞争机制。

但是，专利法只是规范市场经济活动中特殊的违法行为，对某些与专利权相关的行为却不能调整。例如，知名商品特有包装、装潢未申请外观设计专利或专利保护期限届满后，被他人擅自使用引起消费者误购的，专利法无法调整。还如，商业秘密中的技术秘密往往是专利技术的核心内容，如果该技术秘密被他人泄露，专利法也无能为力。再如，专利权作为一种垄断权，如果不加限制，也有可能妨碍公平竞争，滥用专利权就是专利权领域的一种不正当竞争行为。例如，有人利用对实用新型和外观设计专利申请不进行实质审查的规定，明知是已知技术却申请专利，然后利用专利法的规定起诉他人侵犯专利权，要求获得赔偿。这就是专利权人滥用专利权的不正当竞争行为。

反不正当竞争法可以对专利权领域的不正当竞争行为予以调整，特别是它可以补充保护工业产权中与发明创造相关但又得不到专利法保护的技术秘密。

从理论上讲，专利法也要渗透到相应的法律中去，以便更好地发挥作用，否则专利法本身所具有的公平竞争的作用也会受到侵蚀。反不正当竞争法即是其一。反不正当竞争法可以弥补专利法的不足，使专利法保护更趋充分和完善。

2. 反不正当竞争法与商标法的关系

从历史上看，反不正当竞争法和商标法都是在侵权行为法的基础上发展起来的，目的都是为了鼓励和保护公平竞争，它们共同构成保护竞争秩序的一环。假冒他人商标几乎都被各国反不正当竞争法列在不正当竞争行为的首位。商标法以保护商标标识与商品或服务之间的关系，促成公正的工商业竞争秩序为基本职能，但它规范的只是市场经济活动中某种特殊的具体的违法行为，反不正当竞争法则可以对与商标相邻接但又没有得到商标法保护的其他识别性标志实施保护，对损害商标权但又得不到商标法制裁的各种不正当竞争行为予以制裁。例如，"淡化"商标行为，特别是淡化驰名商标的行为；将他人知名商品特有的包装、装潢、名称用作自己商品的商标；"抢注"未注册驰名商标；在广告宣传中贬损他人商标，损害他人商标信誉等，都可以用反不正当竞争法规范。可以说，反不正当竞争法可以对商标法缺乏规定或保护不周之处进行补充。

实际上，商标法所调整的侵犯商标权的行为也是一种违背诚实信用原则和良好商业道德的不正当竞争行为。商标法表现为以确权并加以保护的手段而形成静态方式的制止不正当竞争的法律规范。商标法和反不正当竞争法的关系可以视为特别法与普通法的关系。

3. 反不正当竞争法与著作权法的关系

著作权法是调整作品著作权和与著作权有关的权益的知识产权法。著作权法对于维护文化领域的公平竞争秩序，实现各国的文化政策，具有重要作用。一般来说，知识产权领域的不正当竞争大部分存在于工业产权中，而且主要是与接近专利、商标权的一些权利相关联。但实际上，与著作权或相关权利相近的制止不正当竞争的判例在国外早已出现，我国从1991年起也有了这类案例。尽管我国《反不正当竞争法》没有明确涉及著作权保护的问题，学术界对著作权法与反不正当竞争法的关系探讨相对也较少，但著作权领域同样存在需要由反不正当竞争法来调整的不正当竞争行为。例如，制作、出售假冒他人的美术作品及其他作品，假冒他人署名发表自己作品，仿制他人作品标志，使人误以为是原作品或与原作品有关的作品，以及滥用著作权的行为，就是不正当竞争行为。

总的来说，反不正当竞争法与其他知识产权法具有十分密切的关系。它们共同为维护我国社会经济、科学文化等社会正常的竞争秩序服务。其中有些不正当竞争行为是知识产权其他部门法已作规定的，这就形成了交叉保护或重叠保护。知识产权其他部门法未做规定的则可看成是反不正当竞争法对知识产权保护的拓宽和强化。而且，反不正当竞争法从维护公平竞争秩序的角度出发，在加强保护知识产权的同时，对滥用知识产权的行为也进行了调整，以实现知识产权立法的宗旨。

（三）反不正当竞争法的立法宗旨与基本原则

1. 反不正当竞争法的立法宗旨

我国《反不正当竞争法》第1条规定了该法的立法宗旨，即保障社会主义市场经济健康发展，鼓励和保护公平竞争，制止不正当竞争行为，保护经营者和消费者的合法权益。

这一立法宗旨主要包含了以下内涵：

（1）规范市场行为，维护社会主义市场经济秩序。

良好的市场经济秩序是社会主义市场经济健康发展之所需。《反不正当竞争法》通过明确哪些行为是妨碍市场经济秩序的违法行为，为正当竞争与不正当竞争划清了界限，并为经营者的市场行为提供了规范的模式和标准，有利于引导市场主体合法地开展生产经营活动。

（2）鼓励和保护公平竞争，制止不正当竞争行为。

《反不正当竞争法》主要是通过制止不正当竞争行为达到鼓励和保护公平竞争的。《反不正当竞争法》规定了诸多应予禁止的不正当竞争行为，有利于鼓励和保护公平竞争，维护市场竞争秩序。

（3）保护经营者和消费者的合法权益。

不正当竞争行为不仅损害了其他经营者的合法权益，也会损害消费者的利益。反不正当竞争法对经营者利益的保护与对消费者利益的保护是一脉相承的。通过保护经营者和消费者的合法权益，最终也维护了国家利益，促进了社会主义市场经济的健康发展。

2. 反不正当竞争法的基本原则

《反不正当竞争法》第2条规定，经营者在市场交易中，应当遵循自愿、平等、公平、诚实信用的原则，遵守公认的商业道德。该原则是贯彻《反不正当竞争法》原则的具体体现。

《反不正当竞争法》的基本原则有：

（1）诚实信用原则。

诚实信用原则是一个十分重要的法律原则。在《反不正当竞争法》中，该原则具有特别重要的地位和作用。这是因为，现实中形形色色的不正当竞争行为都表现为违反诚实信用原则，以欺诈、虚伪、不诚实的做法牟取不正当利益的行为。诚实信用原则约束着市场经营者的市场行为，旨在避免缺乏诚信的种种行为，倡导良好的社会公德。

（2）禁止以不正当手段获得竞争优势原则。

反不正当竞争法规制的不正当竞争行为，在很大程度上表现为通过不正当手段获得竞争优势的行为。这种行为是正当竞争、公平竞争所不容的。反不正当竞争法的重要使命就是要防止和禁止各种以不正当手段开展市场竞争的行为。

（3）维护公认的商业道德原则。

公认的商业道德属于广义上的社会公德的范畴，因而维护公认的商业道德是在市场经营活动和商业交易中维护社会公德的体现。不正当竞争行为直接违反了公认的商业道德，通过强化维护公认的商业道德的原则，反不正当竞争法有利于规制形形色色的不正当竞争行为，倡导良好的商业道德秩序。

（4）鼓励公平竞争与激励革新原则。

这一原则包括鼓励公平竞争和激励革新两方面的内容。这两方面内容既有区别又有联系。反不正当竞争法对不正当竞争行为的否定和禁止，从另一方面可以看成是对公平竞争的鼓励。事实上，鼓励和保护公平竞争也是反不正当竞争法的基本宗旨和精神。也只有鼓励和保护公平竞争，不正当竞争行为才能得到充分的遏制。同时，鼓励公平竞争与激励革新的原则并不矛盾。反不正当竞争法通过禁止仿冒、自由搭便车行为等，有利于鼓励公平与刺激革新，并使革新在更高的阶段上发展。这在与知识产权有关的不正当竞争行为的规制方面表现得更加突出。

> **案例 15**
>
> **上海拉扎斯信息科技有限公司诉北京三快科技有限公司、北京三快在线科技有限公司不正当竞争案**
>
> **基本案情**
>
> 原告上海拉扎斯信息科技有限公司（以下简称"拉扎斯公司"）系"饿了么"互联网平台系统以及手机软件的运营者，被告北京三

快科技有限公司(以下简称"三快科技公司")系"美团"互联网平台系统以及手机软件的运营者,被告北京三快在线科技有限公司(以下简称"三快在线公司")负责整个"美团"外卖平台的技术支持。

2017年9月20日,淮安市清江浦区市场监督管理局接举报反映三快科技公司淮安分公司在经营"美团"外卖平台中,针对部分同时在"美团"外卖平台和"饿了么"外卖平台经营的商家,以调高费率、置休、设置不合理交易条件等手段,强迫商家放弃与竞争对手的交易。

于是该局对"美团网"设立在淮安的分公司进行了深入调查,并对相关工作人员以及举报的商户进行了调查询问。

根据调查情况,清江浦区市场监督管理局于2018年5月16日对三快科技公司淮安分公司作出淮清市监案字【2018】G061号行政处罚决定,认定三快科技公司淮安分公司立即停止违法行为,并罚款70 000元,上缴国库。

鉴于三快科技公司淮安分公司已于2019年7月15日注销,拉扎斯公司以三快科技公司、三快在线公司为被告向淮安中级人民法院提起诉讼,请求判令两被告停止实施强迫商户独家通过"美团"提供外卖的不正当竞争行为并赔礼道歉、消除影响,并赔偿经济损失106万元。

裁判结果

淮安中级人民法院于2021年3月15日作出一审判决,认定三快科技公司以调高费率、置休服务、设置不合理交易条件等手段限制、阻碍商户与其竞争对手"饿了么"交易的行为,构成不正当竞争,判决三快科技公司赔偿拉扎斯公司经济损失合计352 243.5元,驳回拉扎斯公司的其他诉讼请求。

拉扎斯公司、三快科技公司不服一审判决,向江苏省高级人民法院提起上诉。江苏省高级人民法院二审经审理认为,三快科技公司和三快在线公司共同实施了涉案不正当竞争行为,于2021年8月12日判决三快科技公司、三快在线公司连带赔偿拉扎斯公司经济损失合计352 243.5元。

> **典型意义**
>
> 随着经济社会的网络化、数字化、智能化，网约车、外卖、在线办公等"互联网+"新业态如雨后春笋般迅速崛起。对于外卖平台而言，找准用户需求、尊重用户选择权、提升用户体验感是吸引用户的最佳选择。
>
> 但近年来，外卖平台强制"二选一"等限制竞争的问题逐渐显现，既破坏平等、公平的市场竞争秩序，损害平台内商家和消费者的合法权益，又误导企业从注重技术进步和商业模式创新转变为注重争夺有限的商户资源，削弱平台创新动力和发展活力。
>
> 2017年修正的《反不正当竞争法》新增了"互联网专条"，即该法第十二条对于互联网领域特有的、利用技术手段进行的不正当竞争行为进行了规制。
>
> 本案是在外卖领域适用"互联网专条"的第一案，有利于规范和引导平台企业转换竞争赛道，致力于通过技术创新和提升服务质量获得竞争优势，进而推动技术和产业深层次变革。
>
> 案例资料来源：【法宝引证码】CLI.C.410035398

二、商业秘密

商业秘密是一种特殊的知识产权。保护商业秘密对于建立和完善市场经济体制，健全市场竞争机制，完善知识产权制度具有重要意义。绝大多数市场经济发达国家都建立了商业秘密保护制度。我国于1993年12月1日实行的《反不正当竞争法》首次将商业秘密纳入实体法保护范畴。2021年1月1日起施行的《民法典》第123条，明确规定了商业秘密是知识产权保护的客体之一。

（一）商业秘密的概念及内容

商业秘密早在封建社会甚至奴隶社会即已存在。现代意义上的商业秘密是随着商品经济的产生而发展，并作为法律保护的补充形式而出现的。商业秘密目前已成为国际上较为通行的法律术语，但国际上缺乏统一的定义。根据我国《反不正当竞争法》第9条的规定，商业秘密是指不为公众所知悉、具有商业价值并经权利人采取相应保密措施的技术信息、经营信息等商业信息。

商业秘密的内容一般包括以下几方面。

1. 技术秘密

它是指未公开过，未采取工业产权法律保护的，以图纸、技术资料、技术规范等形式提供的制造某种产品或者应用某项工艺以及产品设计、工艺流程、配方、质量控制和管理方面的技术知识。从它与专利技术的关系这个意义上讲，它包括：未申请专利的技术、未授予专利权的技术、专利法规定不授予专利的技术等。

2. 经营秘密

经营秘密指具有秘密性质的与经营者的采购、金融、销售、投资、财务、人事、组织等经营活动有关的信息和情报。如市场预测情报、广告计划、货源情报、进货渠道、销售渠道、客户名单、原材料价格、财务资信状况、销售手段、投资计划等。

3. 管理秘密

管理秘密是指有关生产和经营管理的秘密，特别是能给拥有者带来竞争优势的管理诀窍，如管理经验、管理公关、管理模式等。

（二）商业秘密的构成条件

根据我国《反不正当竞争法》和相关法律法规，符合下列条件的技术信息和经营信息才构成商业秘密。

1. 秘密性

这是指商业秘密是非公开的、不为公众所知悉的，主要以其秘密状态维持其价值。换言之，凡已为公众周知或公用的通用技术和普通的经营方式、经营策略等都不能称为商业秘密。秘密性是任何商业秘密都不可缺少的。秘密一旦公开，就会失去其在竞争中的价值，法律也不再给予保护。不过，如果商业秘密的公开是由于第三人采取不正当手段造成的，商业秘密所有人可以通过法律途径对由此造成的损失予以弥补。商业秘密的秘密性使得它与专利权、商标权等知识产权相区别，其秘密性伴随着整个商业秘密的有效期。

2. 价值性

这是指商业秘密具有经济价值，能够为权利人带来现实的经济利益和潜在的经济利益以及竞争优势。商业秘密凝聚了权利人在长期的实践中所付出的大量人力、物力和巨大的智力投资。它在付诸实施后能够给权利人带来经济利益，并取得市场竞争优势，增强其在商业竞争中的实力。国家保护商业秘密的目的也在于维护权利人的经济利益和社会经济秩序。

3. 实用性

这是指法律保护的商业秘密能够在生产经营中被实际利用，如产品信息能够用于生产制造，经营信息可以用于经营。商业秘密确定的可应用性，决定了其必须是能够实际操作的信息，运用该信息可以为其所有人创造经济价值。可见商业秘密的实用性是价值性的基础，价值性是实用性的体现，商业秘密只有付诸实践才能产生积极的效果。因此，商业秘密没有实用性也就没有价值性。

4. 保密性

这是指权利人对信息采取了适当的保密措施。权利人为了自身经济利益和竞争的需要，总是要采取有效的保密措施来维持其商业秘密。商业秘密拥有人首先就是通过保密措施保护其权利不受侵害。可采取的保密措施有多种，如对雇员规定保密义务、将秘密信息专门存档、制定保密规则、配置必要的保密防盗设备、要求来往客户提供保密担保金等。需要注意，对本应保密的商业秘密，如果权利人采取放任态度，将其置于公众在没有任何限制的情况下随意可以获得的状态，所有人所掌握的这类技术信息和经营信息就不能成为商业秘密。

5. 独特性

这是指法律保护的商业秘密不是一般的常识或某些专业技术人员都知晓的技术、经营知识、信息或资料。它在较长的时间内不易被他人发现和总结。独特性表明商业秘密中包含了权利人的智力创造性劳动。

（三）商业秘密的保护

1. 侵犯商业秘密的行为

商业秘密的涵盖面很广，现实生活中侵犯商业秘密的表现形式也多种多样、错综复杂。各国立法对此规定也不尽相同。我国《反不正当竞争法》第9条对侵犯商业秘密的行为也作了具体列举。该行为实际上可分为两类：

（1）非法获取商业秘密的行为。

这主要指出于竞争目的或为了私利，或存心为了损害权利人，盗窃、贿赂、欺诈、胁迫、电子侵入或者其他不正当手段获取权利人的商业秘密。

（2）非法泄露、使用商业秘密的行为。

这是指通过合法或非法途径知悉商业秘密后，出于竞争或其他动机，未经授权泄露商业秘密的行为。主要有以下几种情况：

①从合法途径掌握、了解商业秘密的人，违反保密义务或者违反权利人有关保守商业秘密的要求，披露、使用或者允许他人使用其所掌握的商业秘密；

②以盗窃、贿赂、欺诈、胁迫、电子侵入或者其他不正当手段获取权利人的商业秘密后，披露、使用或者允许他人使用权利人的商业秘密；

③第三人明知或者应知商业秘密权利人的员工、前员工或者其他单位、个人实施本条第一款所列违法行为，仍获取、披露、使用或者允许他人使用该商业秘密。此外，教唆、引诱、帮助他人违反保密义务或者违反权利人有关保守商业秘密的要求，获取、披露、使用或者允许他人使用权利人的商业秘密，也属于侵犯商业秘密。

2.侵权诉讼中的举证倒置特殊规定

在民事诉讼领域，通常采用"谁主张谁举证"的原则，但在商业秘密的侵权中，由于举证自己的商业秘密如何被窃取是十分困难的，为了保障权利人的合法权益，《反不正当竞争法》做出了举证倒置的特殊规定。在认定是否属于商业秘密时，第32条第1款规定："在侵犯商业秘密的民事审判程序中，商业秘密权利人提供初步证据，证明其已经对所主张的商业秘密采取保密措施，且合理表明商业秘密被侵犯，涉嫌侵权人应当证明权利人所主张的商业秘密不属于本法规定的商业秘密。"

在认定是否存在商业秘密侵权时，第32条第2款规定："商业秘密权利人提供初步证据合理表明商业秘密被侵犯，且提供以下证据之一的，涉嫌侵权人应当证明其不存在侵犯商业秘密的行为：（一）有证据表明涉嫌侵权人有渠道或者机会获取商业秘密，且其使用的信息与该商业秘密实质上相同；

(二)有证据表明商业秘密已经被涉嫌侵权人披露、使用或者有被披露、使用的风险;(三)有其他证据表明商业秘密被涉嫌侵权人侵犯。"

3. *侵犯商业秘密的法律责任*

(1)民事责任。

侵害商业秘密行为所应承担的民事责任主要是停止侵害和损害赔偿。对于侵权行为,权利人可以请求法院和有关监督检查部门责令当事人停止侵权,并可要求侵权人赔偿其损失。《反不正当竞争法》第 17 条规定:经营者违反本法规定,给他人造成损害的,应当依法承担民事责任。因不正当竞争行为受到损害的经营者的赔偿数额,按照其因被侵权所受到的实际损失确定;实际损失难以计算的,按照侵权人因侵权所获得的利益确定。经营者恶意实施侵犯商业秘密行为,情节严重的,可以在按照上述方法确定数额的一倍以上五倍以下确定赔偿数额。赔偿数额还应当包括经营者为制止侵权行为所支付的合理开支。

(2)行政责任。

商业秘密侵权的行政责任是商业秘密行政违法行为的法律后果。根据《反不正当竞争法》第 21 条规定,经营者以及其他自然人、法人和非法人组织违反本法第九条规定侵犯商业秘密的,由监督检查部门责令停止违法行为,没收违法所得,处十万元以上一百万元以下的罚款;情节严重的,处五十万元以上五百万元以下的罚款。

(3)刑事责任。

《反不正当竞争法》第 31 条规定:"违反本法规定,构成犯罪的,依法追究刑事责任。"《刑法》第 219 条规定侵犯商业秘密,情节严重的,处三年以下有期徒刑,并处或者单处罚金;情节特别严重的,处三年以上十年以下有期徒刑,并处罚金。

(4)监督检查部门侵犯商业秘密的法律责任。

监督检查部门的工作人员可能在工作或执行职务的过程中获知商业秘密,因此《反不正当竞争法》第 15 条规定"监督检查部门及其工作人员对调查过程中知悉的商业秘密负有保密义务。"第 30 条规定:"监督检查部门的工作人员滥用职权、玩忽职守、徇私舞弊或者泄露调查过程中知悉的商业秘密的,依法给予处分。"

案例 16

北京蒙太因医疗器械有限公司诉北京力达康科技有限公司等侵犯商业秘密与不正当竞争纠纷案

2006年12月初至2007年2月6日期间，沈长永担任北京蒙太因医疗器械有限公司（以下简称：蒙太因公司）部长，刘文山担任蒙太因公司设备研发组长。2007年2月1日，沈长永和刘文山以北京勇力城公司名义与北京力达康科技有限公司签订《委托加工合同》，约定力达康公司委托北京勇力城公司加工人工关节－股骨头外球面，产品型号为 φ28，数量为20个，单价为80元。蒙太因公司称其主张的商业秘密系根据国家食品药品监督管理总局实施的"关于股骨头的圆度"的要求而研发出来的高精度股骨头加工工艺，并向法院提交了蒙太因公司利用该加工工艺生产的股骨头产品与其他公司生产的股骨头产品的对比组图、股骨头加工胎具与产品的配用图片、磨股骨头时胎具与产品的安装状态图片、股骨头抛光工具与产品的配用状态图片、股骨头磨加工工序所用的胎具图片、股骨头抛光用工具图片等，但蒙太因公司并未说明加工股骨头的具体方法和工艺内容，亦未提交证据证明为使该加工工艺不为他人知悉而采取何种保密措施。沈长永和刘文山在蒙太因公司工作期间，组织公司人员生产了20件印有LDK字样的股骨头半成品。2007年3月21日，蒙太因公司发布"关于'206事件'处理的决议"，内容为因沈长永、刘文山在公司内为同行业外单位加工股骨头，违反了公司的相关规定，解除与沈长永、刘文山的劳动合同。2007年5月，沈长永和刘文山以财产权属纠纷为由将蒙太因公司诉至北京市昌平区人民法院，要求蒙太因公司返还在蒙太因公司加工的外单位的20件股骨头半成品。2007年11月9日，北京市昌平区人民法院以沈长永和刘文山未举证证明20个股骨头半成品的原材料系由其带入至蒙太因公司为由判决驳回沈长永、刘文山的诉讼请求。经法院核实，沈长永和刘文山在该案中认可其在蒙太因公司加工的20件股骨头半成品是接受他人的委托，并认可股骨头半成品上印有力达康公司的标志。

法院认为，商业秘密，是指不为公众所知悉、能为权利人带来经济利益、具有实用性并经权利人采取保密措施的技术信息和经营信息。技术信息或者经营信息要构成商业秘密，须同时具备秘密性、价值性、实用性和保密性。蒙太因公司主张的股骨头加工工艺不属于商业秘密，理由为：①蒙太因公司称使用其自行研制的股骨头加工工艺即可生产符合国家标准的股骨头产品，并提供了生产股骨头产品的工具图片，但其并未说明该加工工艺的具体内容和使用方法等相关信息；②蒙太因公司未举证证明为使该加工工艺不为公众知悉而采取的保密措施，即其未证明股骨头加工工艺具有保密性。综上，法院不支持蒙太因公司股骨头加工工艺属于商业秘密的主张。

案例资料来源：北京市海淀区人民法院民事判决书（2008）海民初字第7543号

第二节　集成电路布图设计权

集成电路是微电子技术的核心。随着世界进入新技术革命时代，它成为当今最富有活力、发展最为迅速的新兴技术领域之一。自20世纪50年代产生第一个集成电路以来，集成电路已被广泛地运用到社会生活各个领域，并发挥着越来越重要的作用。以集成电路为主要技术的微电子工业的迅猛发展又大大促进了整个社会的电子化、信息化和自动化，从而引起了人们社会生活的巨大变革，促成了所谓"信息社会"的到来。集成电路的发展水平和规模已成为衡量一个国家技术进步的重要标志之一。

然而，集成电路的出现和广泛应用，也带来了一系列新的法律问题，其中最主要的是仿造、复制现象严重影响了集成电路产品开发者产品的销售以及收回研究开发投资，而传统的知识产权保护制度的局限性决定了它无法对集成电路及其产业提供充分有效的保护。因此，建立集成电路知识产权保护制度就成为一种必然要求。集成电路知识产权保护的核心是其中的布图设计。我国于2001年3月28日颁布了《集成电路布图设计保护条例》（以下简称《条例》），随后又公布了《集成电路布图设计保护条例实施细则》（以下简称《条例实施细则》）。集成电路布图设计知识产权制度的建立，对于推动我国集成电路布图设计保护及其相关的产业发展具有重要意义。

一、集成电路布图设计专有权的主体

布图设计专有权的主体即布图设计权利人，是依照《条例》规定，对布图设计享有专有权的自然人、法人或者其他组织。《条例》规定了与我国《著作权法》的相类似的确认权利主体的制度。对权利主体的规定涉及权利归属问题，而知识产权的权利归属有原始归属与后继归属之分。

（一）主体范围

1. 中国自然人、法人或其他组织

根据知识产权法原理，原始归属中的权利主体，一般是智力劳动成果的完成者。集成电路布图设计也不例外。《条例》第3条规定，中国自然人、法人或者其他组织创作的布图设计，依照本条例享有布图设计专有权。第9条规定，布图设计专有权属于布图设计创作者，条例另有规定的除外。但在原始归属中，也有权利主体不是布图设计创作人的情形，对此下面将进一步阐述。

在知识产权后继归属中，权利主体是智力劳动成果完成者之外的自然人、法人或者其他组织。后继归属发生的原因主要有转让、继承、权利变更等法律事实。《条例》第13条在这方面作了规定，即布图设计专有权属于自然人的，该自然人死亡后，其专有权在本条例规定的保护期内依照继承法的规定转移。布图设计专有权属于法人或者其他组织的，法人或者其他组织变更、终止后，其专有权在本条例规定的保护期内由承继其权利、义务的法人或者其他组织享有；没有承继其权利、义务的法人或者其他组织的，该布图设计进入公有领域。此外，在布图设计专有权保护期内，布图设计权人可以通过签订转让合同，将布图设计专有权转让给他人。

2. 外国人

在布图设计专有权主体问题上，从权利主体国籍属性看，可分为本国人与外国人。在外国人待遇上，我国法律采用国民待遇原则。实际上，它也是我国知识产权走向国际化的一个重要内容，因为国际知识产权公约或条约，基本上都采用国民待遇原则。《条例》第3条实际上间接确认了这一原则。《条例》除在第3条第1款规定我国自然人、法人或者其他组织创作布图设计依照本条例享有布图设计专有权外，还在第3条第2款、第3款作如下规定，外国人创作的布图设计首先在我国境内投入商业利用的，依照本条例享有布图设计专有权。外国人创作的布图设计，其创作者所属国同我国签订有关布图设计保护协议或者与我国共同参加有关布图设计保护国际条约的，依照本条例享有布图设计专有权。这一规定体现了我国在集成电路保护上，对外国人实行国民待遇原则与互惠原则，这有利于集成电路立法与国际接轨。

（二）专有权人的确定

1. 职务布图设计

依《条例》第9条第2款规定，由法人或者其他组织主持，代表法人或者其他组织的意志创作，并由法人或者其他组织承担责任的布图设计，该法人或者其他组织是创作者。

2. 合作布图设计

在布图设计创作实践中，往往是多人共同完成的。原则上讲，参加布图设计创作的多人都是权利主体，该布图设计专有权所有参加创作的人共同享有。布图设计不同于一般的可分割的合作作品。由于布图设计的分割会使整个布图设计无法实现预定功能，布图设计各创作人不能对各自创作的部分分别享有布图设计权，而只能作为一个整体共同享有。但合作设计创作也重视合同意思自治。《条例》第10条明确规定："两个以上自然人、法人或者其他组织合作创作的布图设计，其专有权的归属由合作者约定；未作约定或者约定不明的，其专有权由合作者共同享有。"

3. 委托布图设计

依《条例》第11条规定，受委托创作的布图设计，其专有权的归属由委托人和受托人双方约定，未作约定或者约定不明的，其专有权由受托人享有。这就完全可能出现作为非创作布图设计的法人、委托人能够成为布图设计专有权主体的情况。

二、集成电路布图设计专有权的客体

（一）集成电路布图设计

1. 集成电路

集成电路是一种高科技产品，是微电子技术发展的成果。由于集成电路产生较晚，并且发展迅速，难以对其下一个精确的定义，不同的立法或国际公约对其所作的定义不完全相同。依《简明不列颠百科全书》的解释，集成电路是利用各种不同的加工工艺，在一块连续的衬底材料上同时做出大量的晶体管、电阻、二极管等电路元件，并且将其互联而成。1989年5月26日在华盛顿签订的《关于集成电路的知识产权条约》（以下简称《华盛顿条约》）对"集成电路"的定义则是：一种最终形式或者中间形式的产品，该产品中的元件，其中至少一个为有源元件，以及部分或全部互联，被集成在一层材料之中和/或之上，并且该产品准备执行电子功能。《条例》则规定，集成电路是指半导体集成电路，即以半导体材料为基片，将至少有一个是有源元件的两个以上元件和部分或者全部互连线路集成在基片之中或者基片之上，以执行某种电子功能的中间产品或者最终产品。不过，不管如何表达，集成电路总离不开这样一点：它是一种电子电路，在这个电路中，所有的元器件都集中在一块芯片上，而不是由各个分立的元件构成。

集成电路的基本特点是集成性强，集成电路中各元件紧密联系，不可分割；集成电路中各元件极为精细，肉眼几乎无法分辨。它作为当代世界新技术革命的基础和先导，具有体积小、速度快、耗能低、可靠性强等优点，被广泛应用于社会生活各个领域，并创造了惊人的经济效益和社会效益。在当代，以芯片制造、封装、测试为主体的集成电路产业，经过40多年的风雨历程，现已步入较成熟时期。没有工厂的集成电路公司的大量涌现，不仅标志着集成电路生产工艺已走向成熟，而且使整个集成电路产业进入一个新的发展阶段。

2. 集成电路布图设计

集成电路的设计和制造是一项十分复杂和艰巨的工作。集成电路本身是一个综合技术成果，包括布图设计与工艺技术等。从各国及国际公约关于集成电路知识产权保护制度看，集成电路知识产权保护的直接对象并不是集成电路本身，而是集成电路的布图设计。集成电路的知识产权保护，实质上是对其布图设计的保护。法律是通过保护集成电路布图设计（以下简称布图设计）达到保护集成电路的目的的。毋庸指出，知识产权一般需要一定的物质载体，但知识产权并不直接保护该物质载体。就集成电路本身而言，尽管它含有极高的技术成份，但仍然只是技术的载体。从知识产权的角度看，受保护的是集成电路中的技术成份，而不是集成电路本身。集成电路中的技术成份又集中体现于布图设计上，因为集成电路是根据要实现的功能和规格设计的，不同的功能和规格相互对应取决于不同的布图设计。实践中，无论是开发研制集成电路的智力创造，还是费用投资均主要投入到布图设计中。基于此，实现了对布图设计的保护也就实现了对集成电路的保护。因此可见，集成电路的保护对象为其布图设计（layout-design）。

按照《华盛顿条约》的解释，布图设计是指集成电路多个元件（其中至少有一个是有源元件）和其部分或全部集成电路互连的三维配置，或者是为了集成电路物品制造而准备的上述三维配置。《条例》基本上沿用了这一定义。从布图设计的定义出发，对集成电路的保护，主要是利用法律手段来保护其中体现集成电路设计原则与技术所反映各层材料之间互相构成的三维模式的图像。通过保护集成电路制作过程中必须采取的反映各层材料之间相互构成的三维模式的一系列有关的图像，可以达到对集成电路产品的保护目的。

布图设计作为人类智力劳动成果，其成为知识产权保护客体是毫无疑问的。从知识产权保护的角度看，布图设计具有以下特征：

第一，布图设计具有无形性。无形性是知识产权保护客体的一大特征，布图设计也不例外。如前所述，布图设计实际上是图形化了的集成电路中各元件的配置方式，这种配置方式本身是无形的。不过，布图设计与其他的知识产权客体一样，要依附于一定的载体存在。当依附于一定的载体时，人们可以感知其存在。只是在不同的载体中布图设计存在的方式不同，如在集成电路芯片中表现为一定的可见的图像。在计算机辅助设计技术发展起来以后，布图设计可以数据代码的方式存于磁盘或磁带中。在计算机控制的离子注入机或者电子束曝光装置中，它也是以一系列代码方式存在的。需要指出的是，布图设计的有形载体并不是布图设计知识产权保护的客体。

第二，布图设计是客观存在的，而不是仅停留在概念或构思层面上的属于思想范畴的内容。尽管如前所述，布图设计具有无形性，它却能被人们感知与利用，是客观存在的。布图设计实际上是创作人对电子元件按照不同的组合发挥不同的作用这种客观现象的主观反映。它是布图设计人员创作思想（idea）的一种外在的表达（expression）。根据知识产权法原理，仅仅是存在于头脑中的布图设计创作意念或思想，是不受保护的。有些国家布图设计立法即有专门规定。例如，美国《半导体芯片保护法》第 902 条 C 款规定，对掩膜作品的保护决不延及任何构想、程序、过程、系统、操作方法、概念、原理或发现，不管它们以何种方式在作品中进行描述、解释、阐明或者嵌入。《条例》第 5 条也规定，对布图设计的保护，不延及思想、处理过程、操作方法或者数学概念等。

第三，布图设计具有可复制性。可复制性是作为著作权客体的作品的一个重要特征。从这里似乎可以得出结论，认为布图设计具有著作权客体的属性。从下面的论述可以看出，布图设计与作品的差异很大。即使是在"复制"这一特征上，两者也不相同。另外，复制的方式也可因布图设计存在的方式不同而不同。例如，当布图设计以磁带或磁盘的方式存在时，可以用通常用的磁盘或磁带拷贝方法复制以布图设计为内容的编码，以达到复制布图设计的目的。

第四，布图设计具有表现方式的非任意性。布图设计是一系列图像，这些图像已被编成二进制代码存入计算机或其他的存贮材料中，或被固定下来。这种图像也是刻在半导体芯片产品（集成电路）涂层上的，或从其上除去的立体模型，并且每一个图像都是半导体芯片产品的元器件的表现图形。布图设计直接与一定的电子功能相关，或者说具有一定的电子功能。换言之，布图设计创作受其功能的制约。布图设计创作必须是为了实现集成电路的功能，通过电子的流通与截止、元件的开与关，实现信息的传递与处理。另外，布图设计的创作还受其他一些客观因素的影响。例如，布图设计图形的形状及其大小受到集成电路产品参数要求的限制，布图设计本身受生产工艺技术水平、材料种类等因素的限制，所有这一切决定了布图设计的表现形式具有非任意性。

第五，布图设计具有实用性。布图设计的功能性决定了它的实用价值。布图设计可以直接用于制造集成电路芯片，它是集成电路生产过程中不可缺少的组成部分。由于布图设计具有一定的电子功能，仅就其本身而言，由于它是将电子线路转换为一种图形表现形式，也具有实用性。

（二）其他相关概念

1. 复制

复制，是指重复制作布图设计或者含有该布图设计的集成电路的行为。

2. 商业利用

商业利用，是指为商业目的进口、销售或者以其他方式提供受保护的布图设计、含有该布图设计的集成电路或者含有该集成电路的物品的行为。

3. 申请保护的实质性条件

（1）独创性。

并非所有的布图设计都能获得法律保护。从各国布图设计立法及《华盛顿条约》的规定看，布图设计受保护的条件是该布图设计应具有独创性（originality）。

《条例》第4条规定："受保护的布图设计应当具有独创性，即该布图设计是创作者自己的智力劳动成果，并且在其创作时该布图设计在布图设计创作者和集成电路制造者中不是公认的常规设计。受保护的由常规设计组成的布图设计，其组合作为整体应当符合前款规定的条件。"该条规定类似于《华盛顿条约》的规定。从这一规定及相关规定看，我国立法者比较注重布图设计知识产权立法符合国际化趋势。《条例》关于独创性的规定，具有以下三方面涵义：

第一，布图设计创作必须符合著作权法上对作品独创性的要求，亦即它必须是布图设计创作人自己的智力劳动成果，而不是抄袭、剽窃他人的布图设计，也不是对他人布图设计的简单模仿。也就是布图设计的独创性是建立在著作权法中独创性要求之上的。

第二，布图设计还必须具备一定的先进性，或者说非显而易见性。即创作时布图设计在布图设计创作者和集成电路制造者中是非显而易见的，即不是公认的常规设计。关于非常规设计的概念，下面还将探讨。

第三，对于由常规设计组成的布图设计，其组合作为整体，同样应符合前面两个条件。在布图设计各个组成部分并不一定都是创作者创作完成的设计，创作者可以部分甚至全部采用一些常规设计的布图作为其设计中的各个部分。然而，其组合作为一个整体设计的，应具有原创性。

从布图设计独创性的内涵可以看出，凡是由布图设计创作者独立创作完成的具有一定先进性的布图设计，都可以受到《条例》的保护。而复制、模仿、抄袭他人的布图设计，人尽皆知的没有多少特色的布图设计因缺乏原创性或非显而易见性而不受保护。从立法规定的实质看，《条例》既没有完全采用专利法规定的"三性"条件，也没有单纯适用著作权法独创性的规定，而是各取其合理部分，即在著作权法原则性原则的基础上，辅之以一定的创造性高度要求。它将著作权法对作品的要求和专利法对技术方案的要求有机结合，成为对布图设计获得保护的独特条件。这一特色，实际上反映了集成电路立法具有"工业版权法"的性质。

（2）非常规设计。

非常规设计是集成电路布图设计受到保护的条件之一，是与常规设计相对应的概念。对于那些在集成电路行业为人所熟知的、常用的布图设计，不受布图设计知识产权的保护。"非常规设计"在一定程度上是借用了专利法中新颖性、创造性或非显而易见性的概念。但非常规设计的要求比起专利法中的创造性，其创造高度却低得多。这与各国施行的集成电路立法规定是一致的。之所以在著作权意义上的独创性基础上设立非常规或非显而易见性条件，主要是基于布图设计的技术特点。一个布图设计往往是在以前的布图设计的基础上发展起来的。现在则可以把成功的布图设计单元存储在计算机内，通过计算机辅助设计（CAD）和相应软件随时可调出新的布图设计。"非常规性"或者"非显而易见性"，强调了布图设计对于集成电路技术领域的非同寻常性。布图设计应具有超出普通技术人员技能的特征，否则就不需要智力劳动，也不需要研究费用和特殊投资了。

三、集成电路布图设计专有权的取得

(一) 登记申请

1. 申请应提交的材料

根据《条例实施细则》第 5 条规定，向国家知识产权局申请布图设计登记的，应当提交布图设计登记申请表和该布图设计的复制件或者图样；布图设计在申请日以前已投入商业利用的，还应当提交含有该布图设计的集成电路样品。第 12 条规定，以书面形式申请布图设计登记的，应当向国家知识产权局提交布图设计登记申请表一式两份以及一份布图设计的复制件或者图样。以国家知识产权局规定的其他形式申请布图设计登记的，应当符合规定的要求。申请人委托专利代理机构向国家知识产权局申请布图设计登记和办理其他手续的，应当同时提交委托书，写明委托权限。

2. 保密信息的处理

布图设计在申请日之前没有投入商业利用的，该布图设计登记申请可以有保密信息，其比例最多不得超过该集成电路布图设计总面积的50%。含有保密信息的图层的复制件或者图样页码编号及总页数应当与布图设计登记申请表中所填写的一致。

布图设计登记申请有保密信息的，含有该保密信息的图层的复制件或者图样纸件应当置于另一个保密文档袋中提交。除侵权诉讼或者行政处理程序需要外，任何人不得查阅或者复制该保密信息。

3. 申请文件的语言

依照《条例》和《条例实施细则》规定提交的各种文件应当使用中文。国家有统一规定的科技术语的，应当采用规范词；外国人名、地名和科技术语没有统一中文译文的，应当注明原文。

依照《条例》和《条例实施细则》规定提交的各种证件和证明文件是外文的，国家知识产权局认为必要时，可以要求当事人在指定期限内附送中文译文；期满未附送的，视为未提交该证件和证明文件。

4. 提出登记申请的时间

向国家知识产权局邮寄的各种文件，以寄出的邮戳日为递交日。邮戳日不清晰的，除当事人能够提出证明外，以国家知识产权局收到文件之日为递交日。

5. 代理

中国单位或者个人在国内申请布图设计登记和办理其他与布图设计有关的事务的，可以委托专利代理机构办理。

在中国没有经常居所或者营业所的外国人、外国企业或外国其他组织在中国申请布图设计登记和办理其他与布图设计有关的事务的，应当委托国家知识产权局指定的专利代理机构办理。

6. 申请日的确定

国家知识产权局收到布图设计申请文件之日为申请日。如果申请文件是邮寄的，以寄出的邮戳日为申请日。

7. 不予受理的情形

布图设计登记申请有下列情形的，国家知识产权局不予受理，并通知申请人：

（1）未提交布图设计登记申请表或者布图设计的复制件或者图样的，已投入商业利用而未提交集成电路样品的，或者提交的上述各项不一致的；

（2）外国申请人的所属国未与中国签订有关布图设计保护协议或者未与中国共同参加有关国际条约的；

（3）所涉及的布图设计属于条例第12条规定不予保护的；

（4）所涉及的布图设计属于条例第17条规定不予登记的；

（5）申请文件未使用中文的；

（6）申请类别不明确或者难以确定其属于布图设计的；

（7）未按规定委托代理机构的；

（8）布图设计登记申请表填写不完整的。

8. 文件的补正和修改

依《条例实施细则》第18条规定，除本细则第17条规定不予受理的外，申请文件不符合条例和本细则规定的条件的，申请人应当在收到国家知识产权局的审查意见通知之日起2个月内进行补正。补正应当按照审查意见通知书的要求进行。逾期未答复的，该申请视为撤回。

申请人按照国家知识产权局的审查意见补正后，申请文件仍不符合条例和本细则的规定的，国家知识产权局应当作出驳回决定。

国家知识产权局可以自行修改布图设计申请文件中文字和符号的明显错误。国家知识产权局自行修改的，应当通知申请人。

（二）申请的审查和登记

1. 审查的内容

（1）布图设计登记申请表的审查。

布图设计登记申请表应当写明下列各项：

①申请人的姓名或者名称、地址或者居住地；

②申请人的国籍；

③布图设计的名称；

④布图设计创作者的姓名或者名称；

⑤布图设计的创作完成日期；

⑥该布图设计所用于的集成电路的分类；

⑦申请人委托专利代理机构的，应当注明的有关事项；申请人未委托专利代理机构的，其联系人的姓名、地址、邮政编码及联系电话；

⑧布图设计有《条例》第17条所述商业利用行为的，该行为的发生日；

⑨布图设计登记申请有保密信息的，含有该保密信息的图层的复制件或者图样页码编号及总页数；

⑩申请人或者专利代理机构的签字或者盖章；

⑪申请文件清单；

⑫附加文件及样品清单；

⑬其他需要注明的事项。

（2）复制件或者图样的审查。

按照《条例》第16条规定提交的布图设计的复制件或者图样应当符合下列要求：

①复制件或者图样的纸件应当至少放大到用该布图设计生产的集成电路的20倍以上；申请人可以同时提供该复制件或者图样的电子版本；提交电子版本的复制件或者图样的，应当包含该布图设计的全部信息，并注明文件的数据格式。

②复制件或者图样有多张纸件的，应当顺序编号并附具目录。

③复制件或者图样的纸件应当使用 A4 纸格式；如果大于 A4 纸的，应当折叠成 A4 纸格式。

④复制件或者图样可以附具简单的文字说明，说明该集成电路布图设计的结构、技术、功能和其他需要说明的事项。

（3）集成电路样品的审查。

布图设计在申请日之前已投入商业利用的，申请登记时应当提交 4 件含有该布图设计的集成电路样品，并应当符合下列要求：

①所提交的 4 件集成电路样品应当置于能保证其不受损坏的专用器具中，并附具填写好的国家知识产权局统一编制的表格；

②器具表面应当写明申请人的姓名、申请号和集成电路名称；

③器具中的集成电路样品应当采用适当的方式固定，不得有损坏，并能够在干燥器中至少存放 10 年。

2. 权利的恢复和期限的延长

当事人因不可抗拒的事由而耽误《条例实施细则》规定的期限或者国家知识产权局指定的期限，造成其权利丧失的，自障碍消除之日起 2 个月内，但是最迟自期限届满之日起 2 年内，可以向国家知识产权局说明理由并附具有关证明文件，请求恢复其权利。

当事人因正当理由而耽误《条例实施细则》规定的期限或者国家知识产权局指定的期限，造成其权利丧失的，可以自收到国家知识产权局的通知之日起 2 个月内向国家知识产权局说明理由，请求恢复其权利。

当事人请求延长国家知识产权局指定的期限的，应当在期限届满前，向国家知识产权局说明理由并办理有关手续。

条例规定的期限不得请求延长。

3. 申请的驳回

除《条例实施细则》第 18 条第 2 款另有规定的外，申请登记的布图设计有下列各项之一的，国家知识产权局应当作出驳回决定，写明所依据的理由：

（1）明显不符合《条例》第 2 条第 1、2 款规定的集成电路或集成电路布图设计的；

（2）明显不符合《条例》第 5 条规定的集成电路的思想、处理过程、操作方法或数学概念等的。

4. 申请的登记

布图设计是一种技术的设计。对于这类保护对象，世界各国有关布图设计立法一般要求进行登记才能产生专有权。《条例》第 8 条明确规定：布图设计专有权经国务院知识产权行政部门登记产生。《条例》第 14 条规定，国务院知识产权行政部门负责布图设计登记工作，受理布图设计登记申请。当布图设计在世界任何地方首次商业利用之日起 2 年内，经国务院知识产权行政部门初步审查，未发现驳回理由的，由国务院知识产权行政部门予以登记，发给登记证明文件，并予以公告。布图设计自其在世界任何地方首次商业利用之日起 2 年内，未向国务院知识产权行政部门提出登记申请的，国务院知识产权行政部门不再予以登记。

5. 登记证书

布图设计登记申请经初步审查没有发现驳回理由的，国家知识产权局应当颁发布图设计登记证书，并在国家知识产权局官方网站和《中国知识产权报》上予以公告。布图设计专有权自申请日起生效。

国家知识产权局颁发的布图设计登记证书应当包括下列各项：

（1）布图设计权利人的姓名或者名称和地址；

（2）布图设计的名称；

（3）布图设计在申请日之前已经投入商业利用的，其首次商业利用的时间；

（4）布图设计的申请日及创作完成日；

（5）布图设计的颁证日期；

（6）布图设计的登记号；

（7）国家知识产权局的印章及负责人签字。

6. 更正

国家知识产权局对布图设计公告中出现的错误，一经发现，应当及时更正，并对所作更正予以公告。

7. 复议

当事人对国家知识产权局作出的具体行政行为不服或者有争议的，可以向国家知识产权局行政复议部门申请复议。

（三）查阅和复制

1. 登记簿的查阅

布图设计登记公告后，公众可以请求查阅该布图设计登记簿。公众也可以请求查阅该布图设计的复制件或者图样的纸件。

2. 登记簿的副本

布图设计登记公告后，公众也可以请求国家知识产权局提供该登记簿的副本。

3. 复制件或者图样的查阅

《条例实施细则》第14条所述的电子版本的复制件或者图样，除侵权诉讼或者行政处理程序需要外，任何人不得查阅或者复制。

（四）费用

1. 登记申请程序中的费用

向国家知识产权局申请布图设计登记和办理其他手续时，应当缴纳下列费用：

（1）布图设计登记费；

（2）著录事项变更手续费、延长期限请求费、恢复权利请求费；

（3）复审请求费；

（4）非自愿许可请求费、非自愿许可使用费的裁决请求费。

上述各种费用的数额，由国务院价格管理部门会同国家知识产权局另行规定。

2. 复审程序中的费用

根据《条例实施细则》规定，在复审程序中，请求人应缴纳复审请求费。

3. 缴纳费用的期限

申请人应当在收到受理通知书后2个月内缴纳布图设计登记费；期满未缴纳或者未缴足的，其申请视为撤回。当事人请求恢复权利或者复审的，应当在《条例》和《条例实施细则》规定的相关期限内缴纳费用；期满未缴纳或者未缴足的，视为未提出请求。著录事项变更手续费、非自愿许可请求费、非自愿许可使用费的裁决请求费应当自提出请求之日起1个月内缴纳；延长期限请求费应当在相应期限届满前缴纳；期满未缴纳或者未缴足的，视为未提出请求。

四、集成电路布图设计专有权的内容

布图设计专有权是布图设计创作人或其他权利人对布图设计享有的权利，是依集成电路知识产权立法规定，按照一定条件和程序，授予布图设计创作人或其他权利人在一定期限内对布图设计进行复制和商业利用的权利。该权利是以布图设计为权利客体的，是权利人就布图设计享有的权利，而不是就与布图设计有关的集成电路中的信息所享有的权利。需要注意的是，就布图设计所享有的权利并不都是布图设计权，只有根据集成电路立法取得的权利才是布图设计权。

关于布图设计专有权保护的范围，在集成电路知识产权立法理论上存在两种观点。一种观点主张权利有限延伸论，即布图设计专有权的效力除及于布图设计外，仅延伸到布图设计创造的集成电路产品，发展中国家多采用此说。另一种观点是权利无限延伸论，即布图设计专有权不仅保护布图设计本身，也保护这种布图设计所构成的集成电路，以及由这种集成电路构成的物品。美、日等集成电路工业发达的国家，在立法上采用此说。就我国《条例》而言，它对布图设计专有权设定了复制权和商业利用权，并且采用的是权利无限延伸论。这主要是考虑到，在商业实施中布图设计往往被包含在集成电路中或集成电路产品中，将布图设计专有权范围延伸到含有受保护的集成电路，或者含有这样的集成电路物品，有利于加强对权利人的保护。而且，如前所述，我国集成电路立法注重与国际保护趋势相协调，而 TRIPS 协议体现了权利无限延伸论的观点。考虑到 TRIPS 协议代表的是一种更广的国际趋势，以及将布图设计专有权的效力延伸至含有受保护的集成电路芯片和产品，对保护权利人利益具有合理性，特别是在反向工程、善意侵权等权利限制下给权利人带来更广泛的权利不至于给我国集成电路产业发展造成障碍，我国《条例》采用了后一种学说。

（一）复制权的内容及其范围

布图设计专有权的内容主要涉及复制权和商业利用权。《条例》第 7 条规定，布图设计权利人享有下列专有权：①对受保护的布图设计的全部或其中任何具有独创性的部分进行复制；②将受保护的布图设计、含有该布图设计的集成电路或者含有该集成电路的物品投入商业利用。

这里的复制，是指重复制作布图设计或者含有该布图设计的集成电路的行为。复制权的设立从客观上讲源于布图设计的可复制性。可复制性是布图设计的一个重要特征。一般而言，不论布图设计以何为载体，或以何种方式存在，都可以通过适当方式被复制。例如，当布图设计的载体为掩膜板时，布图设计以图形方式存在于掩膜板上，如对全套掩膜进行翻拍，就可以复制出全部的布图设计。当布图设计以磁盘为载体时，可以采用通常的磁盘拷贝方式复制以布图设计为内容的编码，从而达到复制布图设计的目的。布图设计复制权的设立，主要是为了适应集成电路行业产业化分工越来越细的形势。集成电路产业是高技术产业的核心内容之一，其对从业人员产业水平要求较高。在当代，集成电路设计已逐渐成为一个专门的行业，专门从事集成电路设计的一大批公司的出现就是一个例证。这种产业分工是集成电路发展的必然趋势和集成电路产业成熟的体现。从法律上确认集成电路布图设计人员创作的布图设计的专有复制权，是保护和促进集成电路产业发展所必需的。

（二）商业利用权的内容及其范围

商业利用是指为商业目的的进口、销售或以其他方式提供受保护的布图设计、含有该布图设计的集成电路或者含有该集成电路的物品的行为。商业利用权设立从客观上讲源于布图设计的实用性。所谓实用性，按照我国《专利法实施细则》的解释，是指申请专利的产品能够制造或者使用，并且能产生积极效果。布图设计可以用于制造集成电路芯片，它是集成电路生产过程中不可缺少的部分。并且，布图设计与一定的电子功能相联系，从一定意义上讲它是将电子电路转换为一种图形表现形式。布图设计的实用性决定了将受保护的布图设计、含有该布图设计的集成电路或含有该集成电路的物品投入商业利用的可能。布图设计是为集成电路产业使用而制作的，因而布图设计的价值也一般表现于商业利用价值上。授予布图设计权利人商业利用权，才能保障发明人布图设计价值的实现。根据《条例》的规定，布图设计权利人有权禁止他人未经许可将其受保护的布图设计、含有该布图设计的集成电路或含有该集成电路的物品投入商业利用。

（三）权利的行使

1. 专有权的转让

专有权转让是布图设计所有权转移的形式，是布图设计权利人行使权利的重要形式。根据《条例》第22条规定，布图设计权利人可以将其布图设计专有权转让。转让布图设计专有权的，当事人应当订立书面合同，并向国务院知识产权行政部门登记，由国务院知识产权行政部门予以公告。布图设计专有权的转让自登记之日起生效。又根据《条例实施细则》第11条规定，中国单位或者个人向外国人转让布图设计专有权的，在向国家知识产权局办理转让登记时应当提交国务院有关主管部门允许其转让的证明文件。布图设计专有权发生转移的，当事人应当凭有关证明文件或者法律文书向国家知识产权局办理著录项目变更手续。

2. 专有权的许可

专有权的许可也是布图设计权利人行使权利的重要方式。这种权利行使方式和前述转让的不同之处是，它只涉及使用权的转移，而不涉及所有权的转移。根据《条例》第22条规定，布图设计权利人也可以许可他人使用其布图设计。同时，许可他人使用其布图设计的，当事人应当订立书面合同。

（四）专有权的保护期限和放弃

1. 保护期限

根据《条例》第12条的规定，布图设计专有权的保护期为10年。但是，无论是否登记或者投入商业利用，布图设计自创作完成之日起15年后，不再受《条例》保护。

2. 期限的起算点

布图设计专有权的保护期自布图设计登记申请之日或者在世界任何地方首次投入商业利用之日起计算，以较前日期为准。

3. 专有权的放弃

布图设计权利人在其布图设计专有权保护期届满之前，可以向国家知识产权局提交书面声明放弃该专有权。布图设计专有权已许可他人实施或者已经出质的，该布图设计专有权的放弃应当征得被许可人或质权人的同意。

布图设计专有权的放弃应当由国家知识产权局登记和公告。

（五）对布图设计专有权的限制

布图设计保护立法的一个核心是保护布图设计创作者的专有权。对于集成电路布图的设计而言，一方面应以立法保护布图设计人的利益，另一方面也要兼顾社会公众使用集成电路布图设计的方便。不能因为保护布图设计人的利益而阻碍布图设计正常利用、开发，甚至造成技术垄断局面。为协调好集成电路布图设计权利人与社会公众的关系，促进集成电路产业的健康发展，在实行集成电路知识产权立法的国家以及有关国际公约中，普遍规定了对集成电路布图设计专有权的限制条款。这些限制主要表现为对某些未经权利人同意的复制或商业利用行为不视为侵权，也不追究责任。《条例》吸收了国际立法的这些成果。《条例》第 4 章设立了"合理使用""反向工程""权利穷竭"以及"非自愿许可"等制度。

1. 合理使用

《条例》第 23 条第 1 项规定：为个人目的或者单纯为评价、分析、研究、教学等目的而复制受保护的布图设计的，可以不经布图设计权利人许可，不向其支付报酬。这一限制涉及合理使用，主要是考虑到对布图设计专有权的保护应有利于集成电路技术的发展与进步，有利于布图设计的开发利用。以复制权为例，它与著作权法中的限制是有区别的。因为在集成电路产业界，"反向工程"的实施是相当普遍的，是集成电路行业的习惯。通过从产品入手分析其功能、逻辑、结构等，可以了解集成电路技术动态。无条件地限制这一作法，会不利于集成电路产业发展。因而，布图设计权利人的复制权应受到限制。即为个人目的或单纯为分析、研究、教学等目的而复制受保护的布图设计，可以不经权利人许可，不向其支付报酬。这里的"合理使用"与著作权法上的"合理使用"有相同之处。根据合理使用制度为非商业目的可以复制他人的布图设计。例如，德国等欧盟成员国都规定，出于非商业目的，未经权利人同意而复制布图设计，不视为侵权。《华盛顿条约》第 6 条第 2 款也明文规定，各缔约方不应将第三人未经权利人同意而实施的出于私人目的的复制行为视为非法。实际上，在为个人目的复制的场合，往往也涉及对复制的布图设计的利用。这种为个人目的而进行的非商业性的利用，也应被扩充解释为《条例》规定的合理使用。

2. 反向工程

《条例》第23条第2项规定，在第1项合理使用的基础之上，通过评价、分析受保护的布图设计，创作出具有独创性的布图设计，也不需权利人许可，不向其支付报酬。这是对在集成电路行业普遍存在的惯例——反向工程的法律确认。所谓反向工程，是指在对他人的布图设计分析、评价的基础之上，根据这种分析、评价的结果创作出另一个符合法定条件的布图设计。在集成电路行业，反向工程相当普遍，设计人员往往利用各种手段将布图设计复制，然后剖析其功能、结构和制造工艺。反向工程是促进集成电路技术开发的必要手段，很多先进的布图设计就是对他人的布图设计实施反向工程的基础之上发展起来的。这种行为显然包含了复制的因素。其之所以被视为合法，在于鼓励人们设计出功能相似但集成度更高、速度更快、成本更低廉的集成电路产品。如果禁止反向工程，会遏制集成电路技术的发展。从均衡布图设计权利人与公众利益的角度考虑，目前各国集成电路立法和《华盛顿条约》、TRIPS协议都确认了这一制度。例如，美国《半导体芯片保护法》第905条规定，下列行为不构成对掩膜作品所有人专有权的侵害：①仅仅为教学、分析或者评价掩膜作品的概念或技术，或掩膜作品所采用的电路、逻辑流程，以及元件布局而复制该掩膜作品；②进行第1项所述分析或评价而将这些分析或评价的结果应用到为销售而创作的掩膜作品中。《华盛顿条约》第6条第2款则规定，第三者在分析他人受保护的布图设计（第一布图设计）的基础之上，创作出符合独创性的布图设计（第二布图设计），则第三者对第二布图设计进行的任何复制或进口、出售等行为，不视为对第一布图设计所有人的侵权。

不过，反向工程作为对布图设计的限制，其本身也受到一定条件的限制。从《条例》的规定看，应当满足下列条件：①反向工程的目的在于分析、评价他人的布图设计，并且把分析、评价的结果运用到新的布图设计；②出于教学需要和在他人布图设计的基础之上创作出新的布图设计的需要；③利用反向工程创作出的新的布图设计符合前述布图设计的独创性要求，如果仅是简单仿制甚至是复制原来的布图设计，就不符合反向工程的要求，对这种布图设计不能进行商业性利用。

3. 独创布图设计的使用

在合理使用受保护布图设计的基础上，创作出具有独创性的布图设计的，是独创布图设计，根据《条例》第 23 条规定，可以不经布图设计权利人许可，不向其支付报酬。并且，有权对自己独立创作的与他人相同的布图设计进行复制或者将其投入商业利用。换言之，独创布图设计人享有独立而完整的布图设计专有权。之所以如此规定，是考虑到公平合理地保护布图设计的需要以及平衡原创布图设计人与独创布图设计人之间的利益关系。

4. 权利用尽

《条例》第 24 条规定，受保护的布图设计、含有该布图设计的集成电路或者含有该集成电路的物品，由布图设计权利人或者经其许可投放市场后，他人再次商业利用的，可以不经布图设计权利人许可，并不向其支付报酬。这一限制在知识产权理论上被称为"权利穷竭"。其合理性在于消除知识产权的专有性与商品自由流通的矛盾。就布图设计而言，适用权利穷竭原则可以保障布图设计、含有该布图设计的集成电路或者含有该集成电路的物品的市场流通正常进行，保障商业性使用人的基本利益。但是，这里的权利穷竭仅适用于合法行为，即仅适用于布图设计权利人自己或许可他人投入市场销售的那一部分受保护的布图设计、含有该布图设计的集成电路或含有该集成电路的物品。对于他人未经权利人同意而投放市场的布图设计或者集成电路产品，应认定为侵权产品。另外，对于权利人尚未投放市场的其他布图设计，不适用权利穷竭。还值得注意的是，即便是适用权利穷竭的情形，布图设计权利人并未丧失全部权利。因此，行为人仅就该产品进口、销售等商业利用不需要权利人授权，但无权擅自复制该产品。

5. 善意商业利用

《条例》第 33 条第 1 款规定，在获得含有受保护的布图设计的集成电路或者含有该集成电路的物品时，不知道也没有合理的理由应当知道其中含有非法复制的布图设计，而将其投入商业利用的，不视为侵权。这类行为之所以被列为非侵权行为，也是在于布图设计的技术性，即布图设计是嵌入集成电路芯片内部的，通常从事销售、进口的厂商无从知道其中是否包含非法复制的布图设计。即便是对布图设计有相当专门知识的人也是如此。如果将上述行为也列为侵权，就会使集成电路经销商有"动辄得咎"的感觉，影响集成电路产品贸易的正常开展。根据《条例》的规定，符合善意第三人的行为而不构成侵权的应符合以下条件：①行为人主观上出于善意，即不知道也没有合理的理由知道其获得的集成电路含有非法复制的布图设计；②行为人对集成电路产品须在了解该集成电路中的布图设计受保护之前进口或销售；③一旦行为人得知其中含有非法复制的明确的通知以后，虽然可以将现有的存货或此前的定货投入商业使用，但应向布图设计权利人支付合理的报酬。

6. 非自愿许可

非自愿许可也可称为强制许可。它在很多国家的专利法、著作权法中有规定。《条例》设立了非自愿许可制度，旨在防止布图设计权利人滥用其专有权，保护国家和社会公众利益，促进布图设计创作成果的推广与运用。它不是对布图设计专有权的削弱，而是从国家利益、社会公共利益出发，为促进布图设计的利用而采取的保障措施。

根据《条例》第25条规定，在国家出现紧急状态或者非常情况时，或者为了公共利益的目的，或者经人民法院、不正当竞争行为监督检查部门依法认定布图设计权利人有不正当竞争行为而需要给予补救时，国务院知识产权行政部门可以给予使用其布图设计的非自愿许可。非自愿许可毕竟是对布图设计专有权的限制，因此它本身也必须受到一些条件的限制。这种限制主要有：①给予使用布图设计非自愿许可而决定，应当根据非自愿许可的理由，规定使用的范围和时间，其范围应当限于为公共目的的非商业性使用，或者限于经人民法院、不正当竞争行为监督检查部门依法认定布图设计权利人有不正当竞争行为而需要给予的补救。②非自愿许可的理由不再发生时，国务院知识产权行政管理部门应当根据布图设计权利人的申请，经审查做出终止布图设计非自愿许可的使用；③取得使用布图设计非自愿许可的自然人、法人或者其他组织不享有独占的使用权，并且无权允许他人使用。并且，《条例》还从程序上保障了布图设计非自愿许可争议的救济。即布图设计权利人对国务院知识产权行政部门关于使用布图设计非自愿许可的决定不服的，布图设计权利人和取得非自愿许可的自然人、法人或者其他组织对国务院知识产权行政部门关于使用布图设计非自愿许可的报酬的裁决不服的，可以自收到通知之日起3个月内向人民法院起诉。

五、集成电路布图设计专有权的保护

（一）侵权行为

在我国的知识产权专门法律中，一般都有关于"法律责任"方面的规定。《条例》规定，未经布图设计权利人许可，使用其布图设计，即侵犯其布图设计专有权。下列行为被确定为布图设计侵权行为，并应承担赔偿责任：

（1）未经布图设计权利人许可，复制受保护的布图设计的全部或其中任何具有独创性的部分的；

（2）未经布图设计权利人许可，为商业目的进口、销售或者以其他方式提供受保护的布图设计、含有该布图设计的集成电路或者含有该集成电路的物品的。

（二）侵权救济

1. 协商

未经布图设计权利人许可，使用其布图设计，即侵犯其布图设计专有权，引起纠纷的，可以先由当事人协商解决。

2. 请求国务院知识产权行政部门处理

不愿协商或者协商不成的，布图设计权利人或者利害关系人可以请求国务院知识产权行政部门处理。

3. 诉讼

不愿协商或者协商不成的，布图设计权利人或者利害关系人可以向人民法院提起民事诉讼。另外，在进行行政处理时，如果当事人对国务院知识产权行政部门处理决定不服的，可以向人民法院提起行政诉讼。

根据《条例》第32条规定，布图设计权利人或者利害关系人有证据证明他人正在实施或者即将实施侵犯其专有权的行为，如不及时制止将会使其合法权益受到难以弥补的损害的，可以在起诉前依法向人民法院申请采取责令停止有关行为和财产保全的措施。

4. 赔偿数额的确定与赔偿额的调解

侵犯布图设计专有权的赔偿数额，为侵权人所获得的利益或者被侵权人所受到的损失，包括被侵权人为制止侵权行为所支付的合理开支。但是，在获得含有受保护的布图设计的集成电路或者含有该集成电路的物品时，不知道也没有合理理由应当知道其中含有非法复制的布图设计而将其投入商业利用的，不视为侵权。行为人在得知其中含有非法复制的布图设计的明确通知后，尽管可以继续将现有的存货或者此前的订货投入商业利用，也应当向布图设计权利人支付合理的报酬。

应当事人的请求，国务院知识产权行政部门可以就侵犯布图设计专有权的赔偿数额进行调解；调解不成的，当事人可以依照《民事诉讼法》向人民法院起诉。

（三）侵权责任及其承担方式

《条例》规定的侵犯布图设计专有权的法律责任形式有民事责任和行政责任形式。民事责任承担方式主要是停止侵权和赔偿损失。行政责任也是重要的责任承担形式。根据《条例》第31条规定，国务院知识产权行政部门处理时，认定侵权行为成立的，可以责令侵权人立即停止侵权行为，没收、销毁侵权产品或者物品。当事人不服的，可以自收到处理通知之日起15日内依照《中华人民共和国行政诉讼法》向人民法院起诉；侵权人期满不起诉又不停止侵权行为的，国务院知识产权行政部门可以请求人民法院强制执行。

第三节　植物新品种保护

一、品种权的主体

（一）一般主体

品种权的主体是指完成育种的人，也称之为品种权人。并非所有参加育种工作的人都能成为品种权人，对培育该植物新品种作出了创造性贡献的人才可能成为品种权人。依据国籍情况可分为本国人和外国人。这里所谓的"本国人"是指中国单位和个人，"外国人"是指外国人、外国企业或者外国其他组织。

1. 中国单位和个人

在这里，"单位"是有着广泛含义的术语，包括法人和非法人组织。法人包括企业法人、机关法人、事业单位法人和社会团体法人；非法人组织则大致包括合伙组织、个体工商户与农村承包经营户、个人独资企业、企业法人的分支机构、筹建中的法人等。由此可见，品种权的主体十分广泛，任何单位和个人只要培育和开发出新的植物品种，符合法律法规的条件，那么就能依法申请，获得品种权。中国的单位和个人申请品种权的，可以直接或者委托代理机构向审批机关提出申请。中国的单位和个人申请品种权的植物新品种涉及国家安全或者重大利益需要保密的，应当按照国家有关规定办理。

2. 外国人、外国企业或者外国其他组织

根据我国《植物新品种保护条例》，在品种权的主体问题上，我国实行有条件的国民待遇原则。外国人、外国企业或者外国其他组织在中国申请品种权的，应当按其所属国和中华人民共和国签订的协议或者共同参加的国际条约办理，或者根据互惠原则，依照《植物新品种保护条例》办理。在中国没有经常居所或者营业场所的外国人、外国企业或者外国其他组织提出品种权申请的，应当委托审批机关指定的代理机构办理。

（二）职务育种和非职务育种的品种权归属

职务育种，是指植物新品种是执行本单位的任务或者主要是利用本单位的物质条件所完成的育种。职务育种的植物新品种的申请权属于该单位。

职务育种分为两类，即执行本单位的任务所完成的育种和主要是利用本单位的物质条件所完成的育种。其中，前者是指以下三种情况：

（1）在本职工作中完成的育种；

（2）履行本单位交付的本职工作之外的任务所完成的育种；

（3）退职、退休或者调动工作后，3年内完成的与其在原单位承担的工作或者原单位分配的任务有关的育种。

后者主要是指利用本单位的资金、仪器设备、试验场地以及单位所有或者持有的尚未允许公开的育种材料和技术资料等所完成的育种。

非职务育种，是指除职务育种以外的育种，即育种者利用自身智力、物质条件所完成的育种。非职务育种的申请权属于完成育种的个人。申请被批准后，品种权属于申请人。

（三）委托育种和合作育种的品种权归属

委托育种，是指一个单位或者个人接受其他单位或者个人委托所完成的植物新品种的培育。合作育种，是指两个以上的单位或者个人合作共同完成的植物新品种的培育。委托育种或者合作育种，品种权的归属由当事人在合同中约定；没有合同约定的，品种权属于受委托完成或者共同完成育种的单位或者个人。

二、品种权的保护客体

（一）植物新品种

植物新品种是指经过人工培育的或者对发现的野生植物加以开发，具备新颖性、特异性、一致性和稳定性并有适当命名的植物品种，包括农业植物新品种和林业植物新品种两个部分。前者包括粮食、棉花、油料、麻类、糖料、蔬菜（含西甜瓜）、烟草、桑树、茶树、果树（干果除外）、观赏植物（木本除外）、草类、绿肥、草本药材等植物以及橡胶等热带作物的新品种。后者包括林木、竹、木质藤本、木本观赏植物（包括木本花卉）、果树（干果部分）及木本油料、饮料、调料、木本药材等植物品种。

植物新品种的产生，来源于人们对植物的人工培育或者对野生植物的开发。优良的植物新品种，能够提高农作物和林木的质量，减少因病虫害所带来的损失，是农林业增产、增效和品质改善的重要因素。鼓励培育和推广植物新品种是贯彻"科教兴国"战略，确保农林业持续快速健康发展的重要措施。与此同时，培育优良的植物新品种，需要大量的投入，包括人才、技术、资金等，而且要花费很长时间。获取他人的植物新品种的成本却很低，如果其得不到应有的保护，将严重挫伤育种科研人员的积极性。所以，为了鼓励和保护对植物新品种的研究开发、推广和应用，促进农业、林业的发展，许多国家对植物新品种确立了相应的法律保护制度。我国主要是通过设立植物新品种权来对植物新品种进行保护。

植物新品种权（以下简称"品种权"），是指完成植物新品种育种的单位和个人依法享有的，在一定时期内生产、销售和使用其授权品种的专有权利。植物新品种即是品种权的客体。

（二）授予品种权的条件

植物新品种能否被授予品种权，关键在于品种本身是否同时具备新颖性、特异性、一致性、稳定性的实质条件。此外，品种应当在国家植物品种保护名录所列范围之内并且应当具备适当的名称。

1. 国家植物品种保护名录

申请品种权的植物新品种应当属于国家植物品种保护名录中列举的植物的属或者种。不属于国家植物品种保护名录中列举的植物的属或者种的，不得申请植物新品种权，有关机关也不得授予其品种权。我国国务院农业、林业部门已经陆续发布了植物品种保护名录。

2. 新颖性

新颖性，是指申请品种权的植物新品种在申请日前该品种繁殖材料未被销售，或者经育种者许可，在中国境内销售该品种繁殖材料未超过1年；在中国境外销售藤本植物、林木、果树和观赏树木品种繁殖材料未超过6年，销售其他植物品种繁殖材料未超过4年。可见，这一新颖性强调的是"商业销售上的新颖性"，与发明专利所要求的新颖性——未公开出版、未公开使用、未公开制造等有显著差异。这是由于植物新品种主要是依生物学方法繁殖，不能人工制造，并且深受温度、水土、光照等自然条件的影响，因而法律在对其进行保护时所要求的条件自然与发明专利有所不同。

鉴于我国植物新品种保护尚处于起步阶段，对农业植物新品种和林业植物新品种的新颖性要求分别给予一定的宽限期。凡在宽限期内提出品种权申请的，均视为不丧失新颖性。

3. 特异性

特异性，是指申请品种权的植物新品种应当明显区别于在递交申请以前已知的植物品种。特异性条件主要考虑申请品种与现有品种之间的差异。如申请品种具有抗病能力、早熟，这些特征与现有品种相比特点明显，能相互区别，那么就具备了特异性条件。

4. 一致性

一致性，是指申请品种权的植物新品种经过繁殖，除可以预见的变异外，其相关的特征或者特性一致。一致性与植物的生物特征相联系，它是相对于植物品种的变异性而言的。可以预见的变异主要是受外界环境因素的影响，有的特征、特性会发生一定的变化，如植物的株高和生育期等，这些变化是允许的，不影响一致性。在考虑一致性时，植物新品种所表现出来的变异和因偶然混杂、突变或其他一些原因所产生的变异必须尽可能加以区别。

5.稳定性

稳定性，是指申请品种权的植物新品种经过反复繁殖后或者在特定繁殖周期结束时，其相关的特征或者特性保持不变。这里的反复繁殖，是指繁殖世代数，经过多代繁殖或者特定繁殖期，申请品种权的品种的特异性仍然保持不变。这里的相关的特征或特性是指申请品种的特异性是稳定的，在一定的繁殖世代中它们相对稳定，没有发生变化。

6.适当的名称

授予品种权的植物新品种应当具备适当的名称，并与相同或者相近的植物属或者种中已知品种的名称相区别。该名称经注册登记后即为该植物新品种的通用名称。

同时，下列名称不得用于品种命名：

（1）仅以数字组成的；

（2）违反社会公德的；

（3）对植物新品种的特征、特性或者育种者的身份等容易引起误解的。

农业部和林业部对此规定进行了细化。申请农业植物新品种权，有下列情形之一的，也不得用于植物新品种命名：

（1）仅以数字组成；

（2）违反国家法律或者社会公德或者带有民族歧视性的；

（3）以国家名称命名的；

（4）以县级以上行政区划的地名或者公众知晓的外国地名命名的；

（5）同政府间国际组织或者其他国际国内知名组织及标识名称相同或者近似的；

（6）对植物新品种的特征、特性或者育种者身份等容易引起误解的；

（7）属于相同或者相近植物属或者种的已知名称的；

（8）夸大宣传的。

申请林业植物新品种权，有下列情形之一的，也不得用于植物新品种命名：

（1）违反国家法律、行政法规规定或者带有民族歧视性的；

（2）以国家名称命名的；

（3）以县级以上行政区划的地名或者公众知晓的外国地名命名的；

（4）同政府间国际组织或者其他国际知名组织的标识名称相同或者近似的；

（5）属于相同或者相近植物属或者种的已知名称的。

三、品种权的取得

（一）品种权的申请和受理

1. 申请文件

申请品种权的，应当向审批机关提交符合规定格式要求的请求书、说明书和该品种的照片。其中，请求书应当包括以下内容：

（1）新品种的暂定名称；

（2）新品种所属的属或者种的中文名称和拉丁文名称；

（3）培育人的姓名；

（4）申请人的姓名或者名称、地址、邮政编码、联系人、电话、传真；

（5）申请人的国籍；

（6）申请人是外国企业或者其他组织的，其总部所在的国家；

（7）新品种的培育起止日期和主要培育地。

说明书应当包括以下内容：

（1）新品种的暂定名称，该名称应当与请求书的名称一致；

（2）新品种所属的属或者种的中文名称和拉丁文名称；

（3）有关该新品种与国内外同类品种对比的背景资料的说明；

（4）育种过程和育种方法，包括系谱、培育过程和所使用的亲本或者繁殖材料的说明；

（5）有关销售情况的说明；

（6）对该新品种特异性、一致性和稳定性的详细说明；

（7）适于生长的区域或者环境以及栽培技术的说明。

提交的照片应当符合以下要求：

（1）照片有利于说明申请品种的特异性；

（2）一种性状的对比应在同一张照片上；

（3）照片应为彩色；

（4）照片规格为 8.5 厘米 ×12.5 厘米或者 10 厘米 ×15 厘米；

（5）照片的简要文字说明。

2. 申请语言

申请文件应用中文书写。

3. 申请日的确定

审批机关收到品种权申请文件之日为申请日；申请文件是邮寄的，以寄出的邮戳日为申请日。

4. 优先权

申请人自在外国第一次提出品种权申请之日起 12 个月内，又在中国就该植物新品种提出品种权申请的，依照该国同中华人民共和国签订的协议或者共同参加的国际条约，或者根据相互承认优先权的原则，可以享有优先权。

申请人要求优先权的，应当在申请时提出书面说明，并在 3 个月内提交经原受理机关确认的第一次提出的品种权申请文件的副本；未依照《植物新品种保护条例》规定提出书面说明或者提交申请文件副本的，视为未要求优先权。

在中国没有经常居所或者营业所的外国人、外国企业或者其他外国组织申请品种权或者要求优先权的，审批机关可以要求其提供下列文件：

（1）国籍证明；

（2）申请人是企业或者其他组织的，其营业所或者总部所在地的证明文件；

（3）外国人、外国企业、外国其他组织的所属国承认中国的单位和个人可以按照该国国民的同等条件，在该国享有植物新品种的申请权、优先权和其他与品种权有关的证明文件。

5. 向国外申请品种权

中国的单位或者个人将国内培育的植物新品种向国外申请品种权的，应当向审批机关登记。申请人向审批机关提出品种权申请之后，又向外国申请品种权的，可以请求审批机关出具优先权证明文件；符合条件的，审批机关应当出具优先权证明文件。

6. 申请的修改和撤回

申请人可以在品种权授予前修改或者撤回品种权申请。

品种权申请文件的修改部分，除个别文字修改或者增删外，应当按照规定格式提交替换页。

此外，对于审批机关要求提交的植物新品种的繁殖材料，逾期不提交或者提交不符合规定的，视为撤回申请。

一件品种权申请包括两个以上品种权申请的，在实质审查前，应当要求申请人在规定的期限内提出分案申请；申请人在规定的期限内对其申请未进行分案修正或者期满未答复的，也视为撤回申请。

申请人未按照规定缴纳审查费的，品种权申请也视为撤回。

（二）品种权的审查和批准

对符合规定的品种权申请，审批机关应当予以受理，明确申请日、给予申请号，并自收到申请之日起1个月内通知申请人缴纳申请费。对不符合或者经修改仍不符合规定的品种权申请，审批机关不予受理，并通知申请人。

1. 初步审查内容

申请人缴纳申请费后，审批机关对品种权申请的下列内容进行初步审查：

（1）是否属于植物品种保护名录列举的植物属或者种的范围；

（2）是否符合《植物新品种保护条例》第20条规定的没有资格在中国申请品种权的外国人、外国企业或其他组织；

（3）是否符合新颖性的规定；

（4）植物新品种的命名是否适当。

2. 审查期限

审批机关应当自受理品种权申请之日起6个月内完成初步审查。对经初步审查合格的品种权申请，审批机关予以公告，并通知申请人在3个月内缴纳审查费。对经初步审查不合格的品种权申请，审批机关应当通知申请人在3个月内陈述意见或者予以修正；逾期未答复或者修正后仍然不合格的，驳回申请。

3. 实质审查

品种权的授予，在通过初步审查后还必须进行实质审查。实质审查是指申请人按照规定缴纳审查费后，审批机关对品种权申请的特异性、一致性和稳定性进行的审查。

审批机关主要依据申请文件和其他有关书面材料进行实质审查。审批机关认为必要时，可以委托指定的测试机构进行测试或者考察业已完成的种植或者其他试验的结果。因审查需要，申请人应当根据审批机关的要求提供必要的资料和该植物新品种的繁殖材料。

4. 申请的驳回

对经实质审查不符合《植物新品种保护条例》规定的品种权申请，审批机关予以驳回，并通知申请人。

此外，对于农业植物新品种申请的驳回，《植物新品种保护条例实施细则（农业部分）》作出了补充规定。品种权申请经实质审查应当予以驳回的情形是指：①不符合《植物新品种保护条例》第8条、第13条、第14条、第15条、第16条、第17条规定之一的；②属于危害公共利益、生态环境的植物新品种；③不符合命名规定，申请人又不按照品种保护办公室要求修改的；④申请人陈述意见或者补正后，品种保护办公室认为仍不符合规定的。

5. 品种权的授予

一个植物新品种只能授予一项品种权。两个以上的申请人分别就同一个植物新品种申请品种权的，品种权授予最先申请的人；同时申请的，品种权授予最先完成该植物新品种育种的人。对经实质审查符合本条例规定的品种权申请，审批机关应当作出授予品种权的决定，颁发品种权证书，并予以登记和公告。

对于农业植物新品种，农业部发出授予品种权的通知后，申请人应当自收到通知之日起3个月内办理领取品种权证书和缴纳第1年的年费手续。对按期办理的，农业部授予品种权，颁发品种权证书，并予以公告。期满未办理的，视为放弃取得品种权的权利。品种权自颁发品种权证书之日起生效。

对于林业植物新品种，品种权人应当自收到领取品种权证书通知之日起3个月内领取品种权证书，并按照国家有关规定缴纳第1年年费。逾期未领取品种权证书并未缴纳年费的，视为放弃品种权，有正当理由的除外。品种权自作出授予品种权的决定之日起生效。

（三）复审

1. 复审机构

审批机关设立植物新品种复审委员会。

对于农业植物新品种的复审，由农业部聘请有经验的植物育种专家、栽培专家、法律专家和有关的行政管理人员组成植物新品种复审委员会。复审委员会主任由农业部负责人兼任。农业办公室可根据复审委员会的授权办理复审的有关事宜。

国家林业局植物新品种复审委员会由植物育种专家、栽培专家、法律专家和有关行政管理人员组成。复审委员会主任委员由国家林业局主要负责人指定。植物新品种保护办公室根据复审委员会的决定办理复审的有关事宜。

2. 复审期限

对审批机关驳回品种权申请的决定不服的，申请人可以自收到通知之日起 3 个月内，向植物新品种复审委员会请求复审。植物新品种复审委员会应当自收到复审请求书之日起 6 个月内作出决定，并通知申请人。

3. 对复审决定不服的救济

申请人对植物新品种复审委员会的决定不服的，可以自接到通知之日起 15 日内向人民法院提起诉讼。

四、品种权的内容及限制

（一）排他的独占权

品种权的内容就是完成育种的单位和个人，即品种权人对其授权的植物品种享有排他的垄断权（或称独占权或专有权）。任何单位或者个人未经品种权人的许可，不得为商业目的生产或者销售该授权品种的繁殖材料，不得为商业目的将该授权品种的繁殖材料重复使用于生产另一品种的繁殖材料。具体而言，品种权人的权利包括以下几方面的内容。

1. 生产权

品种的生产权是品种权人享有的一种排他的独占权利。品种权人有权生产所授权品种的繁殖材料，并有权禁止他人未经其许可为商业目的生产相同品种的繁殖材料。

2. 销售权

销售授权品种的繁殖材料也是品种权人享有的一种排他的独占权利。任何人为商业目的销售授权品种的繁殖材料都要经过品种权人的许可。

3. 使用权

品种权人不仅有权自行使用授权品种，还有权许可他人使用其授权品种。任何人未经品种权人的许可，不得为商业目的将该授权品种的繁殖材料重复使用于生产另一品种的繁殖材料。

4. 转让权

植物新品种的申请权和品种权可以依法转让。这是法律赋予品种权人对授权品种排他独占权的合理延伸。

5. 标注权

品种权人有权在其授权品种的包装上标明品种权标记，如授权品种、授权时间、品种权号以及品种权人名称等。

（二）不需要经品种权人许可的使用

如同其他知识产权一样，为了平衡权利人和社会公众之间的利益，促进知识产权的共享，对品种权也规定了一定的限制措施。在下列情况下使用授权品种的，可以不经品种权人许可，不向其支付使用费，但是不得侵犯品种权人依照本条例享有的其他权利。

1. 育种及其他科研活动

任何组织和个人均可利用授权品种进行育种及其他科研活动。建立植物新品种保护制度的最高目标是促进农业、林业快速持续发展。在进行育种及其他科研活动时，对授权品种的合理使用，法律规定其并不构成对品种权的侵犯，一方面是因为这种使用是非商业性的，本身并不会给品种权人在商业利润上造成实质影响，同时在一定程度上还能更好地推广该授权品种。另一方面，给予广大科研人员在进行育种和科研活动时对授权品种使用的豁免，能调动他们的积极性，通过改进技术，培育出更好的植物新品种，从而促进农业、林业的发展。

2. 农民自繁自用

我国是一个发展中的农业大国，广大农民的经济实力还很薄弱。以品种权形式赋予完成育种的单位和个人对新品种繁殖材料的独占权、向他人收取新品种使用费的同时，还要考虑到广大农民对良种的需求和经济承受能力。因此，法律特别规定农民自繁自用授权品种的繁殖材料，可以不经品种权人的许可，不向其支付使用费。

（三）强制许可

强制许可是指审批机关不经品种权人的同意，直接允许申请人实施品种权人的植物新品种的一种制度。其根本目的，乃是防止品种权人滥用权利，维护国家利益和社会公共利益。

强制许可是对品种权人权利的限制，必须严格依法进行，否则会给品种权人的权利带来损害。《植物新品种保护条例》第 11 条规定：为了国家利益或者公共利益，审批机关可以作出实施植物新品种强制许可的决定，并予以登记和公告。取得实施强制许可的单位或者个人应当付给品种权人合理的使用费，其数额由双方商定；双方不能达成协议的，由审批机关裁决。品种权人对强制许可决定或者强制许可使用费的裁决不服的，可以自收到通知之日起 3 个月内向人民法院提起诉讼。

对于农业植物新品种，有下列情况之一的，农业部可以作出生产、销售等实施新品种强制许可的决定：

（1）为了国家利益和公共利益的需要；

（2）品种权人无正当理由自己不实施，又不许可他人以合理条件实施的；

（3）对重要农作物品种，品种权人虽已实施，但明显不能满足国内市场需求，又不许可他人以合理条件实施的。

对于林业植物新品种，有下列情形之一的，国家林业局可以作出或者依当事人的请求作出实施植物新品种强制许可的决定：

（1）为满足国家利益和公共利益等特殊需要；

（2）品种权人无正当理由自己不实施或者实施不完全，又不许可他人以合理条件实施的；

（3）请求植物新品种强制许可的单位或者个人，应当向审批机关提出强制许可请求书，说明理由并附具有关证明材料各一式两份。

（四）品种权的转让

植物新品种的申请权和品种权可以依法转让。在转让过程中应注意：一是中国的单位或者个人就其在国内培育的植物新品种向外国人转让申请权或者品种权的，应当经审批机关批准；二是国有单位在国内转让申请权或者品种权的，应当按照国家有关规定报经有关行政主管部门批准；三是转让申请权或者品种权的，当事人应当订立书面合同，并向审批机关登记，由审批机关予以公告。

另外，对于转让农业植物品种权申请权或者品种权的，自公告之日起生效。对于转让林业植物申请权或者品种权的，自登记之日起生效。

（五）品种权的保护期限

植物新品种的保护期限依培育植物品种所需的时间长短而定。一般地说，木本植物培育的时间较长，因此保护的期限也较长。品种权的保护期限，自授权之日起，藤本植物、林木、果树和观赏树木为20年，其他植物为15年。该期限仅限于品种权中的财产性权利，对于品种名称标注权则不受此限。即不论授权品种的保护期是否届满，销售该授权品种应当使用其注册登记的名称。

（六）品种权的终止

品种权的终止是指经过一定时间或因为特定事由，品种权人丧失其品种权，法律不再对该品种权给予保护。品种权的终止，由审批机关登记和公告。主要包括以下两种情况。

1. 期限届满终止

品种权在保护期限届满后，自动终止。

2. 期限届满前终止

有下列情形之一的，品种权在其保护期限届满前终止：

（1）品种权人以书面声明放弃品种权的；

（2）品种权人未按照规定缴纳年费的；

（3）品种权人未按照审批机关的要求提供检测所需的该授权品种的繁殖材料的；

（4）经检测该授权品种不再符合被授予品种权时的特征和特性的。

五、品种权的无效

（一）无效请求人

植物新品种被授权之后，任何单位和个人均可请求植物新品种复审委员会宣告该品种权无效。同时，植物新品种复审委员会也可以依据职权宣告该品种权无效。任何单位和个人请求宣告品种权无效的，应当向复审委员会提交品种权无效宣告请求书和有关文件一式二份，说明所依据的事实和理由。

（二）宣告品种权无效的机构

宣告品种权无效的机构即审批机关设立的植物新品种复审委员会。

（三）无效理由

品种权无效的理由包括两类：一类是对于不具备新颖性、特异性、一致性、稳定性或者不属于有关机关公布的植物新品种保护名录的，植物新品种复审委员会应当作出宣告该品种权无效的决定；另一类是对于仅为名称不适当的，由植物新品种复审委员会予以更名。

（四）无效决定

宣告品种权无效或者更名的决定，由审批机关登记和公告，并通知当事人。

（五）对无效决定不服的救济

品种权人或无效宣告请求人对植物新品种复审委员会的决定不服的，可以自收到通知之日起3个月内向人民法院提起诉讼。

（六）无效决定的效力

被宣告无效的品种权视为自始不存在。宣告品种权无效的决定，对在宣告前人民法院作出并已执行的植物新品种侵权的判决、裁定，省级以上人民政府农业、林业行政部门作出并已执行的植物新品种侵权处理决定，以及已经履行的植物新品种实施许可合同和植物新品种权转让合同，不具有追溯力；但是，因品种权人的恶意给他人造成损失的，应当给予合理赔偿。依照上述规定，品种权人或者品种权转让人不向被许可实施人或者受让人返还使用费或者转让费，明显违反公平原则的，品种权人或者品种权转让人应当向被许可实施人或者受让人返还全部或者部分使用费或者转让费。

六、品种权的保护

（一）对申请期间植物新品种的临时保护

品种权被授予后，在自初步审查合格公告之日起至被授予品种权之日止的期间，对未经申请人许可，为商业目的生产或者销售该授权品种的繁殖材料的单位和个人，品种权人享有追偿的权利。这种保护相当于专利法中的临时保护。这种保护的法律程序必须是在授权后才能正式启动，其表现形式为品种权人可以请求省级以上人民政府农业、林业行政部门依据各自的职权进行处理，也可以直接向人民法院提起诉讼，以补偿其在临时保护期间应得的使用费。

（二）侵犯品种权的行为

1. 未经授权的生产、销售

该行为是指未经品种权人许可，以商业目的生产或者销售授权品种的繁殖材料的行为。对于该行为品种权人或者利害关系人可以请求省级以上人民政府农业、林业行政部门依据各自的职权进行处理，也可以直接向人民法院提起诉讼。

2. 销售授权品种未使用其注册登记的名称

销售授权品种未使用其注册登记的名称的，由县级以上人民政府农业、林业行政部门依据各自的职权责令限期改正，可以处 1000 元以下的罚款。

此外，假冒授权品种的行为，也是严重侵犯品种权的行为，具体包括如下几种：

（1）使用伪造的品种权证书、品种权号的；

（2）使用已经被终止或者被宣告无效品种权的品种权证书、品种权号的；

（3）以非授权品种冒充授权品种的；

（4）以此种授权品种冒充他种授权品种的；

（5）其他足以使他人将非授权品种误认为授权品种的。

假冒授权品种的，由县级以上人民政府农业、林业行政部门依据各自的职权责令停止假冒行为，没收违法所得和植物品种繁殖材料，并处违法所得 1 倍以上 5 倍以下的罚款；情节严重，构成犯罪的，依法追究刑事责任。

(三) 侵权纠纷的救济

1. 请求行政机关处理

对于未经授权的生产、销售行为，品种权人或者利害关系人可以请求省级以上人民政府农业、林业行政部门依据各自的职权进行处理。对于假冒授权品种和销售授权品种未使用其注册登记的名称的行为，则由县级以上人民政府农业、林业行政部门依据各自的职权处理。

2. 诉讼

对于侵犯品种权的行为，品种权人也可以直接向人民法院提起诉讼。以侵权行为地确定人民法院管辖的侵犯植物新品种权的民事案件，其所称的侵权行为地，是指未经品种权所有人许可，以商业目的生产、销售该授权植物新品种的繁殖材料的所在地，或者将该授权品种的繁殖材料重复使用于生产另一品种的繁殖材料的所在地。

3. 损害赔偿的行政调解

省级以上人民政府农业、林业行政部门依据各自的职权，根据当事人自愿的原则，对侵权所造成的损害赔偿可以进行调解。调解达成协议的，当事人应当履行；调解未达成协议的，品种权人或者利害关系人可以依照民事诉讼程序向人民法院提起诉讼。

(四) 侵权的法律责任

1. 责令停止侵权行为

省级以上人民政府农业、林业行政部门依据各自的职权处理品种权侵权案件时，为维护社会公共利益，可以责令侵权人停止侵权行为，没收违法所得和植物品种繁殖材料。假冒授权品种的，县级以上人民政府农业、林业行政部门可以依据各自的职权责令停止假冒行为。

2. 没收违法所得和植物品种繁殖材料

省级以上人民政府农业、林业行政部门依据各自的职权处理品种权侵权案件时，为维护社会公共利益，可以没收违法所得和植物品种繁殖材料。假冒授权品种的，县级以上人民政府农业、林业行政部门可以依据各自的职权没收违法所得和植物品种繁殖材料。

3. 罚款

省级以上人民政府农业、林业行政部门依据各自的职权处理品种权侵权案件时,为维护社会公共利益,货值金额5万元以上的,可处货值金额1倍以上5倍以下的罚款;没有货值金额或者货值金额5万元以下的,根据情节轻重,可处25万元以下的罚款。假冒授权品种的,由县级以上人民政府农业、林业行政部门依据各自的职权,处违法所得1倍以上5倍以下的罚款;没有货值金额或者货值金额5万元以下的,根据情节轻重,处25万元以下的罚款。

4. 损害赔偿

未经品种权人许可,以商业目的生产或者销售授权品种的繁殖材料的,品种权人或者利害关系人可以请求省级以上人民政府农业、林业行政部门依据各自的职权进行处理,也可以直接向人民法院提起诉讼。省级以上人民政府农业、林业行政部门依据各自的职权,根据当事人自愿的原则,对侵权所造成的损害赔偿可以进行调解。调解达成协议的,当事人应当履行;调解未达成协议的,品种权人或者利害关系人可以依照民事诉讼程序向人民法院提起诉讼。

案例 17

登海公司诉莱州农科所侵犯植物新品种权纠纷案

2001年1月15日,原告登海公司通过受让,成为登海9号玉米杂交种植物新品种权的权利人,品种权号为CNA19990061.2,对登海9号玉米杂交种享有专用权。2001年5月25日,经内蒙古自治区种子管理站批准,被告莱州农科所在赤峰市宁城县繁殖玉米。莱州农科所通过与山头乡山头村村委会主任马军签订《农作物种子预约生产合同》,约定用山头村的制种田400亩,生产掖单53号玉米杂交种,为此办理了《主要农作物种子生产许可证》,证号0387。经鉴定,莱州农科所在山头村生产的掖单53号玉米杂交种,就是原告登海公司享有专用权的登海9号玉米杂交种。登海9号玉米杂交种的纯利润为每公斤3.09元,按照莱州农科所与马军签订的合同计算,生产400亩种子,给登海公司造成的直接损失为432 600元。

呼和浩特市中级人民法院认为:对植物品种采用何种方法鉴定,目前我国还没有明确的法律规定,本案采用的DNA指纹技术、酯酶同工酶等电聚焦电泳和蛋白质电泳三种方法,是目前科学、先进的鉴定方法,其结论具有权威性,并且鉴定时间短,能够保证诉讼效率的需要。而田间种植虽然是鉴定种子的常规方法之一,但需要的时间长、成本高、受其他因素影响的几率也大。故莱州农科所关于采用田间种植方法进行鉴定的要求,不予采纳。关于登海9号的父本DH8723—2是否侵犯被告莱州农科所的品种权问题。莱州农科所在答辩中,虽然提出这一意见,但既不提交H8723的品种权授权证书,又不提交汇元53号玉米杂交种是被审定品种的证明,故该理由不能成立。

关于被告莱州农科所的育种行为是否属于正常的科研活动。依据《植物新品种保护条例》第十条的规定,只有在利用授权品种进行育种及其他科研活动,或者是农民自繁自用授权品种的繁殖材料时,可以不经品种权人许可、不向其支付使用费而使用授权品种,但不得侵犯品种权人享有的其他权利。经查证,莱州农科所是在领取《主要农作物种子生产许可证》、签订《农作物种子预约生产合同》后在山头村繁殖玉米杂交种,其行为显然是要生产种子,而非科研活动。莱州农科所认为其行为属正常科研活动的辩解理由,不能成立。

《植物新品种保护条例》第六条规定:"完成育种的单位或者个人对其授权品种,享有排他的独占权。任何单位或者个人未经品种权所有人(以下称品种权人)许可,不得为商业目的生产或者销售该授权品种的繁殖材料,不得为商业目的将该授权品种的繁殖材料重复使用于生产另一品种的繁殖材料;但是,本条例另有规定的除外。"第九条规定:"植物新品种的申请权和品种权可以依法转让。"原告登海公司虽然不是完成育种的单位,但按照上述规定,其具有登海9号玉米杂交种品种权人资格,对依法受让的登海9号玉米杂交植物新品种享有排他的独占权。任何单位或者个人未经登海公司许可,不得为商业目的生产或者销售登海9号玉米杂交种的繁殖材料。被告莱州农科所以掖单53号名义生产的玉米种子,经鉴定证实是登海9号玉米杂交种的繁殖材料。莱州农科所未经品种权人许可,大规模种植与受到保护的植物品种完全相同和该品种的非遗传性变异的作物,其目的不是进行科研活动。莱州农科所虽主张其种植的作物是新的植物品种,但不能证实。莱州农科所的行为侵犯了登海公司的植物新品种权,应承担侵权的法律责任。登海公司起诉请求莱州农科所立即停止侵权,销毁侵权品种,公开赔礼道歉并赔偿经济损失,应当支持。登海公司请求赔偿的利润损失,符合法律规定和本案事实,应予确认;请求赔偿的制止侵权所需费用,证据不足,不予支持。

案例资料来源:《最高人民法院公报》2004年第3期(总:89期)

第七章 国际知识产权制度

第一节 知识产权国际保护基本知识

知识产权国际保护是资本主义从自由竞争阶段过渡到垄断资本主义阶段后,国际间科技、经济、文化交流不断发展的结果。

知识产权法律制度在建立之初具有严格的地域性,一国的知识产权得不到其他国家的认可和保护。但由于知识财富是没有国界的,加之它本身极易传播,在19世纪中后期进入帝国主义阶段的欧美国家大量向外输出商品、资本和技术时,它们的知识产品也跨出国界,把知识产权从国内延伸到国外,赋予知识产权的域外效力,实行知识产权国际保护,成为形势的必然要求。在这种背景下,由一些资本主义国家发起和支持,相继缔结了一些保护知识产权的国际公约,成立了一些世界性或地区性的知识产权国际组织,初步建立了知识产权国际保护制度。此后,知识产权国际保护得到了很大的发展,加入知识产权国际条约的国家不断增多,已有的知识产权国际条约不断得到适时修订,一系列新的有关知识产权国际条约签署、生效。尤其是20世纪70年代以来,随着科学技术的迅猛发展和国际科技经济文化交流的全面深入,知识产权国际保护进入了新的阶段。

纵观知识产权国际保护的发展轨迹,其主要方式有三种。

1. 互惠原则

即各方通过缔结有关协定,相应对等地保护对方国民的知识产权。

2. 双边协定

通过双边协定给予外国知识产品以知识产权保护是国际知识产权公约签署、生效前国家间知识产权保护的主要形式,在知识产权国际保护中起着重要作用。如1979年中美两国贸易关系协定就规定了以对等原则保护对方知识产权的内容。

3. 多边公约

缔结知识产权多边国际公约、建立知识产权国际联盟，是当代知识产权国际保护的最主要方式。知识产权多边公约包括工业产权的国际公约和著作权的国际公约两大类。《巴黎公约》《专利合作条约》和《商标国际注册马德里协定》是保护工业产权的主要国际公约，《伯尔尼公约》是保护著作权的最重要的国际公约，世界知识产权组织则是主要的保护知识产权的国际组织。

第二节 保护工业产权巴黎公约

一、《巴黎公约》基本知识

（一）《巴黎公约》的签署

《巴黎公约》是知识产权领域第一个世界性的多边公约，也是保护工业产权最主要的国际公约。

19世纪后期，各国专利法的不协调给国际贸易和技术交流带来了很大不便，《巴黎公约》的诞生正是因此而起。1873年奥匈帝国邀请一些国家在维也纳举办国际发明展览会，许多国家的厂商由于担心其新技术发明得不到有效的法律保护而不愿参加，于是奥地利政府制定了对博览会展品给予临时保护的特别法令。与此同时，一些国家呼吁召开国际会议讨论专利国际保护问题。经过一系列准备，1883年在巴黎召开了缔结《巴黎公约》的外交会议，通过了该公约。

《巴黎公约》的诞生是适应社会经济发展的产物，100多年来，为完善工业产权制度，曾召开了8次修订会议，通过了6个修订文本。现在适用的主要是1967年通过的斯德哥尔摩文本。《巴黎公约》是一个开放性的国际公约，对所有国家开放。由于新启动的包括TRIPS协议在内的世界贸易组织谈判采取一揽子的谈判方式，"入世"就必须参加其全部条约，而在知识产权方面，《知识产权协议》要求适用《巴黎公约》，因此《巴黎公约》成员国迅速增多。

（二）我国加入《巴黎公约》的时间、版本

我国于 1985 年 3 月 19 日成为该公约的第 96 个成员国，适用该公约 1967 年 7 月 4 日修订的斯德哥尔摩文本。但是，对该公约第 28 条第 1 款提出了保留声明。该公约第 28 条第 1 款规定，本联盟两个或两个以上国家之间对本公约的解释或适用有争议不能通过谈判解决时，有关国家之一可以依照国际法院公约将争议提交该法院，除非有关国家就某一其他解决办法达成协议。将争议提交该法院的国家应通知世界知识产权组织国际局，国际局因此将此事提请本联盟其他国家注意，本规定对中国不适用。

二、《巴黎公约》确立的核心原则和内容

该公约确立的核心原则包括国民待遇原则、专利的独立性原则和优先权原则。这三项原则构成了该公约的实质性条款。

（一）国民待遇原则

1. 国民待遇的含义

国民待遇原则是指在保护工业产权方面，巴黎联盟成员国的国民，在联盟其他国家内应享有各该国法律现在授予或将来可能授予该国国民的保护，而无论他在该国有无永久住所或营业所。也就是说，在保护工业产权方面，缔约国国民在其他缔约国享有与该国国民一样的待遇。

2. 享有国民待遇的条件

《巴黎公约》第 2 条规定，本联盟任何国家的国民，在保护工业产权方面，在本联盟所有其他国家内应享有各该国法律现在授予或今后可能授予国民的各种利益；一切都不应损害本公约特别规定的权利。因此，他们应和国民享有同样的保护，对侵犯他们的权利享有同样的法律上的救济手段，但以他们遵守对国民规定的条件和手续为限。对于本联盟国家的国民不得规定在其要求保护的国家须有住所或营业所才能享有工业产权。

第 3 条规定，本联盟以外各国的国民，在本联盟一个国家的领土内设有住所或有真实和有效的工商业营业所的，应享有与本联盟国家国民同样的待遇。

同时，国民待遇原则也有例外情况。根据《巴黎公约》第 2 条第 3 款规定，本联盟每一个国家法律中关于司法和行政程序管辖权以及指定送达地址

或委派代理人的规定，工业产权法律中可能有要求的，均明确地予以保留。

（二）专利的独立性

专利的独立性是指巴黎联盟成员国的国民在另一成员国取得的专利权，同在其他国家就同一主题所取得的专利权是互相独立的。这是因为联盟各成员国的法律相互间不尽相同，在一个国家授予专利权的，在另一个国家按照其法律可能不符合授权条件；专利权在一国失效的，在另一国可能仍然依法有效。各成员国国民的知识产权依照所在国的法律给予保护，而不受他国的影响。权利的获得、权利的消灭以及权利的内容都是相互独立的。

根据《巴黎公约》第4条之二规定：

（1）本联盟国家的国民向本联盟各国申请的专利，与在其他国家，不论是否本联盟的成员国，就同一发明所取得的专利是相互独立的；

（2）上述规定，应从不受限制的意义来理解，特别是指在优先权期间内申请的各项专利，就其无效和丧失权利的理由以及其正常的期间而论，是相互独立的；本规定应适用于在其开始生效时已经存在的一切专利；

（3）在有新国家加入的情况下，本规定应同样适用于加入时两方面已经存在的专利；

（4）在本联盟各国，因享有优先权的利益而取得的专利的期限，与没有优先权的利益而申请或授予的专利的期限相同。

这一原则包含以下含义：①一个成员国对一项发明授予专利，其他成员国没有义务也授予专利；②某一项专利在一个国家无效或失效，不会自动导致该专利在其他国家取得的专利也无效或失效；③专利权期限在某国届满后，不会导致该发明在其他国家取得的专利权的有效期同时届满。

（三）优先权原则

优先权原则是指一个申请人在某一个成员国提出工业产权正式申请后，可以在特定期限内向其他成员国提出同样的申请，且在后申请视为在第一个申请的同一日提出的。换言之，该在后申请对于第一个申请以后所有的同类申请都享有优先权。

1. 享受优先权的条件

根据《巴黎公约》第4条规定，要求优先权的主体是可以享受《巴黎公约》成员国国民待遇的申请人。作为优先权基础的首次申请必须是巴黎联盟成员国受理的正规申请。所谓正规申请，是指依巴黎联盟成员国之国内法或同盟之间签订的双边或多边条约相当于正常国内的一切申请；一般而言，应能够确定申请号和申请日。首次申请的结局（如被驳回、放弃、撤销）并不影响优先权的存在。也就是说，首次正规申请被驳回、放弃、撤销，优先权仍然可以存在。但是，首次申请产生的优先权必须是在已经成为巴黎联盟成员国中才能确立。

进一步说，优先权的确定以首次申请为基础。但在有的情况下，并非第一次申请也可以"视为"第一次申请，主要限于：①第一次申请没有公开；②在后来的申请提出以前，第一次申请已被撤回、放弃或驳回；③原申请案没有留下任何未决权利；④申请人没有以原申请日作为要求优先权的根据在其他国家提出过申请。

2. 享受优先权的手续

根据《巴黎公约》第4条规定，要求优先权的主体应向公约成员国正式提出专利或商标注册申请书。并且，在后申请的受理国可以要求申请人提交在先申请文件副本，该副本应附有原受理申请机关出具的证明申请日期的证书和译本。

优先权制度对需要在多个国家提出工业产权申请的人极为方便，他不必同时在多个国家同时提出申请，只需在优先权期限内办好各国要求的不同手续，考虑市场情况后再决定在哪些国家申请，却不丧失发明的新颖性。

3. 优先权的期限

根据《巴黎公约》第4条规定，优先权必须在法定时间内行使，从第一次申请的申请日起算，专利和实用新型的优先权期限为12个月，商标和外观设计的优先权期限为6个月。

4. 优先权的效力

优先权的效力是首次提出申请的日期被作为以后提出申请的日期，该申请日又被称做优先权日。换言之，在后申请享有首次申请的申请日，在后申请不会因为在优先权期间，即首次申请日与在后申请的申请日之间其他人提出了相同主题的申请或者公布、利用这种发明创造而失去效力；同时，也使得从首次申请之日起至在后申请之日期间由其他人提出的相同主题的专利申请因失去新颖性而不能被授予专利权。

三、《巴黎公约》的其他内容

（一）国际展览会的临时保护

《巴黎公约》第 11 条规定，本联盟国家应按其本国法律对在本联盟任何国家领土内举办的官方的或经官方承认的国际展览会展出的商品中可以取得专利的发明、实用新型、工业品外观设计和商标，给予临时保护。该项临时保护不应延展第 4 条规定的期间。如以后要求优先权，任何国家的主管机关可以规定其期间应自该商品在展览会展出之日开始。同时，每一个国家认为必要时可以要求提供证明文件，证实展出的物品及其在展览会展出的日期。

从《巴黎公约》的规定看，临时保护的具体期间由各成员国国内法规定。

（二）《巴黎公约》保护的内容

《巴黎公约》共有 30 条，其中第 1～第 12 条为实体条款，规定了成员国享有的权利和负担的义务；第 13～第 30 条为行政条款。公约中的工业产权所指的"工业"，应做广义的理解：既适用于工业也适用于农业、商业、采掘业；既适用于制成品，也适用于天然产品。第 1 条第 2 款规定，工业产权的对象有：专利、实用新型、外观设计；商标；服务标记；厂商名称；货源标记；制止不正当竞争。

（三）对专利权的限制

1. 强制许可

为了防止专利权的滥用，《巴黎公约》规定了强制许可制度。即从专利申请日起满 4 年或专利批准日起满 3 年，专利发明在该国没有正当理由实施或者没有充分实施时，各成员根据第三者请求，可以给予实施该发明的强制许可。《巴黎公约》第 5 条明确规定，本联盟各国都有权采取立法措施规定授予强制许可，以防止由于行使专利所赋予的专有权而可能产生的滥用，例如，不实施。这种强制许可是非独占性的，而且除与利用该许可的部分企业或商誉一起转让外不得转让，包括不得以授予分许可证的形式许可他人实施。被颁发的强制许可证使用人应向专利权人支付使用费。同时，自提出专利申请之日起 4 年届满以前，或自授予专利之日起 3 年届满以前，取其到期日期最晚者，不得以不实施或不充分实施为理由申请强制许可；如果专利权人的不作为有正当理由，应拒绝强制许可。

2. 临时过境交通工具的使用

《巴黎公约》第 5 条之三规定，在本联盟任何国家内，下列情况不应认为是侵犯专利权人的权利：本联盟其他国家的船舶暂时或偶然地进入上述国家的领水时，在该船的船身、机器、船具、装备及其他附件上使用构成专利对象的器械，但以专为该船的需要而使用这些器械为限；本联盟其他国家的飞机或陆上车辆暂时或偶然地进入上述国家时，在该飞机或陆上车辆的构造或操作中，或者在该飞机或陆上车辆附件的构造或操作中使用构成专利对象的器械。这一规定确立了临时过境的交通工具使用专利的侵权例外。

（四）成员国签订专门协定的权利

《巴黎公约》第 19 条规定，本联盟国家在与本公约的规定不相抵触的范围内，保留有相互间分别签订关于保护工业产权的专门协定的权利。根据这一规定，巴黎公约成员国之间可以相互签订有关保护工业产权的专门协定，但不得与《巴黎公约》的规定相抵触。

案例 18

无线星球诉华为案

无线星球（Unwired Planet）与华为之间的这起纠纷可以追溯至 2014 年 3 月，当时 Unwired Planet 同时在英国和德国起诉华为、三星和谷歌，称华为等侵犯其 6 件专利，其中 5 件为 3G 等电信标准必要专利，分别为"无线电信网络的方法装置"（EP（UK）2,229,744）、"无线电信网络的自我配置和优化"（EP（UK）2,119,287 和 EP（UK）2,485,514）、"提高移动通信系统之间交接的方法"（EP（UK）1,230,818）、"基于已选择相关属性的正交阿达玛序列通信方法和装置"（EP（UK）1,105,991）。涉案专利为 Unwired Planet 及其关联公司自爱立信购入。英国高等法院在随后分技术性审判和非技术性审判两个阶段对 UP 诉华为案进行了审理。在技术性审判中,英国高等法院确认涉案专利中有 2 件为有效且为标准必要专利。而 2017 年 4 月 5 日,英国高等法院对该案的非技术性争议焦点作出判决([2017] EWHC 705(Pat)),认为单一的全球性的 SEP 许可费率符合 FRAND 承诺。

在该判决中,针对华为所认为的,Unwired Planet 对于在英国销售的产品寻求全球性许可而非英国国内许可,违反竞争法和 FRAND 义务,英国高等法院认为 Unwired Planet 的全球性许可没有违反竞争法,"有意愿且理性的当事人"应当会同意这样一份许可,且这样的许可是 FRAND 许可,也就是说 Unwired Planet 有权坚持基于全球性许可授权其专利组合,也因此华为提出的英国许可不是 FRAND 许可。

同时,英国高等法院认为 Unwired Planet 寻求的费率过高,而法院为双方当事人设定适当的全球性 FRAND 费率是适当的;Unwired Planet 在相关市场上处于支配性地位,但其并未通过提起诉讼来滥用该支配地位。随后英国高等法院于 2017 年 6 月 7 日作出了"FRAND 禁令"的判决([2017] EWHC 1304(Pat)),根据判决,如果华为与 Unwired Planet 达成 FRAND 许可协议,该禁令即不再生效。华为、三星和谷歌起初以 Unwired Planet 提供的许可协议不符合 FRAND 承诺为由,拒绝了 Unwired Planet 的许可协议。谷歌和三星随后均与 Unwired Planet 达成和解协议,但华为仍一直与之僵持。2018 年 10 月 23 日,上诉法院作出裁决,维持了英国高等法院的原判决。2020 年 5 月 Unwired Planet 的母公司 Pan Optis 与华为(Huawei)达成了一项全球和解协议,从而结束了他们在欧洲的诉讼。但因为根据英国法律,即使当事方撤回此案,最高法院仍然可以就法律问题作出裁决,这是基于最高法院审理案件的重要性。2020 年 8 月 26 日,英国最高法院发布了华为与 Unwired Planet 以及华为、中兴通讯与康文森(Conversant)标准必要专利纠纷案的上诉裁决。英国最高法院驳回了华为的上诉,支持了相关标准必

> 要专利的全球许可条件及费率,如果华为、中兴通讯不接受该全球费率,那么法院将作出禁令判决。英国最高法院承认,英国法院仍然有责任决定某件专利是否有效或是否受到侵权。但是,欧洲电信标准协会(ETSI)的知识产权政策允许英国法院设定全球费率。
>
> 案例资料来源:【法宝引证码】CLI.A.240410

第三节 与贸易有关的知识产权协议

一、协议的基本知识

(一)协议的签署与基本内容

TRIPS 协议是经过关税与贸易总协定乌拉圭回合谈判而形成的世界贸易组织框架内的一个有关知识产权的协定,包含了知识产权国际保护领域的重要发展成果。其产生是 20 世纪中期以来知识产权国际化进一步发展的结果。

第二次世界大战结束后,随着科技与经济的发展,知识产权的地位日益重要,发达国家需要利用知识产权制度扩大其经济与技术优势,发展中国家则需要引进技术、发展经济,彼此在知识产权国际保护方面存在激烈的冲突。在美国等西方国家的坚持下,1986 年关贸总协定的新一轮谈判中,知识产权问题被纳入进来,知识产权国际保护问题开始在世界知识产权组织框架内进行。由于发达国家与发展中国家意见分歧较大,谈判相当艰难,最后于 1991 年 12 月达成 TRIPS 协议草案,于 1995 年 1 月 1 日生效。

TRIPS 协议是世界贸易组织框架下的多边协定,因为世界贸易组织采用一揽子谈判方式,几十个协定综合平衡,要参加世界贸易组织,就必须参加该组织下的所有条约。到 2002 年 1 月 TRIPS 协议的成员共有 144 个。中国 2001 年年底"入世",自然也是 TRIPS 协议的成员。

TRIPS 协议全文共 73 条,分为 7 部分,涉及知识产权的效力、取得、利用、权利范围及行使等方面。

前言部分包括各成员就本协议的一些重大问题达成的共识，分别是：通过促进知识产权的保护以减少国际贸易中的障碍；承认知识产权是私权；明确知识产权制度的公共政策目的是促进经济发展和技术进步；承认最不发达国家在境内享有最大限度的灵活性以建立有活力的技术基础；强调通过多边程序解决与贸易有关的知识产权问题争端；加强与有关国际组织建立相互支持的关系。

第一部分规定了协议的基本原则和成员的主要义务。协议规定，在知识产权保护的最低标准、权利维护等方面，各成员应遵守《巴黎公约》实体条文和与此相关的专门条约及协定，承担《巴黎公约》《伯尔尼公约》《罗马公约》《关于集成电路的知识产权条约》的义务；重申给予其他缔约国国民在知识产权保护领域的国民待遇；引入有形商品贸易的原则和机制，包括最惠国待遇原则、透明度原则和GATT争端解决机制。

第二部分规定了成员对各种知识产权保护的最低要求，详细界定了知识产权的保护范围。这是TRIPS协议的核心内容。

关于著作权，协议规定：成员应遵守《伯尔尼公约》的实质性条款；计算机程序作为文字作品予以保护；出租权至少可以适用于电影作品和计算机程序；对著作权的限制限于特殊情况且不与作品的正常使用相冲突，不损害权利人的合法利益；表演者、录音制品制作者和广播组织因传播作品而享有相应的权利。

关于商标，协议要求缔约方对商品商标和服务商标提供注册保护；具有识别性的标记都能注册为商标；注册商标所有人有权禁止任何他人擅自使用可能导致混淆的相同或相似的标记；注册商标不得与已有的在先权利相冲突；商标注册可以无限期续展，首次注册和此后续展的期限不得少于7年。

关于专利，协议规定，除少数特例，所有技术领域的发明只要具有新颖性、创造性和实用性，都可获得专利；产品专利权人的权利包括有权制止第三方未经许可制造、使用、许诺销售、销售或为上述目的而进口该产品的行为；方法专利权人的权利包括有权制止第三方未经许可使用、许诺销售、销售或为上述目的进口至少是依照该方法而直接获得的产品的行为；申请专利需要对技术进行充分的公开；对撤销专利或宣告专利无效的，应提供司法复审机会；专利保护期自专利申请日起不少于20年。

另外，协议对地理标志、工业品外观设计、集成电路布图设计、未公开的信息等的知识产权问题进行了规定。

第三部分规定了实施协议的措施。内容涉及总义务、民事和行政诉讼、临时措施、边境措施和刑事诉讼等。

第四部分允许成员为获得与维护知识产权而规定办理与TRIPS协议相应的程序和手续，要求对知识产权的最终行政决定接受司法或准司法部门的复审。

第五部分引入关贸总协定的透明度原则。规定各成员国的有关法律规章及终审司法判决等都应用本国语言公布，或用其他方式为公众获得，进而使各成员政府和权利人知悉。这有利于成员之间相互了解有关知识产权的立法与司法情况，保证最惠国待遇原则和国民待遇原则的实现。同时，协议还引入了关贸总协定的争端解决机制，其中包括贸易报复内容。

第六部分是关于过渡性安排、机构安排与最后条款。协议规定发达国家应在世界贸易组织生效后1年内适用本规定，发展中国家适用本协议的时间可以再延迟4年，而最不发达国家适用协议的时间在协议生效11年后。协议规定设立与贸易有关的知识产权理事会，监督协议的实施。没有其他成员的同意，任何成员不得对协议提出保留。

（二）知识产权的性质

TRIPS协议在其"前言"部分肯定有效保护知识产权的必要性时，要求"全体成员承认知识产权为私权"，这一规定为整个协定的保护确定了基调。TRIPS协议强调知识产权为私权，具有十分重要的意义。其本意在于强调知识产权主体的平等性。在权利主体平等的情况下，权利主体无论是自然人还是法人、是本国人还是外国人，权利都是平等的。TRIPS协议强调知识产权为私权，是强调知识产权的权利性质。这种私权属性表明，在对待知识产权问题上，任何成员不能因为主体或者客体的原因而采取歧视政策，它也不能像对待税收和配额一样可以任意调节。不过，知识财产的私权化延伸到国际法领域，并通过高标准、高水平的知识产权的国际保护予以强化甚至扩张，使发展中国家与发达国家在同一标准上履行国际义务，会使发展中国家与发达国家之间造成利益的严重失衡，需要加以协调和解决。

（三）协议的目标和基本原则

1. 协议的目标

TRIPS 协议第 7 条规定，知识产权的保护和实施应有助于促进技术革新和技术转让与传播，使技术知识的创造者和使用者互相受益并有助于社会和经济福利的增长及权利和义务的平衡。这一规定确立了该协议的总目标。

从协议的规定看，该目标主要是建立在以下几项共识的基础之上的：

（1）期望减少国际贸易中的扭曲和阻碍因素，需要加强对知识产权实行有效和充分的保护，并确保实施知识产权的措施和程序本身不会成为合法贸易的障碍；

（2）承认需要一个包含原则、规则和纪律的多边框架以处理国际冒牌货贸易问题；

（3）承认知识产权是私有权利；

（4）承认各国知识产权保护体系最基本的公共政策目标，包括发展目标和技术目标；

（5）强调通过多边程序达成强有力的承诺以解决与贸易有关的知识产权争议从而减少摩擦的重要性；

（6）希望在世界贸易组织和世界知识产权组织以及其他有关的国际组织之间建立一种相互支持的关系。

2. 协议的基本原则

TRIPS 协议确定的基本原则有国民待遇原则、最惠国待遇原则和禁止权利滥用原则等。

（1）国民待遇原则。

根据 TRIPS 协议第 3 条之规定，在知识产权保护方面，在遵守《巴黎公约》《伯尔尼公约》《罗马公约》的前提下每个成员给其他成员国民的待遇不应低于它给本国国民的待遇。这一规定确立了国民待遇原则。这里所指的知识产权应从广义上理解，它包含了知识产权的获得、利用、行使、维护、范围、效力等内涵。不过，协议同时规定，《巴黎公约》（1967 年）、《伯尔尼公约》（1971 年）、《罗马公约》或《关于集成电路的知识产权条约》中已分别有例外规定的适用这些规定。同时，对表演者、唱片制作者和广播组织，该项义务仅适用于该协议规定的权利。此外，任何成员如利用《伯尔尼公约》第6条或《罗马公约》第16条第1款第（2）项所提供的权利，应按那些条款的规定通知TRIPS理事会。

在国民待遇例外方面，除了上述四个国际公约规定的以外，TRIPS协议还允许在司法和行政程序方面的例外，包括指定服务地点和指定一成员司法管辖内的代理人。但是，这些例外是为确保遵守不与本协议规定抵触的法律和规章所需且实施这种做法不对贸易构成变相限制。另外，各成员提供国民待遇例外的义务不适用于由世界知识产权组织缔结的多边协议中涉及获得与维持知识产权的程序。

（2）最惠国待遇原则。

TRIPS协议第4条规定了最惠国待遇原则。其基本内容是，在知识产权保护方面，一成员给任何其他成员国民的任何利益、优惠、特权或豁免，应立即无条件地给予所有其他成员的国民。

但是，最惠国待遇原则的适用也受到一定限制。根据TRIPS协议的规定，有以下几种情形：

①源于关于司法协助或一般性质的法律实施的国际协定而不特别限于知识产权保护方面的；

②依《伯尔尼公约》（1971年）或《罗马公约》规定给予的，它们授权所给予的待遇不是国民待遇性质而是另一国给予的待遇；

③协议未规定的有关表演者、录制者以及广播组织的权利；

④《世界贸易组织协议》生效前已生效的有关知识产权保护的国际协定中规定的例外情形，只要该国际协定已被通知TRIPS理事会并对其他成员的国民不造成任意的或不合理的歧视。

（3）禁止权利滥用原则。

权利滥用源自英美法中的衡平法概念，可将其理解为超越权利行使的法律界限而行使权利的行为。在私法领域，为了实现个人利益与社会公共利益的平衡境界，特别是实现公益性目标，很早就确立了禁止权利滥用原则。在知识产权领域，权利滥用现象也比较普遍。它是知识产权人利用知识产权的优势地位牟取合法的知识产权范围以外的利益的体现，其结果是知识产权行使方式不当而对市场竞争带来了不应有的限制，以致不被竞争法所容忍而需要由其加以调整。

TRIPS 协议第 8 条规定，在制定或修改其法律和规章时，各成员可采取必要措施来保护公共健康和营养，促进对其社会经济和技术发展至关重要部门的公共利益，只要这些措施符合本协议的规定。只要符合本协议的规定，必要时可以采取适当措施来防止知识产权持有人滥用知识产权或采取不正当地限制贸易或严重影响国际技术转让的做法。可见该协议为了维护公共利益与社会发展，允许成员通过立法限制知识产权的滥用行为，防止知识产权人实施不正当竞争行为。

（四）与贸易有关的知识产权的范围

知识产权的范围有广义与狭义之分。广义的知识产权在《成立世界知识产权组织公约》中得到了体现，它涉及一切来自智力创造的成果。狭义的知识产权则主要是指专利权、商标权和著作权，又有工业产权与著作权之分。TRIPS 协议涉及的"与贸易有关的知识产权"，是牵涉到与国际贸易相关的知识产权。换言之，那些与贸易没有直接关联的知识产权，如著作权中的精神权利等没有被纳入 TRIPS 协议的保护范围。不过，这里的"贸易"也包含假冒商品贸易。原因是，假冒商品贸易涉及侵犯知识产权问题，需要由国际知识产权制度进行规制。

具体地说，TRIPS 协议规定的与贸易有关的知识产权包括：①著作权和邻接权；②商标权；③地理标志权；④工业品外观设计权；⑤专利权；⑥集成电路布图设计权；⑦对未公开信息的保护。

案例 19

英特宜家系统有限公司诉台州市中天塑业有限公司著作权纠纷案

英特宜家系统有限公司（以下简称"英特宜家公司"）于 1983 年 10 月 31 日成立于荷兰。玛莫特儿童椅和儿童凳由莫滕·谢尔斯特鲁普和阿伦·厄斯特两位设计师于 1991 年 2 月 6 日创作完成，1992 年 1 月正式将作品交付给案外人瑞典宜家公司。1992 年 2 月 8 日，瑞典宜家公司将玛莫特系列作品的著作权转让给英特宜家公司。

2006年6月10日，案外人黄晔在上海市清涧路187弄11幢33号1508室，购买了童凳3张和童椅2张，付款后获得发票、名片各1张和宣传册1份，发票上盖有"台州市中天塑业有限公司"的发票专用章，名片上印有"台州市中天塑业有限公司、李伟上海区域经理"等字样，宣传册上印有"中天塑业""ZTPC"等字样。黄晔对购物地点及所购童凳和童椅等进行了拍照。上述过程在上海市公证处公证员黄欣、公证人员丁振华的监督下进行，上海市公证处对此制作了（2006）沪证字第7549号公证书。

原告英特宜家公司还提供了以"上海市永冠贸易有限公司"名义购买阿木童凳和阿木童椅的销售发票和送货清单各1张，发票上盖有"台州市中天塑业有限公司"的发票专用章。

2008年4月10日，高露云（北京）知识产权代理有限公司的代理人李春娟在位于北京市东城区朝阳门北大街6号首创大厦的北京市长安公证处与公证人员对于www.ztpc.cc网站上的有关内容进行证据保全，北京市长安公证处制作了（2008）京长安内经证字第2664号公证书。该份公证书载明，www.ztpc.cc网站展示了被告中天公司的产品，原告英特宜家公司认为其中ZTT-326等15个型号的产品属于侵权产品。

被告台州市中天塑业有限公司（以下简称"中天公司"）的法定代表人陈爱华于2004年2月10日、2004年10月25日和2005年8月8日，向国家知识产权局申请了五项外观设计专利，名称分别为：椅（阿木童）、椅（ZTY-521）、凳（ZTY-537）、凳（ZTY-536）、椅（ZTY-538），专利号分别为：200430019946.X、200430083416.1、200430083418.0、200430083419、200530114174.2。其中，200430019946.X号外观设计专利于2006年8月30日被国家知识产权局专利复审委员会宣告全部无效。

经比对，在www.ztpc.cc网站上被控侵权的15个型号产品中，被告中天公司的儿童凳产品（ZTY-525S、ZTY-525M、ZTY-525L）

与原告英特宜家公司的玛莫特儿童凳从整体形状上看构成基本相同，儿童凳产品（ZTY-534、ZTY-533、ZTY-537、ZTY-536、ZTY-541、ZTT-322、ZTT-325、ZTT-326、ZTY-542）与原告的玛莫特儿童凳在凳面部分的形状上有所区别，但在凳腿部分的形状上基本相同，两者从整体上看构成相似。儿童椅（ZTY-521、ZTY-538、ZTY-535）与原告的玛莫特儿童椅在椅背部分的形状上有所区别，但在椅腿部分的形状上基本相同，两者从整体上看构成相似。

经比对，原告英特宜家公司公证购买的被告中天公司的阿木童儿童凳、儿童椅产品在整体外形上与玛莫特儿童凳、儿童椅构成基本相同。

上海市第二中级人民法院一审认为：根据《著作权法》第二条第二款规定，我国是《伯尔尼公约》、TRIPS协议的参加国，在《伯尔尼公约》中，实用艺术作品被归入"文学艺术作品"受到保护。结合国务院《实施国际著作权条约的规定》第六条规定，外国实用艺术作品受我国法律保护。被告中天公司认为原告英特宜家公司不具备本案诉讼主体资格的主张没有法律依据，不予支持。

此外，《著作权法》第三条未将实用艺术作品单列为作品。在司法实践中，根据我国参加的国际公约和相关法律规定，对实用艺术作品的著作权保护，是从实用艺术作品的实用性和艺术性角度分别予以考虑，对于实用性部分不适用著作权保护，对于艺术性部分可以归入著作权法规定的"美术作品"予以依法保护。外国实用艺术作品的权利人申请著作权保护时，应当审查涉案实用艺术作品在审美意义上是否具有美术作品应当具备的艺术高度，从审美意义上分析作品的艺术高度，一般从作品思想、表达方式是否具备独创性等方面考察。

本案中，涉案的玛莫特儿童椅由椅背、椅垫和椅腿三个部分组成，椅背由一块梯形的实木和三根矩形木条组成，其中上部的梯形实木占据了整个椅背近二分之一的空间，椅垫是一般椅凳的基本结构，椅腿是由四根立椎体组成，呈上窄、下宽的形状。玛莫特儿童凳由凳面和凳腿两部分组成，凳面是上下均等的圆形实体，形状与一般的儿童凳无异，凳腿是四根纺锤状棒体。根据上述事实，玛莫特儿童椅和儿童凳从表达形式来讲，设计要点主要体现在造型线条上，简单、流畅的线条力图体现朴实而略带童趣的作品思想，但这样的设计思想并不能与其他普通儿童用品设计思想完全区别开来；从表达的独创性来讲，其整体外形上与绝大多数普通的儿童椅和儿童凳区别不大。总体而言，玛莫特儿童椅和儿童凳属于造型设计较为简单的儿童椅和儿童凳，不具备美术作品应当具备的艺术高度。因此，尽管被告中天公司生产的涉案儿童凳、儿童椅产品与原告英特宜家公司的玛莫特儿童椅和儿童凳从整体上看构成相似或者基本相同，也不构成对原告著作权的侵犯。

据此，上海市第二中级人民法院于2009年8月22日判决：驳回原告英特宜家公司的诉讼请求。

案例资料来源：《最高人民法院公报》2010年第7期（总第165期）

二、知识产权保护的基本要求

（一）著作权和有关权利

TRIPS协议在关于著作权规定部分，确立了著作权保护应该延及表述方式，但不延及思想、程序、操作方法或数学概念本身的原则。这也就是通常所说的"思想与表达二分法原则"。除此之外，协议规定了一系列涉及权利客体、权利保护、权利限制、邻接权保护等方面的内容。

1. 协议与《伯尔尼公约》的关系

TRIPS协议规定，本协议第一至第四部分的任何规定不应有损于成员之间依照《巴黎公约》《伯尔尼公约》《罗马公约》以及《关于集成电路的知识产权条约》承担的现有义务。成员应遵守《伯尔尼公约》（1971年）文本的实体条文及附件，这是两者关系的总原则。但对《伯尔尼公约》规定的精神权利以及由此衍生的权利，成员不负有任何保护义务。当某成员是《伯尔尼公约》成员国时，那么在履行 TRIPS 协议的义务时，不得损害其因加入《伯尔尼公约》而承担的义务。

2. 计算机程序和数据汇编

TRIPS 协议第 10 条规定，计算机程序，无论是源代码还是目标代码，应作为《伯尔尼公约》（1971 年）下的文字作品来保护。数据汇编或其他资料汇编，无论呈机器可读形式还是其他形式；只要通过对其内容的选取或安排而构成了智力创造，就应作为智力创造加以保护；该保护不应延及数据或资料本身，并不应损害存在于数据或资料本身的任何版权。该规定表明，TRIPS 协议是将计算机程序和数据汇编作为作品受到保护的。

3. 出租权

TRIPS 协议第 11 条规定，至少在计算机程序和电影作品方面，一成员应给予作者及其合法继承人许可或禁止，向公众商业性出租其享有版权之作品的原件或复制品的权利。一成员对电影作品可不承担此义务，除非这种出租已导致该作品被广泛复制，从而实质性地损害了该成员给予作者及其合法继承人的专有复制权。对计算机程序，如该程序本身不是出租的必要客体时，此义务不适用于计算机程序的出租。

该规定表明，成员需要承认出租权是版权的重要组成部分，并且至少要对计算机程序和电影作品赋予出租权。之所以强调这两类作品，是因为它们是作品出租的利润大户，赋予这两类作品著作权人以出租权，能够较好地保护权利人的利益。但是，这类作品的出租权仍然受到一定条件的限制。例如，当电影作品的商业性出租未在特定成员方导致作品的大量复制，没有严重损害著作权人的复制权时，该成员可以不给予出租权之保护。

4. 保护期

TRIPS 协议第 12 条规定，除摄影作品或实用艺术作品外，如果一个作品的保护期限不以自然人的寿命为基础计算，则该期限自作品准予出版的那一公历年年底起不得少于 50 年，或者，如果作品在创作后 50 年内未得授权出版，则该期限自创作完成的那一公历年年底起不得少于 50 年。

对照《伯尔尼公约》关于保护期限的规定可知，TRIPS 协议对该公约的规定做了适当补充。

5. 对权利的限制和例外

TRIPS 协议第 13 条规定，各成员对专有权作出的任何限制或例外规定应限于某些特殊的情况，且不会与对作品的正常利用相冲突，也不会不合理地损害权利持有人的合法利益。这实际上是协议对版权限制与例外所做出的原则性规定。TRIPS 协议并未对版权限制与例外的具体内容作出规定。

6. 对表演者、录音制品制作者和广播组织的保护

（1）表演者的权利。

TRIPS 协议第 14 条第 1 款规定，就将表演录制在录音制品上而言，表演者应有权阻止下列未经其授权的行为：录制其未录制过的表演和翻录这些录制品。表演者还应有权阻止下列未经其授权的行为：将其现场表演向大众进行无线广播和传播。

（2）录音制品制作者的权利。

TRIPS 协议第 14 条第 2 款规定，录音制品制作者应享有准许或禁止直接或间接翻录其录音制品的权利。此外，录音制品制作者还享有商业性出租权。但是，在部长级会议结束乌拉圭回合谈判之日（1994 年 4 月 15 日）如果一成员在录音制品的出租方面已在实施向权利持有人公平付酬的制度，则可以保留这一制度，只要录音制品的商业性出租对权利持有人的专有复制权没有导致实质性的损害。

（3）广播组织的权利。

TRIPS 协议第 14 条第 3 款规定，广播组织应有权禁止下列未经其授权的行为：录制其广播、复制其录制品及通过无线广播方式转播其广播，以及将同样的电视广播向公众再转播。如果有成员未授予广播组织这种权利，则应在符合《伯尔尼公约》（1971 年）规定的前提下，赋予广播内容的版权所有人以阻止上述行为的权利。

此外，TRIPS 协议还规定了有关邻接权的保护期限。协议规定，表演者和录音制品制作者的保护期限，应自该录制或表演发生的那一公历年年底起，至少持续到第 50 年年末。根据第 3 款所给予的保护期限，应自广播发生的那一公历年年底起，至少持续 20 年。

(二) 商标

TRIPS 协议要求成员对商品商标和服务商标提供注册保护。

1. 可保护的客体

TRIPS 协议第 15 条规定，任何标记或标记的组合，只要能区分一个企业和其他企业的货物或服务，就应该可以构成一个商标。这些标记，特别是单词，包括个人名字、字母、数字、图形和颜色的组合以及任何这些标记的组合，应有资格作为商标进行注册。如果标记没有固有的区分有关商品或服务的特征，各成员可依据有关标记在使用后获得的区分性决定是否予以注册。各成员可要求，作为注册的一个条件，这些标记应是在视觉上可以感觉到的。

各成员可把使用作为注册的前提。然而，商标的实际使用不应是申请注册的一项条件。不能仅仅因为申请日起 3 年期满商标未按原使用而拒绝申请。拟使用一商标的货物或服务的性质不得在任何情况下成为申请商标注册的障碍。各成员应在商标注册前或在注册后立即公布该项商标，并应给予请求撤销注册者以合理的机会。此外，各成员可以提供对商标之注册提出异议的机会。

2. 权利的范围

TRIPS 协议第 16 条第 1 款规定，注册商标的所有人应有专有权来阻止所有第三方未经其同意在交易过程中对与已获商标注册的货物或服务相同或类似的货物或服务使用相同或类似的标记，如果这种使用可能会产生混淆。若对相同货物或服务使用了相同的标记，则应推定为存在混淆的可能。上述权利不应损害任何现有的优先权，也不应影响各成员以使用为基础授予权利的权利。换言之，成员在先权利人可以根据自己的权利要求撤销某项商标注册。

此外，与《巴黎公约》一样，TRIPS 协议对驰名商标提供特殊保护。不仅如此，它还将驰名商标的保护由商品商标扩大到服务商标，将保护范围从同类扩大到跨类。根据 TRIPS 协议第 16 条第 2、第 3 款规定，《巴黎公约》(1967 年) 第 6 条之二应基本上适用于服务。在确定一商标是否驰名时，各成员应考虑到该商标在相关部门为公众所了解的程度，包括该商标因宣传而在该有关成员获得的知名度。《巴黎公约》(1967 年) 第 6 条之二应适用于与已获得商标注册的货物或服务不相似的货物或服务,只要该商标在那些货物或服务上的使用能表明那些货物或服务与该注册商标所有人之间存在着联系,且这种使用有可能损害该注册商标所有人的利益。

3. 权利的例外

TRIPS 协议第 17 条规定,各成员可对商标所赋予的权利规定有限制的例外,如描述性术语的适当使用,只要这些例外考虑到了商标所有人和第三方的合法利益。该规定的实质是对商标权的限制,其目的是平衡商标权人的利益与竞争者和社会公众的利益。

4. 保护期限

TRIPS 协议规定了商标权保护的最低要求,即商标首次注册及其每次续展的期限不得少于 7 年。商标的注册应可无限期地续展。

5. 使用的要求

TRIPS 协议没有要求注册商标应予以使用,但允许成员规定以使用作为保持注册的前提。根据该协议第 19 条规定,如果要求使用才可保留注册,那么只有在至少连续 3 年未得使用后才可取消注册,除非商标所有人提出有效的理由说明存在着使用该商标的障碍。虽构成商标使用的障碍但并非出乎商标所有人意愿之情形,如对受商标保护的货物或服务实施进口限制或其他政府要求,此类情况应被认为是未予使用的有效理由。在受所有人控制的情况下,另一方使用该商标应视为为保留商标注册而使用商标。

另外,TRIPS 协议还排除了对商标使用的特殊要求的限制。根据该协议第 20 条规定,商标在交易过程中的使用不应受到特殊要求不合理的阻碍,诸如与另一商标一起使用,以特殊形式使用或其使用方式会损害其区分一企业的货物或服务与其他企业的货物或服务的能力。但该规定不阻止这样的要求,即要求将识别该生产货物或服务的企业的商标与区别该企业的具体货物或服务的商标一起使用,但不将两者联系起来。

6. 许可和转让

TRIPS 协议第 21 条规定,各成员可对商标许可和转让规定条件,但这应理解为不允许商标的强制许可,而且注册商标的所有人有权把商标与该商标从属的经营同时或不同时转让。

（三）地理标志

TRIPS 协议所称"地理标志"是指，表明某一货物来源于一成员的领土或该领土内的一个地区或地方的标记，而该货物所具有的质量、声誉或其他特性实质上归因于其地理来源。

1. 地理标志的保护

TRIPS 协议第 22 条规定，在地理标志方面，各成员应为有利益关系的各方提供法律手段以阻止：①用任何方式在标示和说明某一货物时指示或暗示该有关货物来源于一个非其真实原产地的地理区域，从而在该货物的地理来源方面误导公众；②任何构成《巴黎公约》（1967 年）第 10 条之二范围内的不公平竞争行为的使用。

关于地理标志在商标中错误使用的后果，TRIPS 协议第 22 条第 3 款规定，如果一商标包含一个货物并非源自所表明领土的地理标志，并且如在该货物的商标中使用这一标志会使公众对其真实的原产地产生误解，则一成员在其立法允许或有利益关系的一方请求，可依职权拒绝或废止该商标的注册。

2. 对葡萄酒和白酒地理标志的补充保护

TRIPS 协议将葡萄酒和白酒作为重点规定，这是因为这两类酒在国际贸易中利润比较丰富。该协议规定主要的保护措施是：

（1）每个成员应为有利害关系的各方提供法律手段防止把识别葡萄酒的地理标志用于不是产于该地理标志所表明的地方葡萄酒，或把识别白酒的地理标志用于不是产于该地理标志所表明地方的白酒，即使对货物的真实原产地已有说明，或该地理标志是经翻译后使用的，或伴有"种类""类型""特色""仿制"或类似表述方式。

（2）如果某葡萄酒或白酒商标包含有或组合有标识该酒的地理标志，如果该成员的立法允许或有利害关系的一方针对不是来源于该产地的葡萄酒或白酒提出请求，那么对其商标注册成员应依职权予以拒绝或废止。

（3）如果葡萄酒的地理标志同名，应对每一种标记都给予保护。为确保公正地对待有关生产者并保证消费者不致被误导，每个成员应确定可行的条件以便同名标记能够相互区分。

（4）为便于保护葡萄酒地理标志，应在与 TRIPS 理事会进行谈判，以便建立一个多边制度，对在参加该多边制度的那些成员内有资格获得保护的葡萄酒地理标志进行通知和注册。

3. 保护的例外

TRIPS 协议规定了一些不构成侵权行为的例外。主要有：

（1）善意使用或在先使用。

它是指任何国民或居民在货物或服务方面继续以相同方式使用另一成员识别葡萄酒或白酒的某一特定地理标志，如果其国民或居民在相同或有关的货物服务上在那一成员境内已连续使用这一地理标志在部长级会议结束乌拉圭回合谈判之前（1994年4月15日前）至少已有10年或在该日期之前的使用是善意的。

（2）善意注册使用。

即如在某成员适用关于发展中国家的过渡条款前或者在有关地理标志来源国受到保护前某商标已被善意地申请或获得了注册，或通过善意使用而获得商标权，当该商标与某地理标志相同或近似时，属于侵权例外。

（3）名称权例外。

即不应以任何方式损害任何人在交易过程中在业务上使用某人的名字或其前任的名字的权利，除非使用这一名字会误导公众。

（4）来源国不保护或者已停用的例外。

即各成员在本协议下无任何义务保护在来源国不受保护或终止保护或不再使用的地理标志。

（5）葡萄品种的特例协议对葡萄品种的惯用名称的例外。

即如果在世界贸易组织协议生效之日，某成员地域内已存在的葡萄酒品种的惯用名称和其他成员葡萄酒产品的地理标志相同，也不构成侵权。

（四）工业品外观设计

1. 保护的条件

TRIPS 协议第25条规定，各成员应为新颖的或原创的独立创作的工业品外观设计提供保护。如果它们不显著区别于已知的设计或已知设计的特征的组合，各成员可以规定该工业品外观设计即为无新颖性或原创性。各成员可规定该保护不应延及实质上由于技术或功能的考虑而产生的设计。

TRIPS 协议对纺织品外观设计给予了特别保护。协议规定，每个成员应确保为获得纺织品外观设计保护而规定的要求，特别是有关任何费用、审查或公开的要求，不得不合理地损害寻求和获得该保护的机会。各成员可自行通过工业品外观设计法或版权法来履行该项义务。

2. 权利人的权利

受保护的工业品外观设计的所有人有权阻止第三方为商业目的未经其同意而制造、销售或进口其载有或体现有受保护设计的复制品或实质上是复制品的物品。

3. 保护期限

TRIPS 协议规定的工业品外观设计的有效保护期限应至少达到 10 年。

4. 保护的例外

各成员可以对工业品外观设计的保护规定有限的例外，只要这种例外不会与受保护的工业品外观设计的正常利用发生无理抵触，也不会不合理地损害受保护工业品外观设计的所有人的合法利益，同时考虑到第三方的合法利益。

（五）专利

TRIPS 协议中涉及的专利，与《巴黎公约》一致，仅指发明专利。

1. 可获得专利的客体

TRIPS 协议规定，一切技术领域的发明，无论是产品还是方法，均应有可能获得专利。

2. 授予专利权的条件

TRIPS 协议规定的授予专利权的条件具有新颖性、包含创造性并可付诸工业应用。为了在国际间消除歧视现象，TRIPS 协议还规定，对发明的专利的授予和专利权的享受不应因发明地点、技术领域、产品是进口的还是当地生产的而有差别。

3. 可以不给予专利保护的客体

TRIPS 协议规定，如果为保护公共秩序或公德，包括保护人类、动物或植物的生命与健康，或为避免对环境的严重破坏所必需，各成员均可排除某些发明于可获专利之外，可制止在该成员地域内就这类发明进行商业性使用，只要这种排除并非仅由于该成员的域内法律禁止该发明的使用。协议还特别列举了一些可排除于获专利范围之外的情形：①诊治人类或动物的诊断方法、治疗方法及外科手术方法；②除微生物之外的动、植物，以及生产动、植物的主要是生物的方法；生产动、植物的非生物方法及微生物方法除外，但成员应以专利制度或有效的专门制度，或以任何组合制度，给植物新品种以保护。对本项规定应在《WTO协定》生效之日起4年之后进行审议。

4. 专利申请应满足的条件

TRIPS协议规定，成员应要求专利申请人以足够清楚与完整的方式披露其发明，以使同一技术领域的技术人员能够实施该发明，并可要求申请人说明在申请日或（如提出优先权要求）优先权日该发明的发明人所知的最佳实施方案。成员可要求专利申请人提供其相应的外国申请及批准情况的信息。

5. 权利人的权利

TRIPS协议第28条规定，专利应赋予其所有人下列专有权：

（1）如果该专利所保护的是产品，则有权制止第三方未经许可的下列行为：制造、使用、为销售目的而提供、销售，或为上述目的而进口该产品；

（2）如果该专利保护的是方法，则有权制止第三方未经许可使用该方法的行为以及下列行为：使用、为销售目的而提供、销售或为上述目的的进口至少是依照该方法而直接获得产品的行为。

专利所有人还应有权转让或通过继承转移其专利，应有权缔结许可合同。

6. 专利权的例外

TRIPS协议第30条规定，允许成员对所授的专有权规定有限的例外，只要在顾及第三方合法利益的前提下，该例外并未与专利的正常利用产生不合理地冲突，也并未不合理地损害专利所有人的合法利益。

7. 专利的强制许可的条件

强制许可是一种实施专利的许可。它是采用行政措施限制专利权人滥用独占权的一种形式。TRIPS协议对专利的强制许可的规定主要是对强制许可的适用条件做了一系列的限制。根据协议第31条之规定，主要内容有：

（1）强制许可不能普遍适用，而应个案酌处。

（2）只有在使用前，意图使用之人已经努力向权利持有人要求依合理的商业条款及条件获得许可，但在合理期限内未获成功，方可允许这类使用。

一旦某成员进入国家紧急状态，或在其他特别紧急情况下，或在公共的非商业性场合，则可以不受上述要求约束。但在国家紧急状态或其他特别紧急状态下，应合理可行地尽快通知权利持有人。在公共的非商业使用场合，如果政府或政府授权之合同人未经专利检索即知或有明显理由应知政府将使用或将为政府而使用某有效专利，则应立即通知权利持有人。

（3）使用范围及期限均应局限于原先允许使用时的目的之内；如果所使用的是半导体技术，则仅能用于公共的非商业性使用，或经司法或行政程序已确定为限制竞争行为而给予救济的使用。

（4）这类使用应系非专有使用。

（5）这类使用不得转让，除非与从事使用的那部分企业或商誉一并转让。

（6）任何这类使用的授权，均应主要为供应授权之成员域内市场之需。

（7）在适当保护被授权使用人之合法利益的前提下，一旦导致授权的情况不复存在，又很难再发生，则应终止该使用的授权。主管当局应有权主动要求审查导致授权的情况是否继续存在。

（8）在顾及有关授权使用的经济价值的前提下，上述各种场合均应支付权利持有人使用费。

（9）关于这种授权决定的效力，提供权利人要求复审的机会，对强制许可使用费的决定，也应提供复审的机会。

（10）如果强制许可是为允许开发一项专利（"第二专利"），而若不侵犯另一专利（"第一专利"）又无法开发，则授权时应适用下列条件：第二专利之权利要求书所覆盖的发明，比起第一专利之权利要求书所覆盖的发明，应具有相当经济效益的重大技术进步；第一专利所有人应有权按合理条款取得第二专利所覆盖之发明的交叉使用许可证；就第一专利发出的授权使用，除与第二专利一并转让外，不得转让。

8. 专利权的撤销或丧失

TRIPS 协议第 32 条规定，撤销专利或宣布专利无效的任何决定，均应提供机会给予司法审查。这一规定表明，行政机关作出撤销专利或宣布专利无效的决定后，当事人可以通过向法院起诉获得司法保护。

9. 专利的保护期限

TRIPS 协议第 33 条规定，可享有的保护期，应不少于自提交申请之日起的20年年终。对于无原始批准制度的成员，保护期应自原始批准制度的提交申请之日起算。

10. 侵犯方法专利权的举证责任

TRIPS协议第34条规定，在侵犯方法专利的民事诉讼中，司法当局应有权责令被告证明其获得相同产品的方法，不同于该专利方法。因此，成员应规定：至少在下列情况之一中，如无相反证据，则未经专利所有人许可而制造的任何相同产品，均应视为使用该专利方法而获得：

（1）用该专利方法而获得的产品系新产品；

（2）如果该相同产品极似使用该专利方法所制造，而专利所有人经合理努力仍未能确定其确实使用了该专利方法。

此外，原告在引用相反证据时，应顾及被告保护其制造秘密及商业秘密的合法利益。

（六）集成电路布图设计

TRIPS协议第35条规定了其与《关于集成电路的知识产权条约》的关系，即全体成员同意，依照《关于集成电路的知识产权条约》第2条至第7条（其中第6条第3款除外）、第12条及第16条第3款，为集成电路布图设计提供保护。协议还规定了以下保护内容。

1. 集成电路布图设计的保护范围

TRIPS协议第36条规定，成员应将许可而从事的下列活动视为非法：①为商业目的进口、销售或以其他方式发行受保护的布图设计；②为商业目的进口、销售或以其他方式发行含有受保护布图设计的集成电路；③或为商业目的进口、销售或以其他方式发行含有上述集成电路的物品（仅以其持续包含非法复制的布图设计为限）。

2. 非自愿许可

TRIPS协议第37条规定的非自愿许可实际上是对集成电路布图设计保护的限制。该协议规定，从事任何含有非法复制之布图设计的集成电路或含有这类集成电路之物品的活动，如果从事或提供该活动者，在获得该物品时不知、也无合理根据应知有关物品中含有非法复制的布图设计，则任何成员均不得认为该活动非法。

TRIPS 协议规定，在上述行为人收悉该布图设计原系非法复制的明确通知后，仍可以就其事先的库存物品或预购的物品从事此类活动。但是，从事上述活动，应有责任向权利持有人支付报酬，支付额应相当于自由谈判签订的有关该布图设计的使用许可证合同应支付的使用费。可见，TRIPS 协议规定了对权利限制的"反限制"问题。

3. 集成电路布图设计的保护期限

TRIPS 协议第 38 条规定了集成电路布图设计的保护期限。即：①在要求将注册作为保护条件的成员中，布图设计保护期不得少于从注册申请的提交日起或从该设计于世界任何地方首次付诸商业利用起 10 年；②在不要求将注册作为保护条件的成员中，布图设计保护期不得少于从该设计于世界任何地方首次付诸商业利用起 10 年；③成员还可以将保护期规定为布图设计创作完成起 15 年。

（七）未公开信息的保护

对未公开信息的保护体现于 TRIPS 协议第 39～第 40 条之中。

1. 获得保护的条件

TRIPS 协议规定，在保证按照《巴黎公约》（1967 年）第 10 条之二的规定为制止不正当竞争提供有效保护的过程中，成员应保护未披露过的信息和向政府或政府的代理机构提交的数据。未公开信息受保护的条件是：

（1）在一定意义上，其属于秘密，即该信息作为整体或作为其中内容的确切组合，并非通常从事有关该信息工作之领域的人们所普遍了解或容易获得的；

（2）其属于秘密而具有商业价值；

（3）合法控制该信息之人，为保密已经根据有关情况采取了合理措施。

2. 权利的内容

根据 TRIPS 协议规定，未经许可而以违背诚实信用的方式披露、获得或使用他人合法控制的上述信息，属于侵犯未公开信息权利的行为。换言之，未公开信息权利人有权禁止他人未经其许可而披露、获得或使用合法处于其控制下的该信息。

3. 实验数据的保护

当成员要求以提交未披露过的实验数据或其他数据，作为批准采用新化学成分的医药用或农用化工产品上市的条件时，如果该数据的原创活动包含了相当的努力，则该成员应保护该数据，以防不正当的商业使用。同时，除非出于保护公众的需要，或除非已采取措施保证对该数据的保护、防止不正当的商业使用，成员均应保护该数据以防其被泄露。

案例 20

"王致和"海外遭抢注

"王致和"老字号与"同仁堂"同龄，均创于清康熙八年（公元1669年），至今已有338年历史。王致和公司早在1985年就将"王致和"注册为自己的商标。此后，从1996年至今，王致和公司又在腐乳、调味品、矿泉水等多种商品类别上注册为自己的商标，以保证自己的商标独占使用权。自20世纪90年代末开始拓展国际市场以来，王致和公司在美国、加拿大、东南亚等10多个国家和地区注册了"王致和"商标，为公司海外市场的拓展奠定基础。

2006年7月，出于拓展德国市场的需要，王致和公司准备在德国注册"王致和"商标时，却被意外告知，"王致和"腐乳、调味品、销售服务3类商标已经被德国OKAI Import Export GmbH（以下简称"欧凯公司"）于2005年11月21日申请注册，并在2006年3月24日起开始公示。按照德国《商标法》的规定，商标初审公告期为3个月，如果在3个月内商标局未收到第三人提出异议，则予以核准注册。据此规定，此时"王致和"商标已经落入欧凯公司手中。

德国时间2007年1月26日，德国慕尼黑地方法院正式受理"王致和商标抢注案"。诉讼期间，王致和公司发现欧凯公司这家"抢注专业户"不仅抢注了"王致和"商标，而且还抢注了"白家""洽洽""老干妈"等近10种中国知名商标。王致和公司第一时间与上述企业取得联系，告知其商标被抢注的事实。被抢注企业纷纷表示，要对这种恶意抢注行为斗争到底并尽最大努力帮助王致和公司夺回商标，而后各自对欧凯公司提起诉讼。在很短的时间内，王致和、狗不理、少林寺、桂发祥4家企业出具了经其法定代表人签名的声明，表明欧凯公司未经其许可擅自在德国抢注其商标，从而构成恶意抢注和不正当竞争行为。这份声明成为法庭上王致和公司向法官证明欧凯公司"恶意抢注"的佐证。

德国时间2007年8月8日上午11点，王致和公司诉欧凯公司商标侵权和不正当竞争案，在专门审理知识产权案件的德国慕尼黑地方法院第21法庭开庭。庭审当天，王致和公司共向法庭提出4项诉讼请求：请求法院判决撤销欧凯公司抢注的"王致和"商标，或者无条件转让给王致和公司；请求法院对欧凯公司抢注商标的行为处以25万欧元的罚款，或者对其负责人进行6个月监禁；同时，判决欧凯公司提供销售带有"王致和"商标的商品获利情况，王致和公司据此提出索赔金额；由欧凯公司承担诉讼费用。2007年11月14日，慕尼黑地方法院一审宣判：禁止欧凯公司在德国擅自使用"王致和"商标，依法撤销欧凯公司抢注的"王致和"商标。

2008年2月25日，欧凯公司不服慕尼黑法院的判决，进行上诉，法院提出调解，但双方均未让步。2009年1月22日，二审法院慕尼黑高等法院开庭审理了此案。法庭上，王致和公司聘请的德国知名律师沃尔夫冈博士据理力争，并出示了非常充分的证据，要求法庭撤销欧凯公司恶意抢注的"王致和"商标。欧凯公司则没有出示任何新证据。二审中，双方争辩的重点主要集中在以下两个方面：第一，欧凯公司认为，该公司的商标注册并不构成对王致和公司的不正当竞争行为。此外，欧凯公司负责销售，而王致和公司负责生产，二者之间并不存在竞争关系。但是，法院认为这种理由并不成立。虽然从实践上来说，目前欧凯公司并没有展开生产，但逻辑上来讲，这种可能性是存在的，欧凯公司可以独立生产带有"王致和"商标的产品并销售。第二，欧凯公司认为，由于王致和公司在德国并没有进行市场销售活动，也就是没有实际使用"王致和"商标，因此根据德国《商标法》的规定，欧凯公司的这种抢注行为并不违法。2009年4月23日，慕尼黑高等法院作出终审判决：裁决"王致和"商标侵权案中方胜诉,德国欧凯公司停止使用"王致和"商标,并撤回其在德国专利商标局注册的"王致和"商标。至此,这起被誉为"中华老字号企业海外诉讼第一案"的纠纷终于以"王致和"商标物归原主而告终。

案例资料来源:http://www.nipso.cn/onews.asp?id=521,2010-05-19

三、对协议许可中限制竞争行为的控制

1. 协议列举的限制竞争的行为

TRIPS 协议第 40 条规定,与知识产权有关的某些妨碍竞争的许可贸易活动或条件,可能对贸易具有消极影响,并可能阻碍技术的转让与传播。因而,成员可以在其国内立法中具体说明在特定场合可能构成对知识产权的滥用,从而确定在有关市场对竞争有消极影响的许可贸易活动或条件。成员可在与本协议其他规定一致的前提下,顾及该成员的有关法律及条例,采取适当措施防止或控制这类活动。这类活动包括诸如:

(1) 独占性返授条件;
(2) 禁止对有关知识产权的有效性提出异议的条件;
(3) 强迫性的一揽子许可。

2. 成员之间的协商

TRIPS 协议第 40 条还规定,如果任何一成员有理由认为作为另一成员之国民或居民的知识产权所有人正从事违反前一成员的活动,同时前一成员又希望不损害任何合法活动、也不妨碍各方成员作终局决定的充分自由,又能保证对其域内法规的遵守,则后一成员应当根据前一成员的要求而与之协商。在符合其域内法律,并达成双方满意的协议以使要求协商的成员予以保密的前提下,被要求协商的成员应对协商给予充分的、真诚的考虑,并提供合适的机会,并应提供与所协商之问题有关的、可公开获得的非秘密信息,以及该成员能得到的其他信息,以示合作。如果一成员的国民或居民被指控违反另一成员相关法律与条例,因而在另一成员境内被诉,则前一成员应根

据后一成员的要求，提供与之协商的机会。

四、知识产权执法

知识产权执法部分是 TRIPS 协议的程序性条款。它规定的总的内容是保障协议确定的实体义务如何得到有效的贯彻实施，保障国际贸易的正常开展。

（一）成员的总义务

在执法要求上，TRIPS 协议第 41 条规定，成员应保证本部分所规定的执法程序依照其国内法可以行之有效，以便能够采用有效措施制止任何侵犯本协议所包含的知识产权的行为，包括及时地防止侵权的救济措施，以及阻止进一步侵权的救济措施。这些程序的应用方式应避免造成合法贸易的障碍，同时应能够为防止有关程序的滥用提供保障。可见协议提出的最低要求涉及防止、制止和阻止三类行为：防止侵权的发生、制止任何侵犯协议所包含的知识产权行为、阻止侵权的进一步继续等。

为履行上述目的，TRIPS 协议要求成员的知识产权执法程序应公平合理，不得过于复杂或花费过高或包含不合理的时效或无保障的拖延。并且，就个案的是非作出的判决，最好采取书面形式，并应说明判决的理由。有关判决至少应及时送达诉讼当事各方。对个案是非的判决应仅仅根据证据，向当事各方就该证据提供陈述机会。另外，诉讼当事人对行政的终局裁决以及对初审司法判决应有机会提交司法当局复审，但对刑事案件中的宣布无罪成员无义务提供复审机会。

成员总义务中不包含以下义务：为知识产权执法，而代之以不同于一般法律的执行的司法制度，知识产权执法也不影响成员执行其一般法律能力。

（二）民事和行政程序及救济

1. 公平合理程序的适用

TRIPS 协议第 42 条规定了民事和行政程序及救济中应遵循公平合理程序的原则。

成员应为"权利持有人"提供协议所包括的任何知识产权的执法的民事司法程序。其中"权利持有人"包括有合法地位主张这类权利的联盟与协会。被告应有权获得及时的、足够详细的、包含权利主张之依据的书面通知。有关程序应允许独立的法律顾问充当各方当事人的代理人，不得强行规定强制当事人本人出庭以增加额外负担；应正式赋予程序中的当事各方证明其权利主张以及出示一切有关证据的权利；应提供措施以便识别和保护秘密信息，除非有关措施与现行宪法的要求相背离。

2. 侵犯知识产权的救济措施

（1）禁令。

TRIPS 协议第 44 条规定了禁令的保护措施。协议规定，司法当局应有权责令当事人停止侵权，尤其是在海关一旦放行之后，立即禁止含有侵犯知识产权的进口商品在该当局管辖范围内进入商业渠道。但是，对于当事人在已知、或有充分理由应知经营有关商品会导致侵犯知识产权之前即已获得或已预购的该商品，成员无义务授予司法当局上述权力。

（2）损害赔偿。

TRIPS 协议第 45 条规定，对已知或有充分理由应知自己从事之活动系侵权的侵权人，司法当局应有权责令其向权利人支付足以弥补因侵犯知识产权而给权利持有人造成之损失的损害赔偿费。司法当局还应有权责令侵权人向权利持有人支付其他开支，其中可包括适当的律师费。在适当场合即使侵权人不知、或无充分理由应知自己从事之活动系侵权，成员仍可以授权司法当局责令其返还所得利润或令其支付法定赔偿额，或二者并处。

值得注意的是，TRIPS 协议第 48 条还规定了对被告赔偿的问题。协议规定，如果一方当事人所要求的措施已经采取，但该方滥用了知识产权的执法程序，司法当局应有权责令该当事人向误受禁止或限制的另一方当事人对因滥用而造成的损害提供适当赔偿。司法当局还应有权责令原告为被告支付开支，其中包括适当的律师费。例外的情况是，在对涉及知识产权的保护或行使的任何法律进行行政执法的场合，只有政府当局及官员们在这种执法的过程中，系善意采取或试图采取特定的救济措施时，成员才应免除他们为采取措施而应负的过失责任。无疑，对被告赔偿问题的规定体现了对滥用权利行为的否定以及公平合理地保护当事人合法权益的目的。

（3）其他救济措施。

为了对侵权活动造成有效威慑，TRIPS 协议加强了司法当局或行政当局的权力。协议规定的其他措施有：

①将已经发现的正处于侵权状态的商品排除出商业渠道，排除程度以避免对权利持有人造成任何损害为限，并且执法机关不需要进行任何补偿；

②只要不违背成员现行宪法的要求，还应有权责令销毁该商品；

③司法当局还应有权责令将主要用于制作侵权商品的原料与工具排除出商业渠道，排除程度以尽可能减少进一步侵权的危险为限，并且不需要进行任何补偿。在考虑这类请求时，应顾及第三方利益，并顾及侵权的严重程度和所下令使用的救济之间相协调的需要；

④对于假冒商标的商品，除了个别场合，仅将非法附着在商品上的商标拿掉，还不足以将其放行而允许这类商品投放商业渠道。

（三）临时措施

TRIPS 协议第 50 条规定了临时措施之保护。其目的是制止侵犯任何知识产权活动的发生，尤其是制止包括刚由海关放行的进口商品在内的侵权商品进入其管辖范围的商业渠道，保存被诉为侵权的有关证据等。

临时措施的主要内容如下：

（1）当事人认为如果有任何迟延则很可能给权利持有人造成不可弥补的损害或者有关证据明显可能灭失的，可以在司法当局开庭前向其申请采取临时措施，但应提供任何可以合法获得的证据，并提供担保和其他相关的证据。

（2）如果临时措施系开庭前依照单方请求而采取，则应及时通知受此影响的当事各方，至少在执行该措施之后不得延误该通知。在通知之后的合理期限内根据被告的请求应提供复审，包括给被告以陈述的权利，以决定是否需修改、撤销或确认该临时措施。

（3）如果合理期限内未提起诉讼，则应根据被告的请求撤销临时措施，或中止其效力。如果国内法律允许，则上述期限由发出临时措施令的司法当局确定。

（4）如果临时措施被撤销，或如果因申请人的任何行为或疏忽失效，或如果事后发现始终不存在对知识产权的侵犯或侵权威胁，则根据被告的请求，司法当局应有权责令申请人就有关的临时措施给被告造成的任何损害向被告提供适当赔偿。

（四）有关边境措施的专门要求

TRIPS 协议第 51～第 60 条规定了有关边境措施的专门要求。主要内容如下。

1. 程序的适用

成员应采用有关程序，以使有合理理由怀疑假冒商标的商品或盗版商品的进口可能发生的权利持有人能够向主管的司法或行政当局提交书面申请，要海关中止该商品进入自由流通领域。对于意图从其地域内出口的侵权商品，由海关当局中止放行。

2. 申请

权利持有人均应向主管机关提供适当证据，以证明依照进口国法律对其知识产权的侵犯，已经不言而喻地存在；还应提供有关被控侵权商品足够详细的说明。主管当局应在合理期限内通知申请人是否已经接受其申请，如果由主管当局决定时间，则还应将海关采取行动的期限通知申请人。

3. 保证金或与之相当的担保

（1）主管当局应有权要求申请人提供足以保护被告和该主管当局并防止申请人滥用权利的保证金或与之相当的担保。这类保证金或相当的担保不得不合理地妨碍采用边境措施程序。

（2）如果经海关当局依照非司法当局或非其他独立当局的决定，中止对涉嫌商品的放行，而经正式授权的当局未能在规定的期限内批准临时救济，并且此时有关进口的一切其他条件又均已具备，则有关商品的所有人、进口人或收货人在提交保证金的前提下，应有权获得该商品的放行。这一保证金数额应足够保护权利持有人受到的任何侵犯，并且其交付不应损害权利持有人能够获得的任何其他救济。如果权利持有人未能在合理期限内行使其权利提起诉讼，则当局应交还上述保证金。

4. 中止放行

（1）海关当局对商品放行的中止，应立即通知进口人和申请人。

（2）中止放行的期限为主管当局向申请人发放中止通知后不超过 10 个工作日。如在此期限内海关当局未被通知除被告之外的当事人已经就案件提起诉讼，或未被通知经合法授权的当局已决定采取临时措施延长对该商品的放行中止期，则该商品应予放行，只要进口或出口的一切其他条件均已符合；在适当场合，这一期限可以再延长 10 个工作日。

如果已提起诉讼，则在合理期限内，根据被告的请求，应进行复审，包括给被告以陈述的权利，以便确定是否应修改、撤销或确认这些措施。

5. 对进口人及商品所有人的赔偿

对于误扣商品造成的损失或按照第 55 条规定已放行的商品因扣留而造成的损害，有关当局应有权责令申请人向该商品的进口人、收货人及商品的所有人支付适当补偿。

6. 检查权及获得信息权

在不损害对秘密信息给予保护的前提下，成员应授权主管当局为权利持有人提供足够的机会请人检查海关扣下的任何产品，以便证实其权利主张。该主管当局还应有权向进口人提供同样机会以请人检查任何该产品。如果案件确系侵权已有定论，则成员可授权该主管当局将发货人、进口人及收货人的姓名、地址以及有关商品数量等信息提供给权利持有人。

7. 依职权的行为

如果成员要求主管当局在其已获得初步证据表明有关商品侵犯知识产权时，主动采取行动，中止放行，那么：①该主管当局可以随时向权利持有人索取可能有助于其行使权力的任何信息；②应立即将中止放行通知进口人及权利持有人；③只有对政府当局及官员们系善意采取或试图采取特定救济措施的情况，成员才应免除其为采取措施而应负的过失责任。

8. 救济

在不妨害权利持有人有自由采取行动的其他权利，并使被告有权寻求司法当局进行复审的前提下，主管当局应有权依照第 46 条的原则，责令销毁或处置侵权商品。对于假冒商标的商品，除个别场合外，主管当局不得允许该侵权商品按照原封不动的状态重新出口，或以不同的海关程序处理该商品。

（五）刑事程序

对于知识产权侵权行为，TRIPS 协议除了规定侵权人的民事赔偿责任和行政责任外，还规定了刑事制裁的法律措施。

TRIPS 协议第 61 条规定，全体成员均应提供刑事程序及刑事处罚，至少适用于有意以商业规模假冒商标或对版权盗版案件。可以采用的救济应包括处以足够起威慑作用的监禁，或处以罚金，或二者并处，其量刑应当与相应严重罪行的惩罚标准一致。在适当场合，可采用的救济还应包括扣留、没收或销毁侵权商品以及任何主要用于从事上述犯罪活动的原料及工具。成员可规定将刑事程序及刑事惩罚适用于侵犯知识产权的其他情况，尤其是有意侵权并且以商业规模侵权的情况。

五、争端的防止和解决

1. 透明度

TRIPS 协议第 63 条规定了透明度问题，旨在保证成员的国民知悉相关信息，便于处理纠纷，增强知识产权意识。透明度主要是指：

（1）各成员所实施的、与本协议内容（即知识产权之效力、范围、获得、执法及防止滥用）有关的法律、条例，以及普遍适用的终审司法判决和终局行政裁决，均应以该国文字颁布；如果在实践中无颁布的可能，则应以该国文字使公众能够获得，以使各成员政府及权利持有人知悉。一方成员的政府或政府代理机构与任何他方政府或政府代理机构之间生效的与本协议内容有关的各种协议，也应予颁布。

（2）各成员应将第一款所指的法律和法规通知 TRIPS 理事会，以便在理事会审议本协定运用情况时提供帮助。理事会应努力尝试将各成员履行这一义务的负担减少到最小程度，且如果与 WIPO 就建立法律和法规的共同登记处的磋商获得成功，则可决定豁免直接向理事会通知此类法律和法规的义务。

（3）各成员均应有准备依照另一方成员的书面请求提供规定的法律文件。如果某一成员有理由相信知识产权领域的某一特殊司法判决或行政裁决或双边协议影响了其依照本协议所享有的权利，也可以书面请求获得或者请求对方通知该特殊司法判决、行政裁决或双边协议的足够详细的内容。

（4）如果披露有关秘密信息将妨害法律的执行或违反公共利益，或损害特定的公有或私有企业的合法商业利益，则不要求成员披露该秘密信息。

2. 争端的解决

在 TRIPS 协议中，知识产权的争端解决与商品贸易一样，适用世界贸易组织的争端解决机制。TRIPS 协议第 64 条具体规定了争端解决问题。依该规定，除本协议的特殊规定之外，1994年《关税与贸易总协定》文本就解释及适用总协定第22条及第23条而达成的解决争端的规范和程序的谅解协议，应适用于就本协议而产生的争端的协商与解决。换言之，就《关税与贸易总协定》第22～第23条的解释和适用而达成的争端解决规则与程序谅解也适用于该协议。但1994年"关税与贸易总协定"第23条第1款（b）项及（c）项，在"建立世界贸易组织协定"生效的5年期限内，不得适用于解决就本协议而产生的争端。

争端解决机制的引入，主要目的在于解决世界贸易组织成员之间有关知识产权保护的争议，而不是知识产权人与某一成员或其国民之间的侵权纠纷。争端解决程序分为以下几个阶段：①向争端委员会提交争端报告；②进行调解；③成立专家组、作出专家报告并依报告进行裁决；④要求有关当事方执行裁决。

第四节　知识产权国际保护制度的未来趋势

TRIPS协议带来了知识产权制度的深刻变革，已被视为知识产权国际保护的分水岭，它奠定了一种成熟的、定型的知识产权国际保护制度。但是，自从TRIPS协议被纳入《关税和贸易总协定》谈判那一天起，怀疑、否定、抗议之声，一直不绝于耳。随着TRIPS协议的生效，知识产权国际保护的高标准与一体化所引发的问题，日益广泛地引起国际社会各方面各领域的关注。

一、国际知识产权制度面临困惑

近几年，人们日益发现，TRIPS协议从签订开始就存在固有的缺陷；随着其逐渐实施，各种问题不断显现。总的来说，TRIPS协议所代表的当代知识产权国际保护制度存在如下几方面问题。

1. 国际公约与国家主权的冲突

前面提到，TRIPS协议所开创的国际保护模式，是国内立法要以国际条约为基础，是即国际条约主导国内立法；而国际条约的形成也并非完全基于各国自愿，其基础毋宁说是大国、强国的意志，其规则毋宁说是某些发达国家单方承认、设计并要求推行的标准。如此，知识产权国际制度形成了强国意志与立法决定国际条约、进而又决定各国立法的局面。这样一来，国际法与国内法的关系问题，国家立法中的国家主权等问题，成为人们质疑世界贸易组织及其 TRIPS 协议的重要方面。

2. 对公众利益的忽视

毫无疑问，TRIPS 协议的目的在于保护产业尤其是发达国家的产业利益，保护其产业对国内生产总值的贡献、外贸出口利益等。可是，TRIPS 协议的制定者在促进贸易利益的同时，没有考虑到这一制度对公众其他利益的影响，从而造成知识产权权利人的经济利益与公众基本权利和利益的冲突。主要包括：专利权对生命健康权、食品权、科学进步收益权等构成威胁；版权保护潜伏着对表达自由权、知情权以及其他文化权利的冲击。

3. 对不发达国家利益的关注不够

TRIPS 协议是欧美等发达国家意志的体现，其结果是，强迫不发达国家在其经济、文化、科技等尚处于落后状态时，被迫超前性地接受发达国家的知识产权保护标准。进一步的后果是导致这些不发达国家的发展受到遏制，其人民的各种利益受到严重损害。正如上文所述，专利权对生命健康权、食品权、科学进步收益权等的保障构成威胁，版权保护对表达自由权、知情权以及其他文化权利的冲击，最突出最集中地出现在不发达国家。当不发达国家及其人民的发展权因为知识产权制度过度保护而受到严重阻碍时，必将引起一连串的恶性反应，影响到受教育权、工作权、享受适当生活水准权等。

4. 忽视传统知识与文化所有者的利益

TRIPS 协议重在保护发达国家产业与大公司的利益，而不发达国家的人民经过千百年创造、积累的传统知识、以及各方面的文化形式等，却遭到发达国家企业巧取豪夺式的使用。当这些公司由此获得各种传统知识专有权并获取巨额利润时，传统知识与文化创造者的利益，包括精神利益与经济利益，受到了严重损害与剥夺。所有这些都是被 TRIPS 协议所忽略的。

5. 创造者利益日益弱化

很显然，比之于过去的知识产权保护制度，TRIPS 协议尤其偏重于对公司作为投资者的经济利益的保护。与此同时，各类作者、发明者的利益却被弱化、淡化。TRIPS 协议不保护精神利益还只是一个很小的方面，其制度设计在整体上都体现了对创造者利益的轻视或忽视。

二、国际知识产权制度改革在行动

（一）酝酿制度改革的国际进展

面对诸多问题，国际知识产权界正在努力寻求突破。就国际保护层面而言，如今正在进行的制度探索涉及知识产权与公共健康，互联网与版权，网络域名，传统知识、遗传资源和地理标志的国际保护。

1. 新技术领域

1996 年，世界知识产权组织主持制定了《版权条约》和《表演与录音制品条约》，这个以信息网络传播权为中心的《互联网条约》对各国立法产生了直接影响。1999 年，世界知识产权组织公布了关于国际因特网域名问题的最终研究报告，对全球域名系统的整体性改革提出了一系列的措施。

2. 知识产权与公众利益问题

在不发达国家的强烈争取下，2001 年多哈会议通过了"《知识产权协定》与公共健康的宣言"（以下简称《多哈宣言》）。《多哈宣言》承认困扰不发达国家遭受痛苦的公共健康问题的严重性；承认知识产权保护对药品价格的影响所产生的影响；同意 TRIPS 协议不应成为缔约方采取行动保护公众健康的障碍；不发达国家可以通过阐释 TRIPS 协议关于公共利益的灵活性条款来维护公众健康，即强调缔约方实施"强制许可"等权利；最不发达国家对于药品提供专利保护的时间可推迟到 2016 年。《多哈宣言》的诞生是国际知识产权领域发生的重大事件，无疑是对知识产权制度的重要调整。

联合国人权促进保护小组委员会于 2000 年发表了《知识产权与人权》，审查了 TRIPS 协议对国际人权带来的影响，明确指出，由于 TRIPS 协议没有充分反映所有人权的基本性质和整体性，所以，TRIPS 协议中的知识产权制度与国际人权法之间存在着明显的冲突。

3. 传统知识保护

自 1998 年起，世界知识产权组织已经召集了一系列有关传统知识知识产权保护的国际会议。2000 年成立了"知识产权与遗传资源、传统知识和民间文学艺术"的政府间专门委员会,着手探索有关问题。该委员会至今已召开 7 次正式会议。

同时,世界贸易组织对此也给予了高度重视。2001 年多哈会议的部长声明已将传统知识问题列为多边谈判考虑的议题。

可见,国际组织、发达国家以及不发达国家都在广泛参与研究与讨论这一问题。不过,对传统知识、遗传资源是否给予保护、给予何种权利保护、如何进行保护,国际范围没有形成一致意见。有关争议既反映了新的利益格局的形成,也预示着知识产权制度的未来发展充满变数。

(二)讨论中的法律框架

以下简要介绍有关传统知识、遗传资源和地理标志保护的若干观点与分歧。

1. 传统知识

传统知识是传统部族各民族在千百年来的生产、生活实践中创造出来的知识、技术、经验的总称。按照世界知识产权组织的说法,传统知识是指基于传统所产生的文学、艺术或科学作品,表演,发明,科学发现,外观设计,标记、名称及符号,未公开的信息;以及一切来自于产业、科学、文学艺术领域内的智力活动所产生的基于传统的创新和创造。长期以来,传统知识一直被简单地归于公有领域,任由他人自由而免费获取、利用。现行知识产权制度的保护对象限于最新知识即智力创造本身。近年来,国际社会对传统知识可能受到保护的制度设计进行了探讨:一是采用现行制度保护。许多国家包括北美、西欧的一些发达国家认为现行知识产权制度原则上适用保护传统知识。但是,在实施中存在着诸多困难,实际上,现行制度无法对所有形式的传统知识提供保护。二是采用专门制度保护。一些学者和非政府组织强烈要求,建立一种专门制度,即为适应传统知识的本质和特点而创设独立法律制度。具体可有两种制度选择:或者建立涵盖传统知识保护各个方面的综合性制度,或者通过采取多种制度来保护传统知识。

2. 遗传资源

按照《生物多样性公约》,遗传资源是指具有实际或潜在价值的遗传材料,包括来自植物、动物、微生物或其他来源的任何含有遗传功能单位的材料,如植物遗传资源、动物遗传资源、人类遗传资源等。2003 年,世界知识产权组织召开会议，提出《关于与遗传资源和传统知识有关的公开要求问题的技术研究报告草案》，明确指出，"生物技术日益重要，与生物技术相关的发明的专利授权数量不断增加。"至今，遗传资源保护机制与产权设定主要有以下两种形式：一是国家主权与"事先知情同意保护机制"。二是农民权与粮农植物遗传资源保护机制。

3. 地理标志

按照 TRIPS 协议的说法，地理标志是指标明某商品来源于某一缔约方的地域或该地域的某一地区或地点的标志，并且该商品的特定质量、信誉或其他特征与该地理来源有实质上的关联。地理标志的核心构成要素是客观存在的"地理名称"。地理标志是各国知识产权的共同保护对象，但由于历史、经济、文化等因素的影响，各国在立法模式上的选择并不相同。一是专门法保护。即将地理标志作为一种特殊工业产权看待，采用专门立法的方式给予保护。其代表性法律首推法国《原产地名称法》。在此模式下，地理标志权被认为是一种集体财产权利。二是商标法保护。将地理标志作为证明商标、集体商标，纳入到商标法体系。美国及一些普通法系的国家采用这一方式。

在地理标志保护的历史发展过程中，各国的保护有强弱之分。在历史较为悠久的国家，如欧洲国家及一些传统产品较为出名的国家，很早就倾向于地理标志的严格保护；反之，美国、澳大利亚等新兴国家并未特别强化地理标志的保护。发展中国家内部的立场也发生分化，一部分站在美国一边（主要是中美及南美国家），另一部分站在欧盟一边（主要是中东欧及亚洲国家），形成不同的阵营，给未来知识产权制度的发展增加了变数。目前，各种分歧正在协调过程中。